新工科建设之路·数据科学与大数据系列

商业大数据分析与可视化

张艳荣　编著

电子工业出版社

Publishing House of Electronics Industry

北京·BEIJING

内 容 简 介

本书依据商业大数据的特点，对不同类型的商业大数据进行分析和讲解。全书共 5 章，第 1 章和第 2 章分别对商业大数据分析和商业数据可视化进行了概述，第 3～5 章详细阐述了非结构化数据与文本挖掘、社会网络分析与可视化、多维异构数据的分析与可视化。在梳理基本专业理论知识的同时，本书注重与知识点相对应的实际应用案例展示，以便辅助读者更直观地理解理论知识。

本书着重培养学生综合运用专业知识解决理论和实际问题的能力，可以作为高等院校电子商务、管理科学与工程、计算机科学与技术等专业的教材，也可以作为相关工作人员的参考用书。

图书在版编目（CIP）数据

商业大数据分析与可视化 / 张艳荣编著. —北京：电子工业出版社，2022.8

ISBN 978-7-121-43946-9

Ⅰ．①商… Ⅱ．①张… Ⅲ．①可视化软件－应用－商业信息－数据处理－高等学校－教材

Ⅳ．①F713.51-39

中国版本图书馆 CIP 数据核字（2022）第 119267 号

责任编辑：牛晓丽　　　　　　特约编辑：田学清
印　　　刷：北京七彩京通数码快印有限公司
装　　　订：北京七彩京通数码快印有限公司
出版发行：电子工业出版社
　　　　　北京市海淀区万寿路 173 信箱　　　邮编：100036
开　　本：787×1092　　1/16　　印张：11.75　　字数：243 千字
版　　次：2022 年 8 月第 1 版
印　　次：2025 年 7 月第 4 次印刷
定　　价：49.80 元

前　言

　　当今社会，数据正在以前所未有的速度增长，数据挖掘的研究和应用产生了一定的社会效益和经济效益，为信息社会的发展做出了重大贡献。对商业数据进行分析，从而挖掘商业运营、商业管理及商业模式等存在的问题信息，有助于管理者及决策者做出具有商业价值的判断，为他们提供解决问题的方案，使企业具有一定的战略竞争优势。因此，经济、商务、金融、计算机等领域的人士均需要学习商业大数据分析与可视化，以辅助自己在此领域延伸发展，并获得更多的价值。商业大数据分析是商业管理与数据分析的纽带，相关人员可以利用各种分析工具探索商业大数据之间的关系，揭示其中有价值的信息。

　　商业大数据分析与可视化，即运用视觉化手段传递商业数据信息。在大数据时代，商业分析领域不可或缺的就是对其数据的分析研究，商业大数据分析与挖掘具有很大的商业价值。数据可视化让大数据分析的信息更有价值和意义。数据可视化技术展现了数据挖掘的结果，并将结果信息以更优的方式传达且呈现给用户，让数据变得更容易理解。数据可视化使一般情况下人们无法轻易得出的结论信息通过其他方式清晰、高效地展现出来。目前，分析与可视化的数据已从传统的静态数据转向以数据流为代表的数据集及商业数据流，允许用户跟踪运营和整体业务性能之间的连接，在电子商务、移动商务和基于情景感知计算的信息推荐系统中均具有重要的研究价值和广阔的市场前景。

　　本书针对不同类型的商业大数据的特点，分别详尽地介绍了大数据分析与可视化的基本概念、分析方法和相关分析流程等知识要点，针对与商业数据相关度较大的非结构化数据与文本挖掘、社会网络分析与可视化、多维异构数据的分析与可视化的方法进行了详细介绍，并且针对每种类型数据分析的理论知识都给出了与之相匹配的具体应用案例，帮助读者理论联系实际，紧跟大数据时代的发展步伐，使读者学习商业数据挖掘模型、方法和应用，理解、分析、洞察和利用大数据创造商业价值。

　　由于时间紧迫，加之编著者水平有限，因此本书难免有疏漏之处，恳请广大读者批评指正，以便再版时予以订正。

目　　录

第 1 章　商业大数据分析 1

　1.1　大数据处理与大数据分析 1

　　　1.1.1　大数据的基本概念、来源与应用 1

　　　1.1.2　大数据处理 6

　　　1.1.3　大数据分析和计算 25

　1.2　商业环境中的大数据分析 51

　　　1.2.1　商业大数据的挑战 51

　　　1.2.2　商业大数据处理的挑战 53

　　　1.2.3　商业大数据的来源 54

　　　1.2.4　商业价值 55

　1.3　商业大数据分析技术与方法 57

　　　1.3.1　商业大数据分析技术 57

　　　1.3.2　商业大数据分析方法 59

　1.4　商业大数据分析流程 63

　　　1.4.1　数据分析与数据挖掘的区别 63

　　　1.4.2　常见的数据分析挖掘工具 64

　　　1.4.3　商业数据分析流程 66

　习题 69

第 2 章　商业数据可视化 70

　2.1　数据可视化简介 70

　　　2.1.1　数据可视化简史 70

　　　2.1.2　数据可视化概述 71

　　　2.1.3　数据可视化的重要性 72

　　　2.1.4　数据可视化技术及其特点 73

　　　2.1.5　数据可视化的功能 73

　　　2.1.6　数据可视化类型 74

　　　2.1.7　数据可视化标准 76

　　　2.1.8　商业信息可视化概述 76

　2.2　感知与认知 77

　　　2.2.1　视觉感知与认知 77

　　　2.2.2　颜色 86

　　　　2.2.3　视觉编码原则 ·· 94

　　2.3　数据可视化基础 ··· 108
　　　　2.3.1　数据可视化流程 ·· 108
　　　　2.3.2　数据可视化设计 ·· 113
　　　　2.3.3　可视化中的数据类型 ·· 116

　　2.4　商业数据可视化方法 ·· 118
　　　　2.4.1　数据可视化的展现形式 ··· 118
　　　　2.4.2　Tableau 大数据可视化技术简介 ··· 130
　　　　2.4.3　Power BI 大数据可视化技术简介 ·· 131

　　习题 ··· 132

第 3 章　非结构化数据与文本挖掘 ·· 133

　　3.1　非结构化数据与文本挖掘概述 ·· 133
　　　　3.1.1　非结构化数据的挑战 ·· 133
　　　　3.1.2　文本挖掘及其过程 ··· 134

　　3.2　文本预处理 ··· 136
　　　　3.2.1　文本表示 ·· 136
　　　　3.2.2　标引与中文分词 ·· 137
　　　　3.2.3　文本相似度计算 ·· 138

　　3.3　文本分类算法 ·· 140
　　　　3.3.1　朴素贝叶斯算法 ·· 140
　　　　3.3.2　Rocchio 算法 ·· 141
　　　　3.3.3　K 最近邻算法 ·· 142
　　　　3.3.4　其他分类算法 ·· 142
　　　　3.3.5　分类性能评价 ·· 144
　　　　3.3.6　分类效果评价 ·· 144

　　3.4　文本聚类 ··· 145
　　　　3.4.1　划分法 ·· 145
　　　　3.4.2　层次法 ·· 146
　　　　3.4.3　神经网络法与遗传算法 ··· 147
　　　　3.4.4　其他聚类算法 ·· 148
　　　　3.4.5　聚类质量评价 ·· 149

　　习题 ··· 150

第 4 章　社会网络分析与可视化 ·· 151

　　4.1　社会网络分析 ·· 151
　　　　4.1.1　社会网络的相关概念 ·· 151
　　　　4.1.2　社会网络的形式化表达 ··· 152

      4.1.3　社会网络分析指标 156

      4.1.4　方法论特征 159

   4.2　社会网络分析与可视化 161

   4.3　典型社会网络可视化工具 163

      4.3.1　UCINET 163

      4.3.2　Pajek 163

      4.3.3　NWB 163

      4.3.4　NodeXL 164

      4.3.5　Gephi 164

   4.4　社会网络分析与可视化应用案例 165

   习题 167

第 5 章　多维异构数据的分析与可视化 168

   5.1　各种多维分析方法 168

      5.1.1　多维尺度分析法 169

      5.1.2　等距映射算法 171

      5.1.3　局部线性嵌入算法 173

      5.1.4　主成分分析法 175

   5.2　异构数据处理与分析 177

   5.3　多维异构数据可视化 179

   5.4　多维异构数据分析与可视化应用案例 180

   习题 181

参考文献 182

第1章　商业大数据分析

1.1　大数据处理与大数据分析

数据规模的迅速增大致使各行业数据的积累量变得十分庞大，其中包含的数据类型也繁杂多样，老旧的数据管理系统和数据处理模式没有足够强大的性能可以应对这样的数据现状，由此产生了新的概念，即大数据。

1.1.1　大数据的基本概念、来源与应用

1.1.1.1　大数据的基本概念

大数据是指人们利用常用的软件工具捕获、管理和处理的庞大数据集，这里的庞大是指数据处理耗时超过可接受的时长。从表面上看"大数据"这个概念是在说明数据量之多，但是已有的概念中也有表示数据量极多的名词，如"海量数据""超大规模数据"。如何将这些概念与"大数据"相区分呢？3V 定义在各种不同的大数据概念定义之中具有显著代表性，一般人们认为有规模性（Volume）、多样性（Variety）和高速性（Velocity）这三个特性的数据即大数据。

在定义中，规模性主要代表数据集整体规模之大，是一个数据全集的概念；多样性主要形容的是数据类型多样；高速性指实时动态处理数据的速度很快，达到以秒为单位的速度即可。

另外，有人基于上述的 3V 定义补充了一个新特性，由此出现了 4V 定义，但是不同的研究组织对这条新特性有着不同的想法，以国际数据公司（IDC）为例，该公司认为第四特性应该是价值性，并且认为大数据所拥有的价值不是密集的，即价值密度具有稀疏性。大数据中的数据鱼龙混杂，因此大数据的最终目标是在这样的数据海洋之中提取到有用的数据。例如，小红书等自媒体平台，每天用户发布的视频数据、评论数据及用户信息等数据的总量非常大，这些数据内容中蕴含着极高的价值有待挖掘，如此庞大的非结构化数据环境，需要大数据技术在其中发挥作用以使人发现趋势性信息，从而让数据获得社会价值或商业价值。而国际商业机器公司（IBM）则认为第四特性理应为真实性（Veracity）。

1.1.1.2 从数据库到大数据

简单来看数据库（Data Base，DB）到大数据（Big Data，BD）似乎仅仅是一个技术发展的过程，但详细探究二者本质我们就会发现它们之间的跨越带来的影响变化是很大的。数据来源、数据管理方式和处理数据的思维方式等很多方面都发生了翻天覆地地转变。

我们将过去只能应对少量数据的数据管理方式与大数据时代下的数据管理方式分别比喻为"水池捕鱼"与"大海捕鱼"，其中的"鱼"代表需要被处理的数据。"捕鱼"的方式随着"捕鱼"环境和条件动态变化而有所不同，不同之处主要表现在以下这几个方面。

1. 数据规模

"水池"和"大海"之间最显著的差异在于规模大小，二者相比较时，"大海"具有较大规模。如 XLDB（Extremely Large Data Base）的"大海"规模就大于如 VLDB（Very Large Data Base）等的"水池"。"水池"中的待处理数据对象以 MB 为基本单位，而"大海"中处理数据对象的基本单位一般要达到 GB、TB、PB。

2. 数据类型

在未步入大数据时代之前，"水池"中的数据类型通常只涵盖一种或个别几种，并且普遍为简单不复杂的结构化数据。但是现在"大海"中的数据种类不再是少数几种类型组成的，还出现了非结构化数据、半结构化数据相混杂的情况，每个类型的数据量都很大且并非以某个单一类型为主。

1）结构化数据

结构化数据在类型、结构、属性划分和其他信息上均为固定的。在关系型数据库中存储的全部信息中，主体数据类型是结构化的，如 hd_user（用户资料表），它具有 open_id（用户 id）、name（姓名）、mobile（联系方式）、card_id（身份证号）、gender（性别）等基本属性。数据记录中结构化数据的每一个属性值都与数据库表中的一个字段相对应，通过这样的方式可以使数据直接存入数据库中。

2）非结构化数据

非结构化数据是指不能用统一结构表示的数据，如音频、视频、图片、文本文件等信息中包含的数据都是非结构化的。例如，单位为 KB 这样的少量级别数据记录，直接存储于数据库的表中即可，这样的一整条数据得到映射有助于使数据记录被很快检索到。相反，假如数据记录中数据量大，应该利用文件系统提供存储功能，此时相关数据的索引信息可存入数据库之中。

3）半结构化数据

半结构化数据是指数据不仅具有一定的结构，还具有灵活可改变的特性，如 xml

和 html 等半结构化数据也属于非结构化数据，而且可以灵活改变为结构化数据以便存储。人们通常参照非结构化数据选择存储方式的思维来解决半结构化数据如何选择存储方式的问题。

一般来说，结构化数据只占全部数据的 20%甚至更少，但 20%以下的数据却凝结了企业过去很长一段时间内各方面的数据需求，而且发展得相当成熟，即数据也有所谓的"二八法则"，这个法则是指 20%的数据有 80%的价值。音频、视频、图片、文本文件等无法完全数字化的信息就属于非结构化数据，在这些非结构化数据之中通常存在大量有价值信息，尤其随着移动互联网、物联网及车联网的发展，非结构化数据量也在高速增长。

3．模式和数据的关系

传统的数据库是先确定模式，再产生数据。这就可以被理解为先选择合适的"水池"，然后向"水池"中输入适合此环境生存的"鱼"。但是大数据时代情况复杂，模式很难提前确定，需要先确定数据而后确定模式，并且此时确定的模式会随着数据量的扩张和动态变化而改变。此过程类比为"大海"与"鱼"，大海中先有少数几个种类的"鱼"，随着时间推移，"鱼"的种类变得丰富，"鱼"的数量持续增加，这些动态演变必然会导致"大海"的组成改变或"大海"环境改变。

4．处理对象

在"水池中捕鱼"这一过程中的"鱼"是捕捞行为作用的目标，而在"大海"中，"鱼"还多了一个作用，即可以通过某些已知存在的"鱼"判断其他种类的"鱼"是否存在。类比到大数据中是指，传统数据库中的数据本质只是数据处理的对象，而大数据下的数据多了一个信息资产的身份，可以协助众多不同行业及领域解决问题。

5．处理工具

在"水池"中捕"鱼"需要一个或几个打捞工具，其被称为"One size fits all"。但是以"大海"的规模，仅仅凭借少数几样工具就能成功捕获所有鱼类是不可能的，此时其被称为"No size fits all"。

1.1.1.3　大数据的产生和应用

1．大数据的产生

现代社会产生的数据规模之大是人们从未预料过的，并且现代数据源产生数据的时间自由、地点分布范围广阔。从以数据库为主要数据管理工具开始，数据生成方式发生了革命性的变化，接下来本书就对数据生成方式的发展阶段进行简要的概述与总结。

1）运营式系统阶段

数据库的出现有效减轻了当时数据管理的难度。运营系统将大多数数据库实际应用于管理运营系统数据的子系统，如超市销售记录系统。这一阶段的主要特点是，数据往往是在数据库中生成和记录一些运营动态行为及某些业务活动。例如，每当超市销售产品时，数据库中将生成与之对应的销售记录。这种数据生成方法是被动的。

2）用户原创内容阶段

互联网的诞生推动了人类社会数据量的第二次飞跃。然而，实际的数据爆炸来自Web2.0，Web2.0 的主要内容是用户创建的原始内容。近年来，这类数据呈爆炸式增长，主要原因有两个方面：

首先，微博、小红书等具有显著代表性的新型社交网络平台纷纷涌现，并且快速得到广泛普及，用户在各类平台中具有强大的主观意愿分享视频、文字等形式的原创内容，产生大量不同类型的数据。

其次，智能手机、智能手表及平板电脑等移动电子设备还在不断创新与发展。在今天这个网络可以随时随地轻松连接的时代，这些方便携带的移动电子设备使人们可以随时随地的在互联网中产生数据，在这个阶段中数据的生成方法是主动的。

3）感知式系统阶段

如今我们正处于人类社会数据量第三次飞跃的时期，这个时期促使了大数据产生。能发展到这个时期，从根本上来看是因为感知系统的普及。现在的科学技术可以支持有处理能力的小体积传感器的高质量制造生产，并且将其投入社会中的各个地方来监控社会的运转，新的数据会持续自动地生成。

简单以数据发展历程来总结数据来源，即数据来源经历了起初的被动式，到主动式，再到自动式的过程。谷歌的经济学家哈尔·瓦里安认为由于获得数据的范围广泛，所以获得数据是很容易的，真正需要不断进步发展的是如何从数据中提取到知识等有价值的信息。

收集数据是为了从数据中提取可以实际应用到各领域中的有价值信息及有用的知识，并且不同领域的大数据应有其独特的自身特点。众多领域都有大数据的用武之地，因而聚集了各行各业的研究者研究大数据相关问题。

2. 大数据的应用

近些年来，用数据说话，借助数据做决策，通过数据来管理，利用数据进行突破和创新得到广泛认同，大数据的实际应用已覆盖到金融、电子商务、生物医学、农牧渔、物流及公共领域等众多重要领域，其应用效果和优势也逐渐显现出来。

1）金融

在金融行业中大数据的应用范围广泛，相关机构在长期的金融业务开展过程中积累了海量有价值的数据,将大数据技术应用其中可以挖掘出有效信息从而达到辅助业务决策的目的。面对种类繁多、数据量巨大的金融业务,人们应该最大限度利用大数据技术对数据进行分类、集成、分析及应用,以提高业务产出量。

2)电子商务

电子商务行业率先使用大数据达到精准营销的目的,电商企业记录的数据既有用户相关信息,如购买记录、商品评价等,还有自身商品介绍、商品销量等各类信息,使其具有数据量大、数据类型复杂等特点。由此可见,电子商务的整个生命周期都离不开大数据。电子商务领域所涉及的数据集包含的数据量大且丰富。因此,电子商务数据的应用前景非常广阔,如对潮流趋势、消费意愿、消费热点等方面的预测,或者对消费者各种消费行为的相关度、用户购买习惯、影响消费的因素等方面的分析,这些都有助于电子商务行业的蓬勃发展。

3)生物医学

在生物医学领域大数据也得到了广泛的应用和人们的认可。随着信息技术的发展和工业信息的推广,医院(医疗保健服务供应商)开始使用电子病历,临床医生、研究人员及病人可获得的数据量也大幅度增加。使用大数据技术可以帮助人们确定饮食结构、运动、预防措施和其他生活方式等对个人健康的正负作用,这样在不能实时询问医生的条件下,人们也可以得到相对权威的医疗保健建议。大数据分析还在确定临床治疗、处方药和公共卫生环境对特定的广泛群体的影响等方面具有很高的价值,并为传统研究方法提供了参考。

4)农牧渔

大数据分析在农牧渔领域的应用可以为农牧渔三种产业带来很多便利。在农业中,大数据分析可以预测天气情况,帮助农民做好预防自然灾害的工作,以减少自然灾害可能带来的损失,又或者帮助农民根据环境因素及时调整产品种类,以提升产量;畜牧业有了大数据分析的辅助可以使农场得到合理利用,不会失去生态平衡,减少一定程度的损失;渔民通过大数据分析得到的信息可以合理安排打捞时间,对鱼塘的生态稳定有极大的帮助,大数据分析还可以精准辅助定位捕鱼,以减少人员受伤等损失并提高捕鱼效率。

5)其他行业

大数据技术可以投入物流领域实现多任务智能化,物流中许多人力资源和设备资源将得到节省,提高了物流系统的效率和利润;在工业生产领域,利用大数据技术可从整体的视角全面把握供需平衡问题,挖掘创新增长点;在交通领域,利用大数据技术可实现某些智能辅助功能,甚至实现无人驾驶,届时堵车与事故将会大幅度减少;大数据应用在能源产业领域可以实现精确预测,实时调控产量;在公共安全领域,利用大数据技术可以更高效地应对突发性事件,更好地维护社会和谐与稳定。

1.1.2 大数据处理

1.1.2.1 大数据处理需求

大数据处理作为大数据分析的前期基础步骤主要为大数据分析工作服务。在学习理解大数据处理中的相关问题时，我们有必要首先对大数据分析（Big Data Analysis）所涉及的内容与需求有所掌握。

只从表面来看，大数据仅是规模巨大且复杂的数据，这样看这些数据并不具有高价值。但是，通过对繁多的数据进行撷取、管理、分析、整理，就能将其处理成具有价值的信息，使数据经过处理实现增值。大数据分析的主要方面有：可视化分析、数据挖掘算法、预测性分析能力、语义引擎和数据质量管理。

1. 可视化分析

可视化分析是已经得到普遍使用的一种大数据分析结果表现形式，如交通大数据可以为揭示交通主体显性出行行为背后的深层规律提供重要的基础；数据可视化可以协助企业经营分析；医疗领域的大数据能帮助患者智能化管理患病、住院、病史等医疗信息。可视化分析可以自动地把许多复杂的数据转化为直观的形象图标，使其能够更加清晰、有效地展现信息，让观察数据的人更加轻松地得到信息和理解信息。

2. 数据挖掘算法

数据挖掘算法被视为大数据分析理论的内核，算法基本思想是首先通过算法定义出函数，然后将数据集视为参数变量带入函数，最后达到提取大数据信息资产的目的。其中，算法是根据数据创建模型的一组试探法和计算。"啤酒和尿布"案例具有显著代表性，有利于人们理解数据挖掘算法，此案例的内容是，沃尔玛超市通过分析啤酒和尿布两种商品的消费行为数据发现两个商品之间暗含的联系，并且利用挖掘出的商品关系信息使这两类商品销售量有所增加，而这种联系结论是在此之前无法直观得出的。此外，在现有的各种大数据分析应用中，数据挖掘算法得到了非常普遍的应用，例如基于医疗数据对流行病的监测与预报、谷歌广告系统、亚马逊的推荐引擎、公安系统中的情报分析、基于农业信息数据的病虫害预警系统等。

3. 预测性分析能力

预测性分析能力是各领域中大数据分析应用的关键能力之一。首先建立事件模型，然后将新的数据带入，以预测事件未来的发展趋势。预测性分析能力在金融、气象和科学研究等领域都得到了广泛应用。

4. 语义引擎

语义引擎是机器学习的成果。数据挖掘技术未得到发展的时候，计算机识别用户的输入内容时，其理解程度只能达到字符识别，而没有能力理解语义等深层的信息，导致计算机无法准确知晓使用者的需求。但是，若使计算机在规模巨大的复杂模糊数据中自动学习，则经过学习后的计算机就有了精准理解用户输入内容信息的能力，进而准确把握用户需求，达到给用户提供更好的使用体验的目的。苹果的 Siri 等众多语音助手都采用了语意引擎。

5. 数据质量管理

数据质量管理是各大企业在大数据管理工作中不可或缺的环节，可以剔除大数据中的噪声数据，筛选出准确真实的数据；可以提高大数据分析结果的准确度。因此需要设计数据质量管理系统，从而有效分析大数据，达到管理数据质量的目的。

计算和存储两个环节是大数据处理中需要人们特别关注的核心步骤。在计算环节中人们不但需要考虑计算模式的选择问题，而且需要关注服务器集群管理优化等内容。下面将对大数据处理的常见模式、大数据处理的基本流程、大数据处理的关键技术进行讲解。

1.1.2.2　大数据处理的常见模式

大数据常见的处理模式有流处理和批处理。流处理模式遵循的原则是：直接处理（Straight-Though Processing）。可以详细解释为，不需要针对整个数据集处理，只需将每个数据项在输入系统时进行计算。批处理遵循的原则是：先存储后处理（Store-Then-Process），即访问完所有数据项后才能完成计算工作，主要针对大容量的静态数据集。

1. 流处理

流处理（Stream Processing）的基本定义为，在数据的处理过程中随着时间的流逝，数据的价值会降低，因此实时产生的数据需要尽可能在短时间内得到处理，分析得到立刻可用的结果。在必须对变化或极大值做出响应并关注一段时间内的变化趋势时，适合使用流处理方式。其具体应用场景有网页访问量的实时统计、物联网用例、银行用户高频交易等。

流处理模式把数据看作"流"，不断产生的数据形成数据流，数据流中的数据先到达的先被处理，后到达的后处理，然后得到返回结果。图 1.1 是流处理模式中基本的数据流模型。

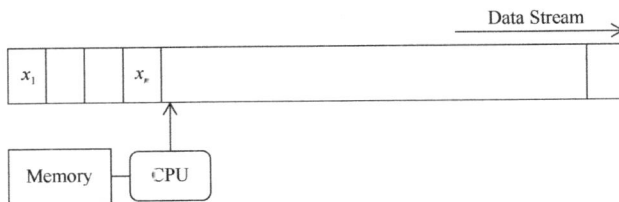

图 1.1　流处理模式中基本的数据流模型

在数据到达系统被实时处理并返回结果的过程中，数据流具有连续、速度快、规模大等特点。数据是无限产生的，存储容量是有限的，所以长期存储所有的输入数据是具有很大挑战性的。此外，由于数据流具有动态变化的特点，使得系统实时处理具有挑战性。内存可存入数据空间的大小会使模型处理具有局限性，内存中概要数据结构设计不同，流处理模式的处理方式也会有所不同。在未来，内存容量对流处理模型造成的局限性可能会因为相变寄存器（PCM）等储存级内存（Storage Class Memory，SCM）设备的发展得到改善。

数据流理论和数据流技术已得到广泛研究，各种流处理框架出现并得到了实际应用，如 Apache Samza、Apache Storm、Kafka、Flink Streaming 等。

2．批处理

我们可以将批处理（Batch Processing）简单理解为将大量静态数据输入，分批次并行处理，处理得到的结果经过一定过程的转换输出最终结果的过程。批处理操作极其适用于处理对象为面向大量数据的任务，无论是先将数据集载入内存，还是直接处理存储设备上的数据集，批处理系统在设计过程中就针对处理资源是否充分这一问题提前准备了应对办法，使其能应对规模庞大的数据，处理框架有 Hadoop、MapReduce、Spark、Flink 等。2004 年谷歌提出的 MapReduce 模型就属于批处理模式，MapReduce 模型具体的处理流程如图 1.2 所示。

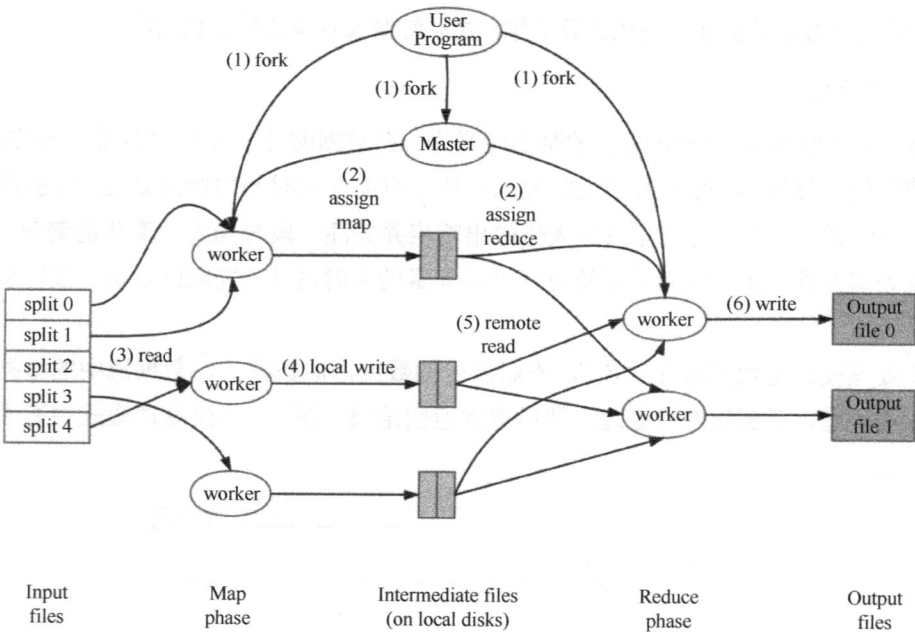

图 1.2　MapReduce 模型具体的处理流程

MapReduce 模型首先将待处理数据集划分为若干数据块，分批后的每个数据块到相应的 Map 任务区得到处理，Map 任务解析出键-值对集合，这些集合通过用户定义的 Map 函数运算得到结果并存储。Reduce 模块读取存储数据并根据键值有序排列，并且将键值相等的数据进行组合操作，最后利用 Reduce 函数产生最终结果。Map 函数和 Reduce 函数是 MapReduce 模型的核心。该模型在文本挖掘等领域已得到应用。

通过对 MapReduce 模型的处理流程的了解，可以得到此模型构建的核心思路为：①将问题拆分为子问题，递归的解决子问题并将子问题的解合并；②计算向数据靠拢，避免大量数据传输时产生很多开销。

3．混合处理系统

从大数据的特征和应用行业来看，大数据具有丰富的来源，互联网就是大数据的重要来源之一，因此产生了很多数据类型和针对不同应用的处理方法，流处理和批处理均为大数据处理中可实施的思路。将二者结合为混合处理系统的方法也在实际的大数据处理中得到了使用。在互联网等应用场景中，用户个性化提升、业务决策、智能分析等均需要强大的大数据处理技术作为支撑。如职业社交网站领英等众多互联网公司，以不同任务处理时间的差异为依据，将网站平台业务划分为在线（Online）业务、近线（Nearline）业务和离线（Offline）业务。其中，在线业务处理时间的单位至少为秒甚至毫秒，流处理方式最合适；离线处理业务的处理时间单位为天，更适合使用批处理方式，因为系统 I/O 利用率高；近线业务的处理时间单位主要是分钟和小时，采用批处理模式居多，但也应该视具体情况选择处理模式。

1.1.2.3　大数据处理的基本流程

大数据的数据源分布范围大，不同的应用领域可能有不同的要求，但是基本处理流程是一样的。中国人民大学网络与移动数据管理实验室开发的 ScholarSpace 构建出了一个综合数据库系统，其特点是以作者为中心，并且反映中国多学科文献。该系统起初只涉及计算机领域，后来逐渐发展延伸到金融、法律等许多社会科学领域。大数据处理的基本过程：数据提取、整合到结果、表达与描述。该过程在 ScholarSpace 中得到了充分体现。图 1.3 是大数据处理的基本流程。

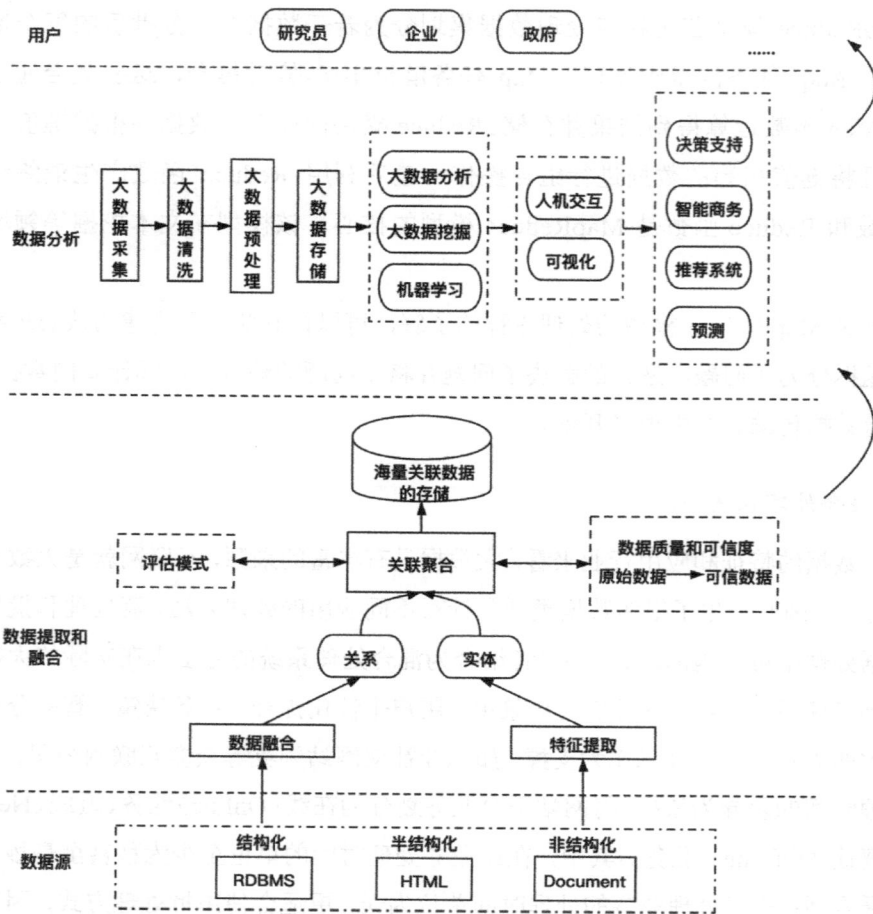

图 1.3　大数据处理的基本流程

整个大数据的处理过程可以定义为：通过适当的工具提取和聚类各种异构体数据源，然后按照相关标准统一存储，并选择恰当的数据分析方法处理数据，最后分析得到有价值的信息，并利用优秀的视觉分析方法描述出结果，让用户一目了然。接下来我们简单了解一下数据抽取与集成、数据分析与数据解释三个阶段。

1. 数据抽取与集成

多样性表明大数据来源众多且丰富，由此产生的数据类型也多且复杂。因此形成了成分冗杂的数据环境，使得大数据处理会面临一些困难。大数据处理过程从抽取与集成数据源提供的数据开始。采用 ETL（E 即 Extract 代表提取，T 即 Transform 代表转换，L 即 Load 代表加载）工具提取在分布、异构数据源中的数据，然后存放到临时文件或数据库中。其中的数据包含关系数据、流数据、平面数据等非结构化数据。数据源提供的大数据质量是否安全、是否完整、是否真实、是否一致，都会使数据分析结果有变化。因此，清洗数据的预处理操作可最大可能保留有效数据，剔除无效数据，增强分析结果的可信度，从数据源中获取的数据有结构化数据、非结构化数据等不同结构类型的数据，需要使用合适的方法提取出实体和关系，通过关联和聚合将其转变为统一格式的数据结构进行存储。

根据提取的方式，可以将多个数据类型的集成模型概括为基于物化或是 ETL 方法的引擎、基于数据流方法的引擎、基于联邦数据库或中介方法的引擎及基于搜索引擎的方法。

2. 数据分析

大数据分析的过程使得大数据的价值得以展现，因此数据分析模块处于大数据处理过程的核心位置。数据分析的原始数据是从数据源中提取和集成后组成的，将不同应用环境对数据的要求作为筛选条件，从原始数据中得到的有效数据可以用于数据分析。随着时代发展，传统的数据分析技术已没有足够强大的能力支撑今天的大数据环境了。大数据分析技术可能会遇到的问题有以下几种。

1）数据量的增加造成了噪声数据量的增加

数据量增加可能使数据具有更高的价值，但同时也会造成噪声数据变多。因此，在数据分析之前，清洗数据的预处理操作是非常必要的，但由于预处理的数据量庞大，所以在机器硬件和算法方面都具有一定的挑战性。

2）算法应随大数据发展变化而有所改进

首先，算法精度已经不能作为衡量大数据应用的主要判断标准了，是否能做到大数据应用的实时处理已变得更为重要。很多应用中的实时性和精度都不可以忽略，如在线的机器学习算法。

其次，云计算的出现为大数据处理增添了一个强大的工具，想要使算法适应云计算框架，就应该改进算法使其能够灵活扩展。

最后，由于某些算法只针对小规模数据有效，而面临庞大数据量的问题时效果较差，因此选择合适的数据处理算法则至关重要。例如，邦弗朗尼原理（Bonferroni's Principle）即表明了并不是给出数据集和挖掘任务就能够挖掘出合理的结果。

3）数据挖掘结果质量的评价指标

数据分析结果的质量好坏是大数据时代数据分析的难点。大数据时代数据规模庞大、数据类型繁杂，分析过程中往往整个数据的分布特点不明确，为以后制定评价方法及评价指标带来了挑战。数据挖掘在推荐系统、智能化商业和决策辅助等领域大数据分析已得到广泛应用。

接下来对数据分析模块处理流程进行详细讲解。

（1）大数据采集：数据的收集作为数据分析模块的第一步，是利用射频识别（RFID）、传感器、社交网络交互和移动互联网等方式，获得结构化、弱结构化及非结构化等各种类型的大数据。目前，由于分布式架构的普遍使用，所以中大型项目需要在多台服务器上完成数据的采集任务，并且业务可以继续顺利执行而不受采集的影响。基于此产生了丰富且配置简单的日志收集工具采集和聚合数据，如 Flume、Logstash、Kibana 等。

（2）大数据清洗和预处理：数据采集完成后，必然有重复数据、脏数据和无效数据，将由来不同的数据通过归一化处理、异常值处理、重复数据去重及空值处理等操作，使数据被整合成适合数据分析算法并且有助于工具读取的数据，而处理后的数据不但可以存储在大型分布式数据库中，还可以存在分布式存储集群当中。

（3）大数据统计分析和挖掘：大数据统计分析所需工具有很多，如 SPSS、Python、R 等。同时由于不同任务对应的统计分析功能要求不同，因此需要各种结构算法模型实现数据的分类及整合。与大数据统计分析相比，数据挖掘没有提前固定的任务主题，可以直接将数据挖掘算法计算作用在数据集上，以达到预测的效果，进而实现一些深层次的数据分析需求。常见的数据挖掘工具有 Python 语言的 Scikit-Learn 库，其提供了非常多的工具包，涵盖了很多的基本算法的实现。此外，还有 Spark 的 MLlib、Hadoop 的 Mahout 等。数据挖掘中具有代表性的基本算法有 K-Means、PageRank、AdaBoost、SVM、KNN、Naive Bayes、Apriori、EM、CART。

（4）结果可视化：从大数据分析专家到普通的业务人员，很多人员需要使用大数据分析得到数据分析结果来辅助科研或业务工作。各类用户对大数据分析的基本要求是将数据分析结果可视化，可视化分析直观、清晰地展示了大数据的特征，易于被使用者接受和理解，使图像和图形的呈现如同看图说话一样简洁明了。

3. 数据解释

在大数据处理的流程中数据分析是核心模块，但是用户更关注数据分析结果及结果的展示。优秀的结果描述与显示方式可以将准确的分析结果高质量地表达出来，反之则可能会降低用户得到数据分析结果的效率，严重的则可能会造成用户对数据信息的错误理解。因此，采用什么方法能够更加清晰地描述数据，并且使人达到最佳理解效果是非常重要的问题。常见的基本数据解释方法（如直接在电脑终端显示文本形式结果）在解释小规模数据时效果很好，但是就大规模数据分析结果而言，不仅结果所展示的信息较多，而且结果之间的关系也较为复杂，那些用于解释简单结果的基本数据解释方法就会失效。因此，为得到具备大量数据分析结果解释能力的数据解释方法，可以引入以下内容。

1）可视化技术

将数据可视化主要涉及两个技术：计算机图形学和图像处理技术。通过可视化处理后，数据被变为可以在终端设备上显示的图形或图像。此过程所涵盖的理论与方法技术共同组成了可视化技术。可视化技术已经得到广泛应用，如科学计算可视化、信息可视化和计算可视化等，并且在解释大量数据时具有令人满意的效果。可视化技术可以将信息清晰明了地展现给用户，与文字表述的方式相比，图像化方法更适合人类快速掌握结果信息。广为人知的可视化技术有标签云、词云、历史流、空间信息流等。

2）交互过程

在数据分析中如果能有与用户交互的过程，则有助于用户参与整个数据分析过程并对其有一定的掌握与了解。例如，人机交互技术引导用户与数据分析互动，用户不单可以得到分析结果，还可以对结果的生成过程有清晰的掌控与理解。除此之外，数据起源技术可以帮助用户追溯到分析的每一个部分，有助于用户很好地接受和理解分析结果。

1.1.2.4　大数据处理的关键技术

随着互联网技术的不断进步，以及社会数字化的程度不断提高，众多大数据技术陆续出现，为人们提供了越来越多的大数据分析工具。基于大数据分析计算流程的大数据技术体系如图 1.4 所示，该图展示了一个典型的大数据技术栈。其中，云计算技术及软件系统作为主要底层基础设施，体现为计算节点、集群、机柜、云计算数据中心及大数据计算软件平台。在此基础之上是大数据存储与管理层，包括数据采集、预处理，涉及分布式文件系统、非关系数据库及资源管理系统等。然后是大数据分析计算层，其中涉及数据挖掘算法、Hadoop、MapReduce 和 Spark，以及在此之上的各种不同计算模式，如批处理、流计算和图计算，包括衍生出的编程技术等。最后大数据可视化层基于大数据分析计算层对分析计算结果进行展示，通过可视化达到交互目的，可提出问题，生成迭代的分析和可视化内容。

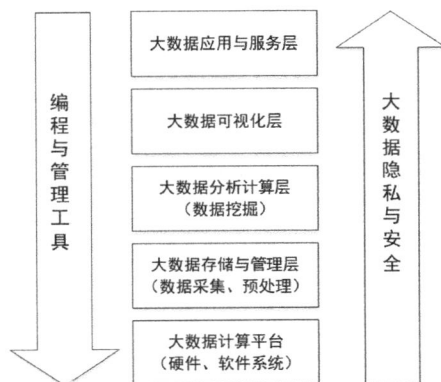

图 1.4　基于大数据分析计算流程的大数据技术体系

13

同时，在纵向上编程和管理工具模块与大数据隐私和安全模块两个领域覆盖了各层，需要从整体上协调看待。前者旨在通过机器学习实现自动优化，从而尽可能减少编程代码量及烦琐的配置过程。此外，有些技术跨越了多个层次。例如，内存计算实际上涵盖了整个技术栈。

1. 大数据处理基础技术

1）分布式计算

分布式计算在处理计算量大的任务时与集中式计算不同，其将整体数据分成若干个小的局部部分，每个子部分分配给分布式系统中的各个计算机节点分别执行计算，最后归纳整合所有的计算结果并得出结论。分布式计算主要解决数据分析对象数量庞大这类问题，如从网联车辆的大量报文数据中分析车辆异常情况，从淘宝网的"双 11"数据中实时计算各地区消费者的消费行为等。

2）分布式文件系统

数据的存储与管理功能是大数据应用时的基本需求，传统的数据文件管理系统已经不再适用，应考虑当前实际需求和应用方式设计及分析文件管理技术。分布式文件系统（Distributed File System，DFS）是当前被广泛应用的技术，其应用范围以具有海量用户的互联网企业及事业单位为主。

分布式文件系统的系统结构可扩展，数据通过多台存储服务器分散存储，共同承担庞大数据量的存储问题，通过元数据定位数据存储在服务器中的位置。分布式文件系统除了上述提到的可扩展性能，还具有很强的可靠性及良好的存储效率，其系统结构如图 1.5 所示。

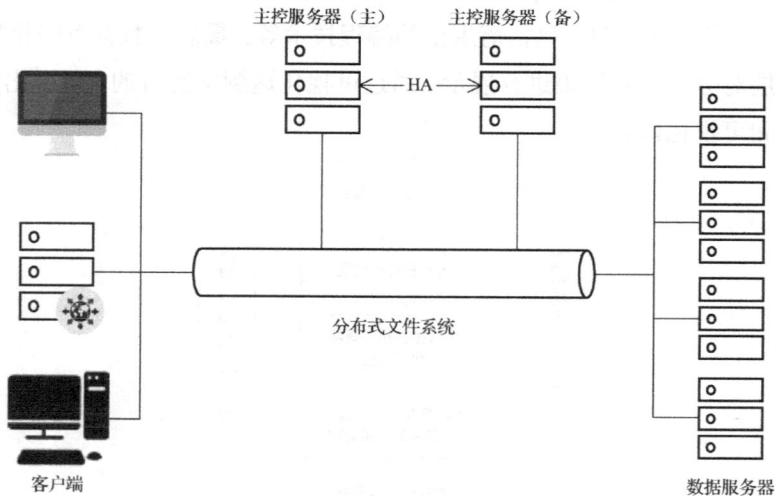

图 1.5　分布式文件系统的系统结构

元数据管理技术、系统弹性扩展技术、存储层级内的优化技术和存储优化技术四种关键技术是分布式文件系统的主要组成部分。主流的分布式文件系统有以下几种。

（1）网络文件系统（NFS）：Sun 微系统作为 TCP/IP 网上文件共享系统，使用户访问网络上其他地方的文件就像在使用自己的计算机一样。

（2）Google 文件系统（GFS）：其是谷歌公司开发的一项数据管理技术，其目的是存储海量搜索数据，能够为在低成本硬件上运行提供一个可扩展且具有容错机制的文件管理系统。将巨大的分布式大数据存储于多个存储设备中，可以实现分块存储、关联链接、追加更新等功能，为用户提供更好的数据管理与应用服务。但其针对大文件进行管理和存储时具有局限性，因此为解除这种限制，提高数据存储和读取的效率，人们利用内存加载部分元数据，开发出了多个类的 GFS 文件管理系统并得到实际应用。

3）分布式数据库系统（DDBS）

分布式数据库是将集中式数据库的数据分散地存放到互相连接的多个数据存储点上的数据库。分布式数据库系统由多个计算机节点组成，这些节点跨网络分布在不同位置。多个计算机节点通过高速的计算机网络将多个物理上分散的数据存储单元连接起来，组建了一个大型数据库全局系统，其在逻辑上集中化。分布式数据库适用于大数据存储是因为其具有以下三大特征。

（1）高可扩展性：若分布式数据库具备可扩展性能，就需要具有动态地增加存储节点的能力，以获得存储容量的线性扩展功能，更容易集成现有系统。

（2）高并发性：对于用户发出的大量读写请求，分布式数据库能够实时响应，并且执行随机读/写操作。

（3）高可用性：分布式数据库系统具有良好的可用性等特点，其提供了容错机制，可以适当增加数据冗余度，备份数据库的数据冗余，以保证数据和服务的可靠。

分布式数据库可以灵活适应多种应用背景，可用性好、可靠性高、局部响应速度快，但也具有一定的局限性，如系统成本高；辅助索引、文件链接技术等使其存取结构复杂；不容易保证数据的安全性和隐私性等。

4）数据库与数据仓库

数据库与数据仓库的概念不是完全等同的。

（1）数据库：按照一定的数据结构来组织、存储和管理数据的数据集合，最具代表性的是传统的关系型数据库，一般涉及如金融交易业务等基本处理问题，常见的有 MySQL、Oracle、SqlServer 等。

（2）数据仓库：是一个有主题导向的（Subject Oriented）、集成的、非波动的、反映变化情况的数据集合，作为事务管理与事物决策的支撑，常见的有 AWS Redshift、Greenplum、Hive 等。

相对于数据库而言，数据仓库处于一个较高的层面，即一个数据仓库可以通过不同类型的数据库实现。下面从结构设计、存储内容、冗余程度和使用目的四个方面来评价数据库与数据仓库之间的区别。

（1）结构设计：数据库的结构设计以事务为核心，数据仓库的结构设计则以主题为中心。

（2）存储内容：数据库存放的主要是在线数据，而不存储变化之前的数据，但是数据仓库会存储变化之前的历史数据，为分析决策提供了基础。

（3）冗余程度：数据库设计时要最大程度减小冗余度，这样有助于实现高效率存取任务。数据仓库与之相反，通常会引入冗余。

（4）使用目的：引入数据库旨在捕获和存取数据，而数据仓库目的是分析数据。

5）云计算与虚拟化

（1）云计算。

云计算（Cloud Computing）也被称为网络计算，可以短耗时处理数以万计的数据，以提供强大的网络服务，其需要从互联网中获得虚拟的动态可扩展资源。计算机资源和应用服务不断积累就产生了"云计算"，其中"云"代表互联网的网络。云计算需要强大的云计算系统来支持业务顺利执行，且需要系统满足超大容量、支持大规模同时访问、高速度、高安全性等多种条件。美国国家标准与技术研究院（NIST）的研究人员认为云计算是以使用量为付费依据的模式，其提升了网络访问的便利程度，计算资源共享池能够快速地提供网络、服务器、存储、应用软件、服务等计算资源，节省管理工作量并且减少与服务供应企业的交互工作。

（2）KVM 虚拟机。

"虚拟化"是管理物理资源的首要步骤。简而言之，虚拟化是多台虚拟机在一台物理服务器上运行，但它可以跨越时间及空间的限制，使用户可以使用云上不同地理位置上的虚拟化资源完成不同项目的部署。

KVM（Kernel-Based Virtual Machine）是基于 x86 硬件虚拟化扩展（Intel VT 或 AMD-V 技术）解决虚拟化的方案。KVM 这一全虚拟化方案需要 CPU 虚拟化的辅助与支持。一个 KVM 虚拟机与一个 Linux QEMU-KVM 进程是等同的，Linux 进程调度器调度此进程及其他 Linux 进程。以虚拟内存、虚拟 CPU 及虚拟 I/O 设备为主的几个部分组成了 KVM 虚拟机。KVM 内核模块实现了内存和 CPU 的虚拟化，QEMU 负责 I/O 设备虚拟化任务。QEMU-KVM 进程的地址空间中包含 KVM 客户机系统的内存，在 QEMU-KVM 进程的上下文中，KVM 虚拟机的 VCPU 作为线程运行。

（3）云计算与虚拟化的关系。

云计算属于一个概念，而虚拟化属于一项技术。云计算可扩展所以应用灵活，还具有高性价比等优点。此外，虚拟化技术按需部署、动态可扩展等特点是传统网络应用模式不具备的。而虚拟化作为云计算的基础首要步骤，其技术涵盖应用虚拟化和资源虚拟化等方面。虚拟化所形容的主体其实是物理硬件，其利用软件模式将物理状态的实体转化为若干虚拟存在的系统，但实际上只划分了区域或时域，运行于实体。用户可以通过虚拟化平台对终端进行数据备份、系统迁移及扩展等操作，实现可隔离、可扩展等功能，保证数据安全，使资源利用率最大化。

（4）常见虚拟化产品。

① VMWare：由美国加州的一个全球桌面到数据中心虚拟化解决方案厂商开发，通过降低复杂性和提供敏捷的交付服务，提高其所提供的经客户验证的解决方案的 IT 效率。

② VirtualBox：该虚拟化产品是德国 Innotek 公司研发的，后来被更名为 Oracle VM VirtualBox。开发者用 GPL（GNU General Public License）释放出 VirtualBox，并公开了二进制版本及 OSE 版本源代码。

③ OpenStack：一个由美国国家航空航天局（NASA）和世界三大云计算中心之一的 Rackspace 联合研究确立的项目，由来自世界各地云计算开发的技术人员共同在这个开源云计算平台创建 OpenStack 项目。

④ Docker：一个开源引擎，可以为各种应用灵活创建可移植的、自给自足的轻量级容器，通过容器实现批量部署，包括 VMWare、OpenStack 集群和其他各种应用。

（5）云计算社会应用。

① 存储云：即云存储，是伴随云计算发展而兴起的新型存储技术。云存储的核心是数据存储与管理，用户上传到云端的本地资源，可以在任何连接互联网的地方被用户再获取到。例如，将百度云作为个人存储空间，把文件、照片、视频等内容存放进去，并可以生成可加密的分享链接，分享给他人，使用时在电脑或手机端登陆云空间账户即可。

② 医疗云：将医疗技术与云计算、大数据、移动技术、通信及物联网相结合，使用云计算搭建医疗健康服务平台，有利于医疗资源的共享和医疗范围的扩展。医疗云使医疗机构的效率得到提升，为患者提供了一种新的便捷就医方式。网上问诊、电子病历、患者档案等都是已经得到广泛使用的实际应用。医疗云的主要优势在于在实现大规模数据存储、信息共享的同时，可以保证数据安全及进行动态扩展。

③ 金融云：将云计算融入金融领域使银行等金融机构可以开展互联网业务和运营维护服务，这种技术可以高效且低成本地实现互联网资源共享，用户在移动设备上即可完成转账等业务。中国银行保险监督管理委员会要求，所有涉及互联网的重要信息系统，其系统架构均统一为云计算架构。阿里巴巴、腾讯等互联网企业陆续推出了各具特点的金融云服务。

④ 教育云：教育云将教育资源虚拟化，教育方式智能化。教育资源在互联网中共享为教育机构、教师、学生带来了便利。开放的在线课程让用户可以获得丰富的高质量教育资源，以推动教育发展。

2. 主流大数据技术

大数据已应用于越来越多的实际场景中。在抖音、淘宝等应用中"可能感兴趣的人""猜你喜欢""购买此商品的人还购买了……"等此类提示信息就是大数据技术的应用。在这些简单的个性化提示信息背后，大数据产业已经高速崛起。大数据的意义不在于掌握数以万计甚至更多的数据，而在于利用好这些数据资产，通过专业化分析处理得到其中蕴含的意义与价值。下面我们简单介绍大数据分析计算所需的技术体系及其支撑技术，介绍大数据技术栈的组成结构及典型的大数据处理软件。

1）主流大数据技术体系

大数据技术体系包含很多层面，主流的技术可分为以下几种。

（1）架构设计技术：ZooKeeper、Kafka 等。

（2）采集技术：大数据采集技术的主要发展方向是如何拥有更高速度的分布式数据抓取和采集技术，如何实现高速数据全映像等；同时还涉及高效率数据解析、转换与加载等大数据集成技术，以及构建数据质量评估模型等方面的创新。

大数据采集技术在系统层面主要包含大数据智能感知层和基础支撑层两个。大数据智能感知层主要包括数据传感系统、传感匹配系统、网络通信系统、智能识别系统及软硬件资源访问系统，可以智能识别各种结构类型的大数据，以及实现定位、跟踪、访问、传输、信号转换、监测、预处理和管理等功能的智能化。大型数据智能感知技术主要实现的功能有智能识别数据源、智能感知数据源、合理适配、传输数据源等。基础支撑层则是主要提供虚拟服务器，为大数据服务平台创建基础支撑环境。基础支撑技术包含分布式虚拟存储技术，大数据收集、存储、分析整理及决策操作所需的可视化接口技术，压缩大数据技术，网络传输技术，保护大数据隐私技术（如 Logstash、Sqoop、Flume 等）。

（3）存储技术：大数据存储归档方式有分布式文件系统存储方式和分布式数据库存储方式。存储技术不仅需要将数据分发到多个存储节点上，还提供许多机制，如安全、备份、协议及接口访问等。大数据存储技术包括创建、管理和调用适当的数据库。该技术侧重于管理和处理结果多样复杂的大数据，同时涉及解决如何实现大数据存储、大数据表示及有效传输数据的方法。目前主流的存储技术有 Hadoop HDFS、Tachyon、KFS、HBase、Hive 等。

新型数据库技术包括关系数据库、非关系数据库（NoSQL）及数据库缓存系统。其中，关系数据库有传统基本关系数据库和各种改进后的可扩展、高性能数据库

（NewSQL）。非关系数据库以键值数据库（Key-Value Store）、列存储数据库（Column Family）、图存数据库（Graph）及文档数据库（Document）四种类型为主。

大数据安全技术包括数据销毁、加密解密、分布式访问控制、数据审计，以及隐私保护、数据真假判别、数据完备性验证等技术。

（4）计算技术：Hadoop MapReduce、Spark、Storm 等。

（5）数据分析挖掘技术：数据分析挖掘是一个提取有价值、有意义的信息和知识的过程。这些信息及知识暗含在海量不完整的模糊嘈杂数据中，但是人们在数据挖掘之前是无法知道的。数据分析挖掘所涵盖的技术不仅包括基于已有技术的改进技术，还包括新提出的技术，如数据网络挖掘、图挖掘和特异群体挖掘等。此外，在用户个性化分析、访问行为分析、情感语义分析等应用领域的技术改进，也是数据分析挖掘技术所面临的重点问题。

数据分析挖掘技术方法分类依据有很多种：依据数据挖掘的目的可以分成分类、聚类、预测模型探索、关联规则探究、序列模式探究，探寻趋势、寻找异常、发现依赖关系等；依据数据挖掘面向的对象则分为关系数据库、时间数据库、面向对象数据库、空间数据库、图像或文本数据库、异质数据库等；按方法可以分为统计方法、数据库方法、机器学习和深度学习。机器学习方法细分和统计方法细分如图 1.6 和图 1.7 所示，图中仅为部分方法的举例。

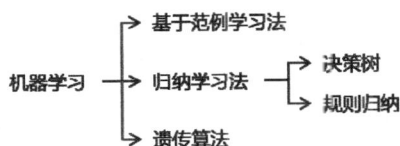

图 1.6　机器学习方法细分

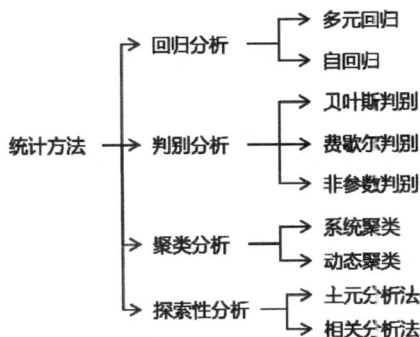

图 1.7　统计方法细分

其中，基于机器学习的数据挖掘方法是目前较为常用的数据挖掘方法，数据科学领域的国际权威学术组织 IEEE 认定了机器学习领域中的 10 个典型算法，它们分别为 C4.5 算法、K-均值算法、SVM、Apriori、EM、PageRank、AdaBoost、K 最近邻算法、朴素贝叶斯算法和回归树算法。以上典型算法为大数据挖掘领域相关研究的开展做出了巨大的贡献。

大数据挖掘任务和挖掘方法主要集中在以下几个方面。

① 可视化分析。它是大数据分析最基本的功能，数据通过转换为图像展现自己，

并直观显现结果，使得用户可以通过视觉感受到结果信息。

② 数据挖掘算法。数据挖掘算法的主要任务是通过分割、聚类及孤立点分析等凝练出数据中的价值供用户使用，所用算法应适应的数据量尽量大，并且处理时间尽量少。

③ 预测性分析。它可以通过图像分析与数据挖掘结果，推出某些对未来发展情况的预测判别。

④ 语义引擎。它是利用人工智能主动抽取数据中蕴含的信息的技术。相关技术包括问答系统、机器翻译、情感分析、舆情检测等。

⑤ 数据质量和数据管理。它们主要是使用标准化流程和机器处理数据，确保得到的分析结果质量与预期一致。

主流的数据分析挖掘技术有 Mahout、Spark MLLib 等。

（6）海量数据检索与即时查询分析技术：Elasticsearch、Presto、Impala、Kylin、Drill、SparkSQL、Phoenix 等。

（7）可视化技术：主流的可视化技术有 ECharts、Superset、SmartBI、FineBI、YonghongBI 等。数据可视化与交互在大数据技术中至关重要，因为数据最终需要为人们所用，为生产、运营、规划提供决策支持。可视化技术不仅是终端显示所需要的技术，还是数据分析中二次分析返回数据时很必要的技术。大数据技术可以探索挖掘暗含在数以千万甚至更多的数据中的价值资产，为各领域发展提供信息，提升质量效率。因此，简洁、清晰并且符合情况的数据展示方式有助于用户准确快速地理解数据及数据间的关联关系，使数据发挥出其自身最大的利用价值。

可视化技术对于普通的非技术型用户快速灵活使用大数据分析平台也有很大帮助，各类用户可以快速上手并且容易操作。除了表格、图形等表示方式，可视化技术还可以与现代可视化工具相融合，与交互模式相搭配，完成大数据价值的展示。

我国的相关技术开发主要聚焦在商业、政府政务、公共服务三个领域中。例如，在商业中通过智能化技术得到业务规律，以调整业务模式；智能监控企业绩效，以避免工作偏离任务目标；政府决策技术中的行政审批、制度评估智能分析技术；通信数据信息处理技术；气象信息分析技术；警务应用系统中的道路监控、视频监控、网络监控、智能交通、防电信诈骗、指挥调度等技术；医疗云系统中的基因序列检查分析技术；网页信息挖掘技术；智能并行处理多媒体数据，等等。

2）主流大数据处理软件——Hadoop 生态系统

大数据时代下的众多行业对大数据存储与分析的需求变多。开源的分布式并行处理平台 Hadoop 生态系统具有高效率、高可扩展、高可靠等特点，包含了非常多的技术模块。其中 Yarn（Yet Another Resource Negotiator）、HDFS（Hadoop Distributed File System）和 MapReduce 等几个关键部分可大体集成 Hadoop 生态圈。图 1.8 是 Hadoop

生态系统。

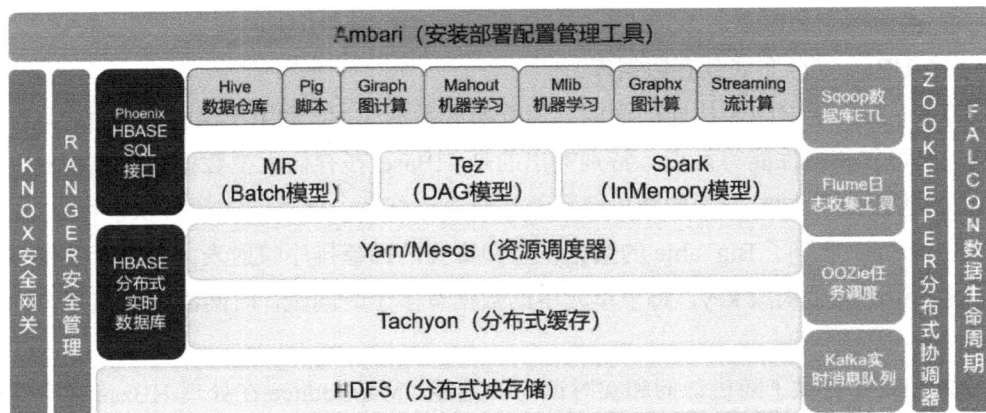

图 1.8　Hadoop 生态系统

Hadoop 核心组件包括：HDFS（Hadoop 分布式文件系统）、MapReduce（分布式计算框架）、HBase（分布式列存数据库）、ZooKeeper（分布式协同服务）、Hive（数据仓库）。

（1）HDFS（Hadoop 分布式文件系统）。

Hadoop 分布式文件系统是在 Hadoop 体系中实现数据存储管理任务的前提。HDFS 是一个既能用于检测还可以处理硬件故障的高度容错系统。HDFS 把文件的一致性模型简化，通过访问流数据这种方式提高了对高吞吐量数据的访问能力，因此适用于各种海量数据集应用程序，以满足超大文件处理的需求。此外，HDFS 采取了"一次写入，多次读取"机制，通过把数据源生成的数据集复制并分配到不同的存储节点这种操作，对各种数据分析任务做出响应。HDFS 在搭建模型时以一组特定的节点为基础，这组节点共由两大部分组成：一部分是一个用来提供元数据服务的 NameNode，另一部分是若干个提供存储块的 DataNode。

（2）MapReduce（分布式计算框架）。

MapReduce 是一种应用于大数据计算的主流分布式计算框架，但该框架对分布式计算框架的细节不予考虑，而是采用了"分而治之，先分后合"的思想将复杂的任务进行拆分，通过并行处理的方式解决。MapReduce 将计算定义为 Map（映射）模块和 Reduce（归约）模块，其中 Map 模块负责"分"，主要作用在数据集中的独立元素上，用于生成中间结果，形式为"key-value"；Reduce 模块负责"合"，即对中间结果中"键"所对应的"值"进行规约并得到最终结果。

MapReduce 的主要功能有：

① 数据划分和计算任务调度；

② 数据、代码互定位；

21

③ 系统优化；

④ 出错检测和恢复。

（3）HBase（分布式列存数据库）。

HBase 是基于 HDFS 构建的面向列的分布式数据库，它适用于结构化数据，具有可扩展、高可靠和高性能等优点。特别突出的是 HBase 在存储大型数据集时成本低，可以完成大量数据集同时发生的随机读写及实时查询任务。此外，它还有以下特点。

① HBase 采用了 BigTable 的数据模型和增强的稀疏排序映射表。其中行关键字、列关键字和时间戳构成 key，每个单元中的数据有多个时间戳，时间戳默认值是自动分配的。

② HBase 提供了随机访问和实时读写的功能。MapReduce 在处理 HBase 中存储的数据时达成了数据存储与并行计算的结合，而 ZooKeeper 主要为其提供协同服务。

③ HBase 用 HDFS 作为其文件存储系统。HBase 采取了线性方式，即从下到上增加节点的方式来进行扩展。因为空列不占用存储空间，因此可以设计大而稀疏的表并放在商用的服务器集群上。

（4）ZooKeeper（分布式协同服务）。

HBase Client 使用 RPC（远程过程调用）机制与 HMaster 和 HRegionServer 通信，在 ZooKeeper 中寻址。Hadoop 中的大量组件需要 ZooKeeper 的支持，用于管理 Hadoop 操作。ZooKeeper 提供协同服务给分布式应用，并提供了配置维护、域名服务、分布式同步、组服务等一系列功能来处理分布式数据管理问题。ZooKeeper 最大的优点是为使用者构建了一个简单易用的界面和系统，在提供复杂和容易出错的服务时，能够保证提供高效的性能和稳定的功能。

（5）Hive（数据仓库）。

Hive 是基于 Hadoop 构建的一个数据仓库工具，其本质是以 HDFS 为基础的应用程序，最先在结构化日志数据统计上得以应用。Hive 的数据均存储在如 HDFS、Amazon S3 等 Hadoop 兼容的文件系统中。Hive 数据仓库工具的查询功能由类 SQL 的 Hive 查询语句（HQL）实现，且能将 Hive 查询语句变换成可在 Hadoop 上执行的 MapReduce 任务。数据仓库的学习成本不高，Hive 查询语句可以快速完成基本的 MapReduce 统计，而不需要专门对 MapReduce 应用程序进行另外开发。在离线数据分析任务中，使用数据仓库可以让不熟悉 MapReduce 的开发人员通过使用 HQL 查询分析数据。Hive 的体系结构主要组成部分为用户接口、元数据存储、解释器、编译器、优化器、执行器、Hadoop。

3. 大数据平台解决方案

当前很多企业都为大数据处理问题提供了自己的解决方案，如国外有 Cloudera、Hortonworks、MapR 等，国内有 FusionInsight 和 Transwarp Data Hub 等。

1）Cloudera

Cloudera 除了是公司名称，也是已经在 Hadoop 生态系统中广为人知的大规模数据处理解决方案。此外，Cloudera 能够给 Hadoop 提供支持，同时能够将数据处理框架延伸至全面的"企业数据中心"范畴，与此同时该数据中心也可以作为管理企业的中心点。

2）Hortonworks

Hortonworks 是一种基于 Apache Hadoop 研发的数据管理解决方案，可以管理云中的数据。用户可以使用 Hortonworks DPS 访问防火墙、公有云及这两者组合背后的可信数据。HDP（Hortonworks Data Platform）能够收集、组织、整理和传输来自整个网络的实时数据，如设备、传感器、点击流、日志文件等。Hortonworks 数据平台可为企业提供安全的数据池分析数据，提高企业创新效率，使我们可以实时掌控业务动态。在 2018 年 10 月，Cloudera 和 Hortonworks 两家公司宣布合并。

3）MapR

MapR 的数据处理速度优于现有的 Hadoop 分布式文件系统。MapR 设计了快照功能，规避了单节点故障，且兼容已存在的 HDFS 的 API。所以这一产品的出现，必然会淘汰掉原有系统。MapR 的出现使 Hadoop 分布式计算云存储系统处理速度更优，更有利于人们安全可靠地管理数据。MapR 包含了丰富的工具和功能，如 HBase、Hive 和 Apache Hadoop 兼容的 API 等。

4）FusionInsight

FusionInsight 是华为提供的大数据平台解决方案，该解决方案包括四个子产品（HD、MPPDB、Miner、Farmer）和一个操作运维系统（Manager）。FusionInsight 的架构图如图 1.9 所示。

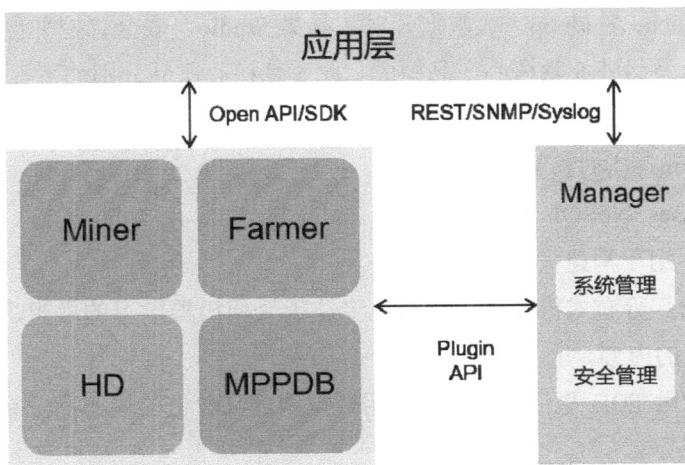

图 1.9　FusionInsight 的架构图

（1）FusionInsight HD：一种企业级别的大数据处理平台，可以封装开源组件的分布式数据处理系统，它提供了大容量数据存储、分析查询和实时处理分析流式数据等一些功能。

（2）FusionInsight MPPDB：这种关系型数据库适用于大型企业级别业务和管理，它采用的并行处理架构既可以行存储，又可以列存储，另外它一次性可处理的数据量能够达到 PB 级别。

（3）FusionInsight Miner：针对企业管理及业务的一个数据分析平台，其基于FusionInsight HD 存储功能，采用的是并行计算方式，同时该数据分析平台为大数据量的数据挖掘任务提供了便捷。

（4）FusionInsight Farmer：一种面向企业级别业务和管理的大数据应用容器，为企业业务的开发、运行和统一管理创造合适的环境。

（5）FusionInsight Manager：一种面向企业级别业务和管理的大数据操作运维系统，提供的管理能力安全、可靠、使用简单，容错能力强，具备大规模集群的安装部署、用户管理、权限控制、服务管理、异常检查、审计、检测、升级和打补丁等功能。

5）Transwarp Data Hub

TDH（Transwarp Data Hub）是企业级一站式大数据集成平台。其中，一站式数据存储平台通过内存计算、高效索引、高度容错等技术，使其处理数据级别在 GB～PB之间，同时抛弃了混合框架和孤立的集群；一站式资源管理平台建立了资源管理层，便于多部门和多应用实现统一管理，以及资源的管理与分配；一站式数据分析平台也为用户提供了交互式 SQL 分析、机器学习、图计算等丰富的计算能力，辅助用户完成各项复杂任务；一站式管理平台开发了便于交互的界面，可以进行安全访问控制，为提高企业各级管理人员的管理的能力提供了多方面支持。

TDH 由 Apache Hadoop、大数据开发工具集 Studio、安全管控平台 Guardian 和管理服务 Manager 及另外 5 款核心产品构成。此 5 款核心产品分别如下。

① Inceptor：提供批量处理和分析数据库的功能。

② Slipstream：实时流处理引擎。

③ Hyperbase：NoSQL 分布式数据库。

④ Search：用于构建大数据搜索引擎。

⑤ Discover：分布式机器学习平台，专注于采用机器学习的思想，从数据中提取出具有重要价值的内容。

企业用户使用 TDH 平台有助于其利用数据构建高价值的核心商业系统。TDH 的架构图如图 1.10 所示。

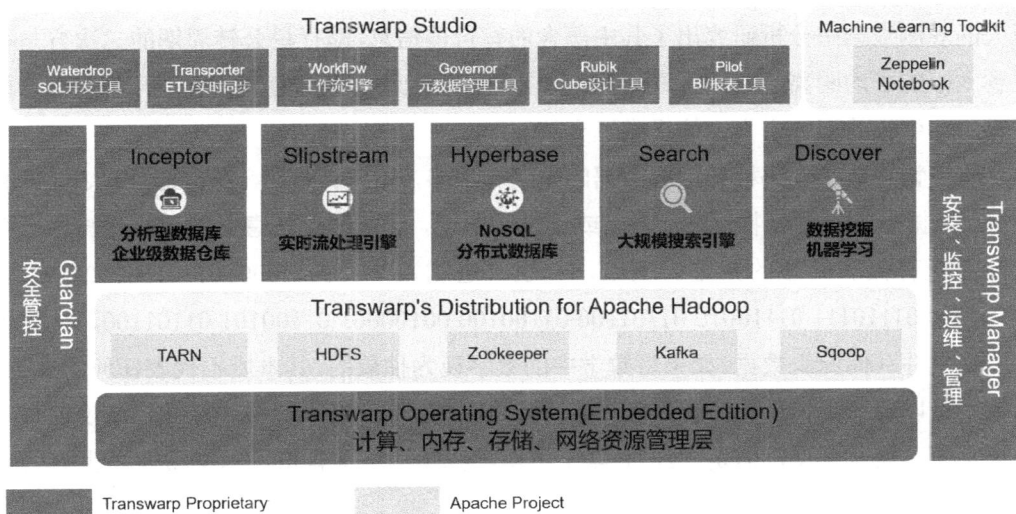

图 1.10　TDH 的架构图

1.1.3　大数据分析和计算

　　大数据分析和计算为数字化时代中企业的发展提供了相当重要的技术支持,比如人们生活中经常用到的搜索引擎、网页导航和数据统计等应用都离不开大数据分析和计算。大数据分析和计算针对规模庞大的数据集,通过融合多学科技术,完成数据采集、管理和分析等任务,从分析结果中发现新知识、新结论。大数据时代的数据分析面临的主要问题是,如何应对数据量多、结构多变、动态实时的数据存储与计算等方面的困难。这些问题能否成功解决对大数据分析的最终结果起到决定性作用。大数据分析计算的目的是,通过对各种各样数据的分析计算获得有价值的信息。下面本书将详细讲解大数据分析计算。

1.1.3.1　大数据分析计算的意义

　　在了解大数据的定义后我们可以知道,传统的软件工具没有足够的能力在指定时间段内取得数据,也无法完成数据集的管理和处理任务,如果想要使其成为有助于决策、富有大量价值的信息资产,就需要对其分析和处理模式进行改进与创新,使其背后暗含的信息资产被洞察出来。数据在被记录而未被分析的情况下仅仅是一条记录,如果能对数据进行分析,提取其中所包含的价值,将有利于人们了解事物的现状并总结出事物运行规律,指导人类的生产和生活实践,开普勒三大定律的发现就是一个著名的实例。开普勒的老师第谷·布拉赫（Tycho·Brahe）长期坚持用肉眼观察天文现象,其编撰的星表数据接近肉眼分辨率的极限。1600 年第谷去世,开普勒继承了其留下的数据资料,其中包含观测火星运动的数据资料,通过多年的假设与计算,开普勒最终于 1618 年在庞大的观测数据中分析研究出了其中蕴含的有价值信息，即行星公转周期的二次方与行星到太阳的平均距离的三次方成正比，这就是行星运动的开普勒三定律。开普勒三定律的提出为牛顿的万有引力定律提供了支持。

　　将事物用数字代码标记形成数据的实例有很多，如门牌号码、身份证号码、证件编号等。数据是一种对事物过程、状态或结果的记录，这类记录信息通过数字化转为适合被计算机存储和处理的数据。例如，一组二进制数字 01001000 01101100 01101111 00100000 01110111 01110010 01101100 01100100 00100001 01100101 01101100，计算机可以识别并存储此组数据。如果将数学中的数字视为抽象的，其本质不代表任何的事物，则数据可以理解为记录、表示并有具体所指事物的数字，例如"62 791 亿"就仅仅是一个数字而不具有含义，但是"2021 年上半年，我国网络零售市场的交易规模达 62 791 亿元"中的数字就是数据。

　　数据会代表某具体事物或具体含义，因此虚构或轻易改变数据是不行的。根据马斯·达文波特及劳伦斯·普鲁萨克所说，"数据是事件的一系列离散的、客观的事实"。

　　在信息社会，使用频率最高的一个术语是"信息"。那么何为信息呢？若以上面这串二进制数字为例，其经计算机程序识别并通过 ASCII 码字符转换，人们就可以知道这串二进制数字代表着某个特定字符串，并且可能传达了某种特定"信息"。可见，被置于语境中的数据起到了交流的作用，传递了信息并且告知了接收者。从商业方面来讲，如订单、货运单、通知单及客户通信方式的变更之类的数据，作为事件代表了与商业实体相联系的工作的产生、更改及完成，并反映在商贸公司信息系统的关系数据库中。1948 年，数学家香农在《通信的数学理论》中对信息给出了一种定义：信息是用来消除随机不定性的东西。这一定义广泛传播并受到普遍认可。维纳的控制论中有这样的表述"信息是人们在适应外部世界，并使这种适应反作用于外部世界的过程中，同外部世界进行互相交换的内容和名称"，这也被人们认同并且得到广泛使用。信息代表的是世界中客观存在的事物具有的运动状态和变化，也是显示世间万物之间的相互联系和相互作用的存在。信息是有意的数据。

　　进一步，信息经由知识所生成的经验及洞察力而变得更加丰富。在计算机编程语言领域，常将"Hello World！"作为一种约定成俗的机器或程序设计语言启动显示语句使用，使之上升为通用性"知识"。而后，如果有人把这一固有的程序编制方法注册申请了专利，并因此获得专利权作为"智慧"，那它就产生了价值。

　　综上所述，这种转变可利用"DIKW"（Data、Information、Knowledge 和 Wisdom）金字塔模型予以诠释。图 1.11 揭示了数据、信息、知识和智慧之间层层递进的关系：数据通过上下文被丰富，从而变成信息，有意义的信息足以创造知识，而知识被理解之后产生智慧形成价值。由图 1.11 可知，数据由变成信息，到发展成知识和智慧的过程，不仅提高了人类的认知程度，还是一个以小见大、由局部见整体、由描述过去到现在乃至预测发展趋势的过程。因此，数据中有很高的价值待人们去探寻。由此可见，通过计算机处理数据并从中获取知识，进而指导人们对未来做出合理的预测，形成未来判断的智慧，是大数据分析计算的核心任务。

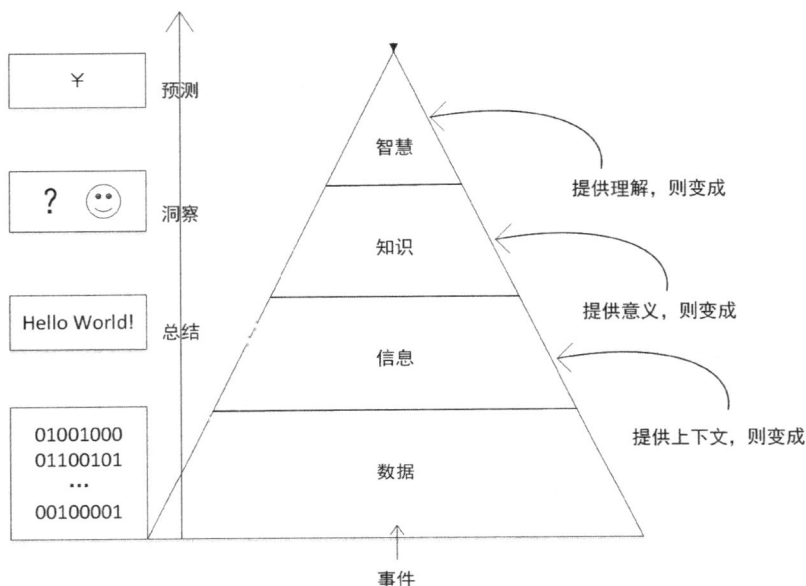

¥　预测

?　☺　洞察

Hello World!　总结

01001000
01100101
...
00100001

智慧

知识　提供理解，则变成

信息　提供意义，则变成

数据　提供上下文，则变成

事件

图 1.11　数据—信息—知识—智慧的转换过程

通过对群集数据的总量处理预测群集的未来动态趋势，是大数据分析计算的主要任务。大数据分析计算的认识模式与科技创造探索未知世界、揭示客观规律的认知模式不同，其以日常使用操作为主。因此，大数据分析计算的重点有：统计群集数据总量、分析其关联关系和预测群集的发展趋势。但是要定性分析计算得到群集现象的因果关系，这就需要其他的认知模式了。

1.1.3.2　大数据计算的特点

针对大数据分析与计算的目的、任务，需要将大数据计算化蛮算为巧算。大数据计算具有近似性、增量性和归纳性等主要特点。

1. 近似性

大数据计算面对的是整个庞大的数据集，简单基础问题的计算复杂度随着数据量的急剧扩大就变成了难以解决的问题。大数据的本质具有异构性和噪声，因此在大数据分析挖掘过程中使大数据得到细致精确地处理是具有挑战性的。此外，许多应用任务的目的是挖掘到数据之间隐含的关联性和未来发展的动态趋势，这类任务的结果是无法完全精准无误的，结果质量能以很小的误差接近准确即可。例如，小红书等网络社交平台对突发事件的分析研判，突发事件本身会受到大多数噪声数据干扰。因此，人们应构建并遵从算法复杂性理论和近似算法理论，考量数据量对算法质量的影响关系。

2. 增量性

互联网空间中的大数据源源不断的产生并且动态变化，导致人们无法通过固定统一的视图描述大数据，现今用户对实时处理大数据的要求很高，迭代处理方式和全量式批处理在时间上随之变得重要。增量式处理方法尤为重要，在获取数据的实际操作中，数据量通常是动态递增的，数据量变化后的大数据计算方法需要基于已有系统有所调整与改进，从而达到更好地学习新数据的目的。

3. 归纳性

归纳推理这种解释方法的基本思路是由具体的个体推到一般；从小范围延伸至大范围；以个别现象或事物所具有的特征推断一类现象的事物所具有的客观规律或其他结论。大数据的数据源多样且数据结构不同，因此在网络信息空间进行数据挖掘时人们需要有能力应对大数据所具有的这些特点。为了可以解释大规模的事物，可以首先总结分析个例，然后推出一般性结论或原理，最后从已经得到的这些原理、结论中继续推断与个别事物相关联的结论。一般来说，可以将归纳强度作为评价指标，判定归纳推理的前提条件是否足够支撑推理的结论。若前提支撑结论有50%的可信程度，则将该推理定义为弱归纳；当可信程度为50%～100%时，定义该推理属于强归纳；归纳推理中可以称为完全归纳推理的条件是结论支撑有100%的可信程度。

1.1.3.3 大数据计算的要求

通过观测或其他方法获取数据后，如何从数据中发现所蕴含的价值是大数据分析的关键。通过数据分析进行描述统计和统计推断，是发现数据价值的一个有效手段。目前，物联网、云计算、大数据已经进入人们的日常工作与生活，人们在享受物联网、云计算、大数据带来的便利的同时，数据分析处理的理念也发生了重大转变。

① 要全体不要抽样。

② 要效率不要绝对精确。

③ 要相关不要因果。

在大数据环境下的数据量庞大，数据来源广泛，数据类型丰富多样。这些特点导致企业需要足够的存储能力和分析挖掘能力，数据的表现形式也需要达到一定标准。此外，数据处理是否可使用、是否高效也是关键。因此，大数据处理与以往的基本数据处理的差异不仅体现在数据量的增加上面，处理过程也会更加烦琐复杂，既涉及庞大的数据量，也需要不同的数据分析算法与工具，以前的数据处理方法面临大数据时已经不能适应其严格的处理要求。目前人们已经总结出了以数据为中心的大数据计算技术流程及分析工具，如图 1.12 所示。注意，任何处理技术的发展都是以业务为根本驱动的。

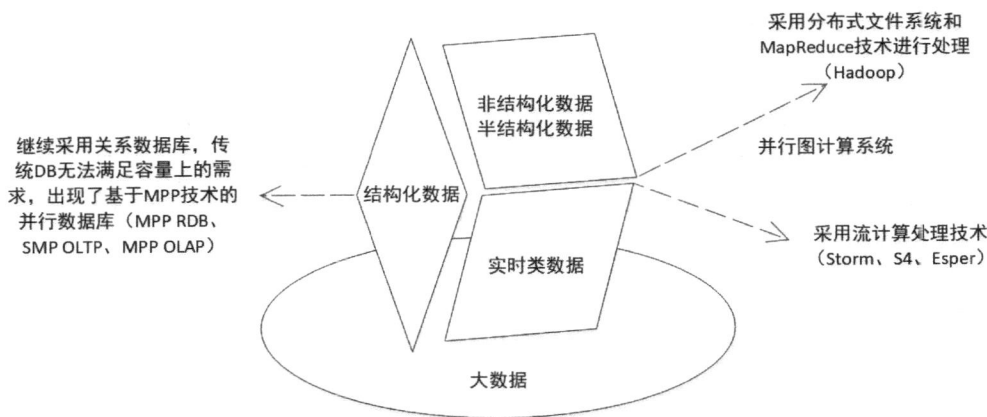

图 1.12　大数据分析计算技术流程及分析工具

非结构化数据和半结构化数据的计算分析可以利用 Hadoop 中的分布式文件系统和 MapReduce 应用程序。

在计算和分析实时产生的数据时，采用如 Storm、S4（Simple Scalable Streaming System）、Esper 等流处理技术。

对结构化数据计算分析时使用关系数据库技术，如大规模并行处理（MPP）关系数据库（RDB）技术、对称多处理（SMP）联机事物处理（OLTP）技术、大规模并行处理（MPP）结构化大数据分析（OLAP）技术等。

1.1.3.4　大数据计算系统架构

大数据问题的分析和解决需要攻克很多难题，大数据体系结构的研究热点以存储和计算两个方面为主。大数据应用需求复杂、类型多样，因此以 CPU 为核心的通用计算模型无法完全解决大数据存储和计算问题。在新型计算机体系结构问世之前，人们主要着重提升软件系统，根据存储方式的不同，选择合适的计算模式，研究出更优的软件系统解决方案，以提高其性能。因此，人们应周全考虑各种因素，慎重选择大数据计算架构并设计出合适的大数据解决方案。本书从分析计算大数据的要求着手，讨论大数据计算系统的组成、大数据分析计算的流程、所需的分析计算平台，以便为构建实际应用场景下的大数据解决方案提供参考。

1.1.3.5　大数据计算系统组成

数据计算技术可以作为数据查询、挖掘、统计、预测、图谱处理及商业智能等技术的统称,被视为大数据技术的核心部分,数据计算技术遍布于大数据处理中的各个部分。大数据的分析计算过程包括海量数据的收集、分布式数据挖掘、分析处理,以及价值资产信息的获取。但是为了实现分布式的大数据分析与处理,就需要使用计算机系统的分布式数据库所提供的存储方式。因为分布式数据库、云存储及其他计算机虚拟化技术,可以为大数据相关技术提供可靠的处理环境。由于大数据计算系统涉及软件的分层化,本书借鉴计算机网络体系结构的分层思想,将大数据计算系统归纳整理,将其大致划分为三个基本系统:大数据应用系统、大数据处理系统和大数据存储系统,其具体组成如图 1.13 所示。其中,整个系统结构的每一层由提供不同服务功能的子系统或模块组成,各子系统或模块包含不同的技术架构与技术标准。

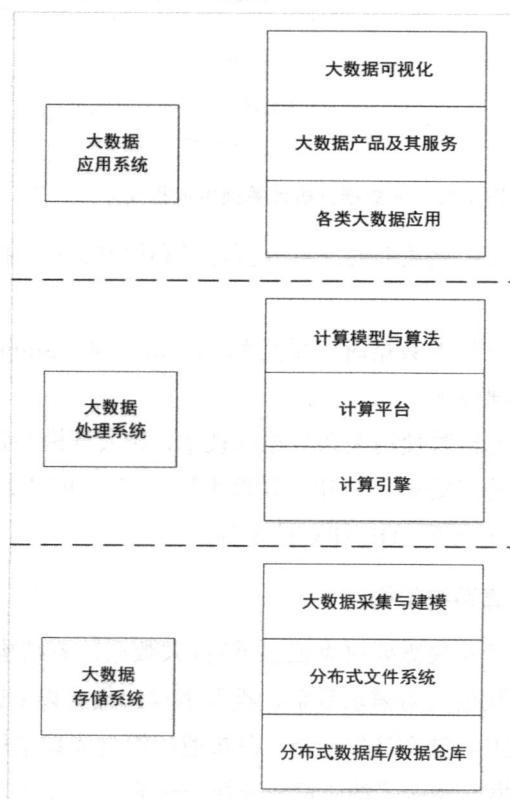

图 1.13 大数据计算系统组成

1. 大数据应用系统

大数据应用系统是为各种领域和行业的大数据应用提供的技术支持和问题解决办法的系统。其基于存储系统、数据处理系统,面对的应用问题有大数据可视化、大数据服务产品及其应用和各类大数据应用。目前,互联网、电子商务、政府决策、金融、教育、医疗等行业都是大数据应用的热门领域。

2．大数据处理系统

大数据处理系统主要包括计算模型与算法、计算平台和计算引擎三个模块。该系统依据数据类型的差异有很多不同的计算模型，如 MapReduce 批处理模型适用于非结构化数据；流计算模型适合处理动态变化的数据流；面向大数据的并发处理模型适合处理结构化数据及物理内存大的高性能计算等。此外，数据分析算法针对不同实际需求拥有不同类型，如回归分析、机器学习、决策树、关联规则、聚合算法等。

计算平台为大数据计算分析提供技术标准、技术支撑、计算架构，以及开发工具和集成环境等内容。目前，提供数据计算处理的各种开发工具包和运行环境比较多，典型的计算平台是 Hadoop、Spark、Storm、Cloudera，以及 Google 基于其一系列大数据计算技术的商业平台。许多商业公司（如 Google、IBM、Oracle、Microsoft 等）均研究并提出了大数据计算平台和相关技术，开源社区则提供基于 Hadoop 平台的一系列支持大数据计算应用的架构和技术标准。

计算引擎是基于计算平台、特定计算模型设计和封装的，目的是在某种特定计算模式下能够实现大数据处理、计算和分析任务。例如，MapReduce 计算引擎提供大数据的划分、节点分配、作业调度等功能，直接支持上层大数据的应用开发；为高质量快速计算处理一些可用有向图来表示的网络图数据，实现图数据的并行计算。

3．大数据存储系统

大数据存储系统主要包含的功能有：大数据采集、大数据清洗建模、大数据存储管理、数据操作（添加、删除、查询、更新及数据同步）等功能。目前，大数据存储架构的主要组成部分是：大数据采集与建模、分布式文件系统、分布式数据库/数据仓库、非关系数据库及统一数据访问接口等。有时还会基于非关系数据库增加一个具备数据挖掘和分析功能的数据仓库。

大数据采集与建模子层主要有两项任务：一是收集数据，其采集的来源包括系统日志、爬虫、无线传感器网络、物联网等；二是数据清洗、抽取与建模，将结构各异的数据转换为标准格式的数据，并定义数据属性及取值范围。

分布式文件系统子层主要是为系统搭建了大数据的物理存储架构。大数据计算架构发展到现在主要采用了两种文件系统：一是 Apache HDFS；二是 Google 的 GFS（目前已经发展成为 Colossus 系统）。

分布式数据库/数据仓库子层在为数据提供存储管理空间的同时，还为上层计算引擎和应用平台提供了高效查询数据、数据分析等服务的良好环境。目前，支持大数据应用的数据库产品种类较多，不同的数据库产品所具有的存储结构与使用的技术也存在差异，代表性产品是基于分布式文件系统的非关系数据库（NoSQL）。

各种算法、模型及计算性能都依赖于大数据存储系统。因此，大数据存储系统是大数据计算的基础，是研究大数据的一个重要组成部分。

1.1.3.6 大数据分析、计算和处理流程概述

大数据分析是指从大量数据中获取信息的流程。其基于机器学习算法，借鉴人类的学习行为学习到新的信息和知识，并改进提升分析的方法。大数据分析从很多学科中汲取了重要的成果，包括统计学、人工智能、信息论、控制论、认知科学和计算复杂性等。本书并不追求涵盖每一种学科成果，而是简单介绍大数据分析的基本概念、类别，然后在此基础上，讨论大数据分析的基本方法，主要包括统计数据分析、基于机器学习的数据分析、流数据分析及图的数据分析。

本书主要介绍大数据分析基本概念及其方法、大数据挖掘过程中使用的典型算法，然后介绍大数据的分布式处理系统（MapReduce/Spark）及其应用，探明大数据分析计算模式的多样性与复杂性。

1. 大数据分析概述

大数据分析是指选择合适的统计方法分析收集得到的海量数据的过程。人们将所获得的分析结果、知识进行整合与理解，从而最大限度地展现数据的价值，将大数据作用发挥到极致。随着涉及大数据的应用领域变多变广，大数据在数量、速度及多样性等方面的复杂程度持续动态变化。因此，数据的处理方法和方式也产生了变化。只有针对不同领域的大数据选择适用的分析方法，才能挖掘出对本领域业务有价值的信息，进而促进相应业务的改善和发展。那么，什么是大数据分析呢？

显然，大数据分析是指对规模巨大的数据进行分析，通过多个学科技术的共同参与，实现数据的收集、管理、处理和分析，从而得到其中蕴含的知识和规律等价值信息，是从数据到信息，再到知识与智慧的重要过程。相对于以前的数据分析，大数据分析的处理理念具有三个明显特点：数据采用全体而不是抽样得到的部分数据；分析要的是效率而不是绝对精确；分析结果要的是相关性而不是因果性。

因此，大数据分析首先要解决的问题是如何应对数据量大、结构多样，以及实时数据动态变化如何进行存储与计算等问题。这些问题的解决办法在大数据解决方案中必须有针对性的设计，才能保证大数据分析最终结果的可信度较高。我们以美国福特公司利用大数据促进汽车销售为例，初步介绍一下大数据分析，如图 1.14 所示。由此可见，大数据分析流程包括：提出和问题定义、数据采集和预处理、数据分析、可视化、结果应用与评估。

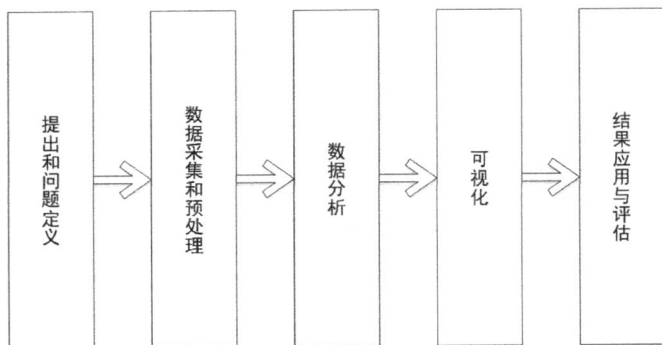

图 1.14　以福特促进汽车销售为例的大数据分析流程

（1）提出和问题定义：包括识别和设计数据需求，重点在于将业务问题转化为分析目标，如用大数据分析技术来提升福特汽车的月销售额。

（2）数据采集和预处理：有目的的正确采集所需要的外部数据，是确保数据分析可信的前提条件。需要对所采集数据的内容、渠道、方法及工具进行提前规划，要注意避免数据丢失、伪数据、脏数据等问题对系统造成影响。

（3）数据分析：对采集的数据进行数据挖掘，为销售提供精准的、可靠的分析结果，即提供多种可能的促销分析方案。

（4）可视化：即可视化分析，直观展示数据，让数据自己"说话"，让用户"听"到结果。既能将大数据的特点直观展现，又能够辅助用户如同看图说话一般高效理解大数据内容。

（5）结果应用与评估：根据数据挖掘分析结果实施有针对性的任务计划，建立大数据任务模型，并评估其有效性。例如，提供大数据创新营销方案，评价是否大幅度提高了产品销售业绩，并对促销方案进行改进。

2．大数据分析的类型

在科学研究、商务管理等众多领域实际应用大数据分析，具有一个共同的问题就是如何处理好规模巨大的数据。寻找合适并且有效的数据分析技术可以解决此问题。此外，必须以深入探究数据取代简单的数据报表生成，这样才能更好地挖掘数据中的知识资产信息，辅助人们做出正确的决策。大数据分析的类型有描述性分析、探索性分析、验证性分析、预测性分析等，下面进行详细介绍。

1）描述性分析

描述性分析是以图表形式加工处理和描述收集到的数据，然后通过整合与分析得到数据特征，将客观现象的规律通过数字展现出来，即描绘或总结所采集到的数据的分析。常用的描述数据的指标有平均数、中位数、众数、极差、分位距、平均差、标准差和离散系数等。

（1）描述数据的集中趋势。

① 平均数。该评价指标通过消除极端数据的差异将大量的数据浓缩成一个数据来概括，可以较好地实现数据集中趋势的度量，但易受极端值影响。

② 中位数。将一组数据依据顺序定义其所在位置，位居中间即为中位数，适用于描述有序数据的集中趋势，也适用于分析定量数据的集中趋势。但是中位数不适合描述或分析分类数据。中位数不会被极端值所改变，因此在分析收入分配等数据应用时有较好的效果。

③ 众数。一组数据中出现频率最高的数据值，主要被用于描述分类数据的特点，也可用于分析顺序数据和定量数据的特征。众数在数据量较大的情况下评价效果更佳。其不会因为极端值的存在而产生变化。

（2）描述数据的离中趋势。

① 极差。一组数据中最大值和最小值的差值为极差，其还被称为范围误差或全距，是衡量数据离散程度的评价指标。它用数据组中的两个极端数值计算，描述数据组中各数据值的最大可变动区间，但其中间值的变化是被忽略的，因此数据组中各项数据的离中趋势无法完全展现，只能粗略测定数据离中趋势。在实际应用中有一个最简单的例子就是在比赛中去掉一个最高分和一个最低分的做法。

② 分位距。其从一组数据中剔除了一部分极端值后重新计算，是一种改进的全距指标。

③ 平均差。反映数据组中各项数据与算术平均数之间的差异程度。平均差增加表明各数据项与算术平均数之间差异变大，则该算术平均数的代表性弱；反之，该算术平均数的代表性强。当变量数列由没有分组的数据构成时，可采用平均差分析该数列。

④ 标准差。其描述的内容与平均差的本质基本相同，但数学处理方法不一样。首先通过对平均差取绝对值，避免了平均差消除正负号处理方法带来的缺点；然后计算离差平方的算数平均数；最后通过对其结果开方得到标准差。相比其他描述离中趋势的评价指标，标准差较为重要并且灵敏度有所提升。

⑤ 离散系数。当两组数据的平均水平不同时，可使用离散系数比较二者的相对离散程度。因为与标准差相比，离散系数的优势在于不需要利用平均值。离散系数是一个无量纲的指标，因此在比较量纲不同的两组数据时，也应该采用离散系数而非标准差作为参考指标。

2）探索性分析

探索性分析在 20 世纪 60 年代被美国统计学家约翰·图基提出并命名。探索性分析是指通过尽可能少量的假设前提条件，探索分析已有的原始数据。这种数据分析技术是通过制图、制表、方程拟合和计算特征量等方法探索数据结构及数据蕴含的规律。有效适用于没有足够的处理经验，不知道采用什么传统统计方法的情况。

进行探索性分析主要要解决的问题是，在数据进行分析的初期，常规的统计分析方式通常无法实施。因此首先探索性分析数据，有条不紊地辨别和发现数据的规律与特点，这有助于灵活调整并使用更优的分析模型，使数据相对于常见模型的偏离情况得以展现。科学正确评价分析出的规律等内容的质量，可以在探索性分析的基础上使用如显著性检验、置信区间估计等统计分析技术。

探索性分析主要有以下三个特点。

（1）在分析思路上探索数据内在规律不采用或不受制于某种数据的假设。传统的统计方法通常是首先假定一个模型，如根据数据的分布情况假设其遵循某模型，然后使用适当的方法拟合数据，对数据进行分析后获得预测结果。但事实上大多数数据是不完全符合假设中的理论分布的，此时传统的方法具有局限性。探索性分析由原始数据出发取代从假设条件出发，并不机械使用某种理论去探索数据。

（2）探索性分析采用的方法灵活丰富。基于概率论的统计方法，依据假设检验和置信区间等统计推断方法，关注模型，估计模型的参数，从模型生成预测值。而探索性分析，在没有明确假设的前提下，更关注数据本身，包括结构、离群值、异常值和数据导出的模型，采用的方法更具灵活性。同时，探索性分析并不单一追求精确度，而是更注重采用的方法是否稳健。

（3）探索性分析选用的工具简单直观，有益于快速向大众普及。传统的统计方法比较抽象，难以快速掌握；而探索性分析强调的则是直观展现数据可视化结果，使分析者能够迅速、清晰地看出数据中暗含的价值资产，显示出其遵循的一般规律，从而达到分析的目的。

3）验证性分析

验证性分析在判断与推测事物客观发展趋势时，以定性或定量的分析方法与理论基础为指导构建模型，然后利用已知数据验证模型。验证性分析主要有以下五个步骤。

（1）构建因子模型。它包括选择因子的个数和载荷，载荷可以事先定为 0 或其他常数等。

（2）收集观测值。定义了模型之后，根据研究目的收集观测值。

（3）生成相关系数矩阵。在拟合模型之前要根据资料获得所需的相关系数矩阵。

（4）根据数据拟合模型，选择正确方法估计自由变化的因子载荷。在多元正态分布的条件下，常用的方法有极大似然估计和渐进分布自由估计。

（5）适应性评价模型。当因子模型能够拟合数据时，因子载荷要满足模型暗含的相关系数矩阵与实际观测矩阵差异值为最小值的条件，极具代表性的适应性评价模型有卡方拟合优度检验等。

验证性分析与探索性分析的不同之处在于，探索性分析关注事物内在的本质结构，即得到影响观测变量的因子个数及各个因子和观测变量之间的相关程度；而验证性分析则主要检验已知的结构是否按照预想得到的方式发挥作用，如果分析者自身对相关观测变量内部结构的假定不具备足够的理论支持，就会首先利用探索性分析得到内部结构理论，然后再开始验证性分析，但这两种方法采用的数据集不能重合，否则会影响分析结果的有效性。

4）预测性分析

在大数据分析的众多应用中预测性分析的应用最为广泛，它从大数据中挖掘出价值资产从而推出有预见性的论断。将数据输入科学构建的预测模型中，输出并呈现结果用于预测。例如，麻省理工学院的约翰·古塔格和柯林·斯塔尔兹提出并实现的计算机预测模型，该模型就是利用数据挖掘算法和机器学习方法学习并分析心脏病患者的心电图数据，最后发现有三类异常的患者一年内两次心脏病发作后的死亡概率要高于一年内发作零次的患者。这种新方法可以筛查出许多无法通过现有的风险筛查方法筛查出的高危病人。预测模型能够通过挖掘不同因素之间的联系，进行风险评估及分析导致风险的其他暗含因素，分析出的结果有助于方案决策的调整与指导。

预测性分析的实现需要很多统计学相关的技术，如分析数据时使用的预测模型、机器学习、数据挖掘等技术，以实现对客观发展的事物的预测。预测分析方法在众多领域中已得到实际应用，如商品营销、金融股票、卫生保健、电信、旅行、气象预测、企业未来方案策划等领域。其中信用评分功能的实现是很有代表性的典型实例，这项应用贯穿于整个金融服务体系。该信用评分模型通过对某客户的客户数据、信用记录、贷款申请等进行处理，对此客户在未来还贷的可能性做出预测，得到具体概率值，并依照预测分析结果将客户有序排列。预测性分析首先给出可能发生情况的假设，即事件未来发生的可能性，将这种可能性具体量化成为一个可判断出大小的预测值。例如，预测某个时间点会发生某事件等都可以通过预测模型得以实现。

预测性分析的下一步是指令型分析。指令分析是在对"发生什么问题""发生原因"和"未来会如何发展"进行分析的基础上，辅助用户对下一步所需要做出的预测与计划提供参考。指令型分析一般不会作为唯一的方法独立完成整个预测分析任务，而是在所有分析方法都完成之后，作为最后需要实现的分析方法。例如，生活中的各种导航软件，通过对不同路线的距离、路况、行驶速度、交通管制情况等因素的全面分析比较，帮助用户选出最佳行车路径。

5）可视化分析

可视化是帮助用户理解数据并分析其结果的有效方法。不管可视化面向的用户是数据分析研究人员还是普通使用者，可视化分析都应该是大数据分析的基本要求。这是因为可视化分析能将数据变得易于理解，辅助用户通过对数量巨大、多维度、多方面动态变化的信息进行分析并做出实时决策。

大数据可视化分析的关键技术非常丰富，有文本可视分析、网页可视分析、时空数据可视分析和多维数据可视分析等。

（1）文本可视分析。

文本数据这一数据类型主要存在于互联网和物联网中，属于典型的非结构化数据。生活工作中产生的电子文档以文本形式存在的居多。文本可视分析需要的知识和方法也很多，如文本数据挖掘、计算机图形图像及人机交互等。文本可视分析最重要的是直观地显示文本中隐含的含义。

（2）网络可视分析。

网络可视分析充分利用人类的感知系统，使用户高效正确理解网络数据结构，将网络数据以易于人们观察的图像方式展现出来，并深度挖掘得到更多的信息资产。网络关联关系在大数据中比较普遍。如何在屏幕大小固定的空间内可视化展示具有大量节点和链接的大型网络，是大数据可视化分析技术需要着重解决的问题之一。此外，对网络的动态性特征进行可视分析，也是网络可视化的研究重点。

（3）时空数据可视分析。

时空数据这类数据带有时间属性标记和位置属性标记。时空数据并非简单的时间与空间结合。因此，时空数据可视分析与其他数据分析存在差异，应该针对时空数据的特点选择相当的可视分析方法。一般需要与地理制图学结合，根据时间维度、空间维度和相关的对象属性建立起可视化模型。当前已存在的时空数据模型无法对应在空间、非空间与时态上不确定的时空数据。

（4）多维数据可视分析。

具有多个维度属性的数据被称为多维数据。多于三个维度的多维数据普遍存在于各个领域之中，并且由于人类的大脑很难想象出这样高维度的空间，因此产生了很多方法用于多维数据的可视化分析，如维度压缩的方法等。在大规模数据挖掘中，多维数据可视分析技术的主要作用是实现数据直观表达，利于用户接受与理解。

近年来，在大数据背景下，基于几何图形的多维可视分析成为人们的主要研究方向之一。

6）查询分析

在大数据中，查询分析主要针对实时查询，以及时响应处理超大规模数据，为企业的业务管理提供可靠的功能支持。目前来说，使用较为广泛的处理工具是基于 Hadoop 的 Hive。

Hadoop 兼容的文件系统如 Amazon S3、HDFS 等，为 Hive 提供了数据存储，其使用 HiveQL 语言查询数据。Hive 只是移动数据到其设置的目录中，而不会在加载数据时对数据有任何的更改，全部数据在加载时就已经被确定好。因此 Hive 不能重写数据或添加数据。Hive 的体系结构如下。

（1）用户接口。有三个主流的用户接口，即 CLI、Client 和 WUI。启动 CLI 的同时开始运行 Hive 副本；Client 是用户连接至 Hive 服务器的 Hive 客户端，在运行 Client 模式的时候，需指定 Hive 服务器所在节点，并且在该节点运行；WUI 通过浏览器访问 Hive。

（2）元数据存储。Hive 将元数据存储在 MySQL、Derby 等数据库中。Hive 中的元数据包括表名、表的列和分区、表属性、表数据所在目录等。

（3）解释器、编译器、优化器和执行器。解释器、编译器和优化器共同实现 HQL 查询语句的词法分析、语法分析，编译、优化及生成查询请求。生成的查询请求存储在 HDFS 中，然后被 MapReduce 调用执行。

（4）Hadoop。Hive 的数据存储在 HDFS 中，MapReduce 可以完成大多数查询任务。

3. 大数据分析的基本方法

大数据对企业而言是非常有价值的特殊财富，将大数据和分析技术相结合，可以为工作提出新的见解。在数据分析与计算领域，采用什么分析方法将数据转化，使不具备相关领域知识的人也能够清楚理解，并提出有价值的见解，即洞见数据价值，是至关重要的。对各种大数据分析的相关方法有一定程度的了解，有助于研究和分析，下面介绍几种常用的大数据分析方法。

1）统计分析

统计分析涉及运用与分析对象相关的统计方法和知识，结合定量和定性展开研究，是以统计设计、调查、整理几个阶段为基础之后的重点内容，可以深度探索研究数据。统计分析的必要条件是数据完备且系统化。统计数据分析技术包括数据描述性统计分析、回归分析、因子分析和方差分析等。

（1）数据描述性统计分析。

最常见的统计分析方法是对数据进行描述性统计分析，在此过程中采用图形、表格及数学方法整理分析数据，并描述出数据的状态、数字特征及变量之间的关系，即"发生了什么"。以电子商务网站为例，可以通过每月的营收账单，获取大量的用户数据，了解消费者的地理位置等信息，这就是"描述性分析"方法之一。数据描述性统计分析包含集中趋势分析、离中趋势分析和相关分析。

① 集中趋势分析主要以平均数、中数、众数等为指标体现数据的集中趋势。

② 离中趋势分析主要以全据、四分差、平均差、方差、标准差等为统计指标进行

研究。

③ 相关分析是研究现象之间是否存在某种依存关系，并对依存关系的具体表现展开探索与研究。相关关系既可以是 A、B 变量同时增大的正相关，也可以是随着一个变量增加另一个变量减少的负相关，还可以是两变量同时变化的紧密程度，人们称其为相关系数。

描述性数据分析之后是诊断数据分析。诊断分析工具通过评估描述性数据深入数据核心分析数据，从而可以解释"为什么"。

（2）回归分析。

回归分析所需要完成的回归任务是与分类非常接近的，通过查找模式确定数值。有些回归形式还具有支持分类输入和数值输入的能力。线性回归和逻辑回归的实际应用范围比较大。回归分析关注的是输入变量和结果之间的关系，人们通过回归分析可以了解当属性值有变化时，目标变量是如何变化的，如想要预测客户的生命周期价值，了解主要的影响因素等。回归分析的结果可以是连续的或离散的，若为离散型，其还可以预测各个离散型结果值产生的概率，回归分析可以根据变量间的线性关系分为线性回归分析和非线性回归分析。

线性回归分析方法适用于处理数值型的连续数据。其使用线性回归方程的最小二乘函数来模拟一个或多个自变量与因变量之间的关系。该函数是一个或多个模型参数的线性组合，称为回归系数。简单回归要求自变量数量为一个，若自变量数量超过一个，则被称为多元回归。

线性回归中数据建模时使用线性预测函数，通过数据推断估计模型参数，最终构建的模型即线性回归模型。其中，y 的条件均值为已知的 x 值的仿射函数最为常见。线性回归模型可以用由一个中位数或一些给定 x 条件下 y 的条件分布的分位数所构成的线性函数表示，线性回归与其他形式的回归分析一样，关注在给定 x 值时，y 的条件概率分布。

线性回归模型拟合时，除了上述提到的常用方法还有许多其他方法。例如，最小绝对误差回归，最小化最小二乘损失函数惩罚的桥回归等。但是最小二乘法不完全等同于线性模型，因为其拟合非线性模型也是可以的。因为对其未知参数具有线性依赖性的模型，比对其未知参数具有非线性依赖性的模型更易于拟合，统计特征更易于被确定，所以线性回归的实际应用范围很大。其仍具有局限性，如当数据具有的是非线性关系时，线性回归将得到一条最佳的直线。

逻辑回归属于广义线性回归之一，其与多元线性回归有很多共同点，如模型形式基本相同。逻辑回归既可以完成二分类任务，也可以实现多分类任务。但是两个因变量分类会得到更多的使用并且具有良好的解释性。逻辑回归的原理是假设输出结果值具有连续性，并且结果是范围无法确定，为了能实现分类任务就需要将结果值映射为适合人们分析判断的结果值。经过对比总结可以看出，逻辑回归是以回归为基础进行了适当的改进，从而适用于解决分类任务。

逻辑回归的适用条件如下。

① 因变量是二元分类变量或事件的发生概率，概率是一个数值型的变量。但是，逻辑回归并不适合分析重复计数指标。

② 残差和因变量均遵循二项分布而非正态分布。方程估计和检验采用最大似然法。

③ 自变量和对应的发生概率是线性关系。

④ 各观测对象之间相互独立。

逻辑回归的实现过程其实就是发生的概率除以没有发生的概率再取对数，此计算过程将因变量与自变量之间的关系转换形成线性关系。使二者之间的曲线关系问题得到解决。由于有很多实际问题与逻辑模型吻合，如学生考试是否通过与复习时间的关系，因此逻辑回归得到了广泛应用。

（3）因子分析。

因子分析是一种从变量组中提取公共因子的统计技术。该分析方法可以通过少量的因子就能达成对多项指标或因素之间关系的描述与表达，将几个相关度较高的变量分类在同一类别之中，每个类别对应一个因子，这样可以仅仅凭借少数的几个因子，描述出原数据资料中的大量信息从而辅助决策。因子分析的方法还是非常丰富的，如重心法、影像分析法、最大似然法、最小平均法、阿尔法抽因法等。这些方法均基于相关系数矩阵并对其进行调整，调整后的矩阵对角线上的值会发生改变，基本都属于近似法。

（4）方差分析。

方差分析也被称为变异数分析及 F 检验，用于检验两个或多个样本平均值之间差异的显著性大小。从研究中获得的数据会受各类因素影响而具有波动性。造成影响的因素包括随机不可控因素和可控因素。方差分析以观察变量的方差为起点，从众多控制变量中筛选出对观测样本有显著影响的样本。

2）基于机器学习的数据分析

机器学习是人工智能发展的一个里程碑，研究的是用计算机仿真或执行人类活动的智能化方法。机器学习的基本模型如图 1.15 所示。其中，环境是由丰富多样的外界信息共同构成的；学习环节是加工整理环境中收集到的外部信息，通过类比、整合等操作分析出其中蕴含的知识；知识库用于存储学习环节中分析出的知识资产；最后的执行环节是通过前阶段学习得到的知识达成目标任务，与此同时将有价值的信息反馈给学习环节，这有助于调整机器学习模型的质量。

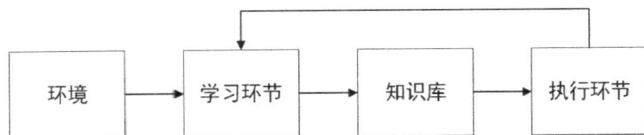

图 1.15 机器学习的基本模型

机器学习按照学习形式可分成以下两种类型。

一是监督学习。监督学习即通过判断正误及时发出指令,指导机器学习的过程。监督学习常用于预测和分类模型中。其可以从训练好的数据集里总结得到函数关系式,利用所得的函数关系式可以实现对其他数据集中数据的预测。监督学习过程中要引入训练集,训练集中数据的标签可以手动标记。统计分类和回归分析均属于监督学习方法。

二是非监督学习。非监督学习也叫归纳性学习,是一种通过循环和递减运算来减少误差从而达到分类目的的算法。非监督学习的智能性较高,但发展比较缓慢。监督学习中常常由已知来推断未知,风险较大,有时结果不可靠。因此人们对二者进行充分研究发现了半监督学习方法,这种方法引起了人们极大的兴趣和关注。

在大数据分析中,并不直接使用上述两种机器学习方法,而是结合大数据的特点和数据分析目标要求,常采用半监督学习、迁移学习和概率图模型等方法。

(1)半监督学习。

半监督学习是一种综合利用大量未标识数据和少量已标识数据而进行模式识别工作的机器学习方法,其具有良好的性能和较好的泛化能力。在监督学习中,利用的是已标识数据,而在非监督学习中只利用未标识数据。在大数据时代,已标识数据的数据量总是远远小于未标识数据的数据量。因此,为利用未标识的数据,人们综合监督学习和非监督学习方法的优点,提出了半监督学习方法。半监督学习方法有基于生成模型的,有基于低密度划分的,有基于图的,还有基于不一致性的。

(2)迁移学习。

迁移学习是指迁移转化不同任务背景之间的知识的能力,即把在一个或多个原来任务中学习到的知识进行迁移,将它们用在相关的目标任务中以提高其学习性能。提高机器学习能力这一问题的核心是让机器能够对过去已经学到的知识进行沿用与发展。迁移学习还可以继续划分为直推迁移学习、归纳迁移学习和非监督迁移学习。

(3)概率图模型。

概率图模型将图论与概率论融合,是图形化之后的概率分布形式。概率图模型框架不仅可以建立大规模多变量模型,还可以捕获随机变量之间存在的互相影响的关系。概率图模型在用图论的语言描述问题结构的同时,还以概率论为原则对问题结构加以利用,降低了计算复杂度,概率图通过图形的方式来捕获并展现所有随机变量的联合分布,通过分解成各因子乘积的方式来实现。一组概率分布生成一个概率图模型。

常见的概率图模型主要有：贝叶斯模型、马尔可夫逻辑网络和隐马尔可夫模型。其中，贝叶斯网络较为流行。贝叶斯网络可为任何全联合概率分布提供一种有向无环结构，这种结构具有有效、自然、规范、简明等优点。贝叶斯网络还提供了一系列的算法，这些算法可自动分析相关信息并得到更多隐含的信息从而指导决策。此外，贝叶斯网络还可以模拟人类的认知过程、学习方式，灵活地对参数和结构进行相应的修正与更新，学习机制非常灵活。

在大数据分析过程中，基于机器学习的方法还有很多，如集成学习、决策树、统计学习理论与支持向量机、神经网络、K 最近邻方法、序列分析、聚类、粗糙集理论、回归模型等。

3）流数据分析

流数据也属于重要数据类型之一。其具有价值会随着时间推移而贬值的特点，因此应使用实时计算模型满足及时响应。流计算可以对不同数据源且源源不断地输入的流数据进行实时分析处理，得到有价值的处理结果。

大数据可划分为静态数据和动态数据，因此大数据计算与之相对应的也有两种计算模式：批量计算和实时计算。随着对实时数据处理需求的不断增长，如何实时分析和计算海量流数据成为一个重要问题。

（1）静态数据和流数据。

数据可以大体分为静态数据和流数据。

静态数据是指存储在数据存储系统中的数据是静止的数据类型。例如，许多企业有提供支持决策分析的数据仓库系统，其中海量的历史数据就是静态数据。这些来源各异的数据通过 ETL（Extract-Transform-Load）工具载入数据仓库中，并且不会被更新，可以使用 OLAP（On-Line Analytical Processing）等分析工具从大规模的静态数据中获取有价值的信息。

从概念角度来讲流数据是指一系列具有无限时间分布和数量的动态数据集合；数据记录是流数据的最小基本组成单位。流数据具有如下几个特征。

① 数据快速持续到达，也许是无穷无尽的。

② 数据来源众多，格式复杂。

③ 数据量大，但不十分关注存储，一旦流数据中的某个元素经过处理，要么被丢弃，要么被归档存储。

④ 注重数据的整体价值，不过分关注个别数据。

⑤ 数据顺序颠倒，或者不完整，系统无法控制将要处理的新到达的数据元素的顺序。

例如，在 Web 应用、网络监控、传感监测、金融电信、生产制造等领域产生的数据的体量大、速度快且以流形式持续到达，从而形成流数据。因此，流数据分析应用领域也越来越广泛。以传感监测为例，人们会将 PM2.5 传感器放入大气中实时监测其 PM2.5 浓度值，监测数据会持续地实时传入数据中心，监测系统实时分析返回的数据，预测空气质量可能的变化情况。如果未来一段时间内空气质量程度达到预警值，则启动应急响应机制。再如，在电子商务中，淘宝等网站可以从用户点击流、浏览历史和行为（如放入购物车）中实时发现用户的即时购买意图和兴趣，并为之实时推荐相关商品，既增加了用户的购物满意度，商户也赢得了销量，可谓 "一举两得"。

（2）批量计算与实时计算。

静态数据处理对应批量计算模式，而流数据的处理对应实时计算模式，数据的两种计算模式如图 1.16 所示。批量计算面向静态数据，能够在充足的时间段内批量处理海量数据，计算出有价值的信息。Hadoop 是批处理模型的典型代表，HDFS 和 HBase 为大量的静态数据提供存储功能，MapReduce 负责执行批量计算。

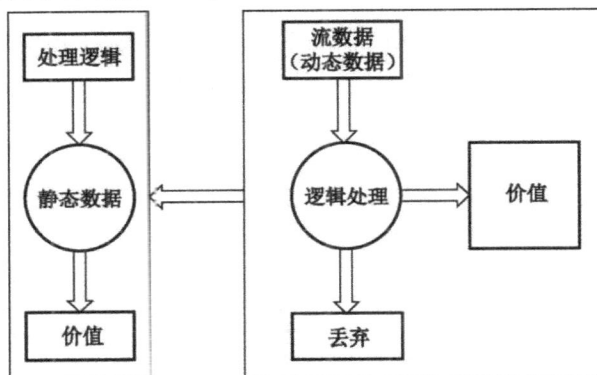

图 1.16　数据的两种计算模式

传统的关系模型不适合针对流数据建模，所以批量计算不适合处理流数据。经过计算处理的流数据，一部分进入数据库成为静态数据，其他部分则直接被丢弃。传统的关系数据库通常用于满足信息实时交互处理需求，比如零售系统和银行系统，在这两种系统中每有一笔业务发生，用户通过和关系数据库系统进行交互，就可以把相应记录写入磁盘，并支持对记录进行随机读写操作。但关系数据库并不是为存储快速、连续到达的流数据而设计的，不支持连续处理，把这类数据库用于流数据处理，不仅成本高，而且效率低。

流数据应该选用实时计算，实时计算最重要的一个需求是能够实时得到计算结果，响应时间通常要求达到秒级。实时计算应对少量数据处理任务时是没有困难的，但是大数据环境之下的海量数据不仅多而且类型多样复杂，实时计算需要针对流数据而有所提升，因此产生了流计算。

（3）流计算的基本概念。

传统基本数据处理首先收集数据并存储在各类数据库管理系统之中，其次用户通过查询语句与数据管理系统的交互得到结果。传统的数据处理流程如图 1.17 所示。

图 1.17　传统的数据处理流程

不难看出，传统的数据处理流程有两个前提条件。

条件一：存储的数据为静态的，也就是说假设数据是动态的，随着时间变化数据也会动态变化，导致人们在查询时可能数据已经失效了。

条件二：想要得到结果，需要用户发出请求操作。但是对于流计算而言，数据产生就应该即刻处理以保证数据价值不会被削减。为了及时处理流数据，需要一个低延迟、可扩展、高可靠的处理引擎。

流计算方式这一新的数据计算结构诞生之后，面对大规模的流动数据所具有的持续动态变化的特点，此方法可以对类似数据进行实时处理，计算分析出有价值的信息，最终将其传递到下一个计算节点。流计算的数据处理流程如图 1.18 所示，其包含以下三个阶段。

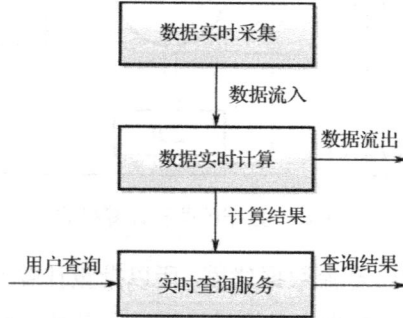

图 1.18　流计算的数据处理流程

① 数据实时采集：流计算平台从不同数据源实时得到大量数据。在此阶段应该确保数据实时被采集到，延迟时间短，以及具有稳定性和可靠性。例如，分布存储在不同位置的机器上的日志数据，系统需要对每个位置的日志数据进行实时汇总。如今像淘宝的 Time Tunnel、脸谱的 Scribe、Hadoop 平台的 Chukwa、Hadoop 平台的 Kafka 等分布式数据采集系统，都可以完成几百兆字节每秒的数据采集任务及数据传输任务。

② 数据实时计算：经过实时分析处理，获得有价值的信息。经流处理系统处理后的数据，可视情况进行存储，以便之后再进行分析计算。在时效性要求较高的场景中，处理之后的数据也可以直接丢弃。

③ 实时查询服务：经由流计算系统得出的计算结果可供用户进行实时查询、展示或存储。

比较早期的代表系统有 IBM 公司的 System S。它是一个完整的计算架构，通过 Stream Computing 技术可以对流数据进行实时的分析，最初的系统拥有大约八百个微处理器，但 IBM 认为根据需求也可扩大到上万个。其中 System S 软件可以将任务按不同目的划分，如划分成图像识别和文本识别两个模块，然后对每个部分分别处理，并将结果整合为最终结果。IBM 实验室的 Nagui Halim 介绍 System S 新运算模式的优势在于其更加灵活、更加高效且更加智能，人们可以依据要解决的问题的需求进行灵活调整。

流式计算是目前其所在领域的研究热点之一，各种流式计算系统及框架不断出现。例如，早期金融行业的 StreamBase、Borealis 等流式计算系统，目前的推特、领英等公司的 Storm、Kafkn 等流式计算系统，Hron、S4 等流式计算框架。

（4）流计算平台。

不同的应用场景对流计算系统（平台）会有不同的需求。流计算系统一般应满足如下需求。

① 高性能：这是处理大数据的基本要求，如每秒处理几十万条数据。

② 海量式：支持 TB 级甚至 PB 级的数据规模。

③ 实时性：确保延迟时间不超过秒级单位，达到毫秒级最好。

④ 分布式：支持大数据的基本架构，必须能够平滑扩展。

⑤ 易用性：能够快速进行开发和部署。

⑥ 可靠性：能可靠地处理流数据。

当前的大数据计算领域具有种类多样的流数据计算系统，这使得不同行业不同领域的企业都可以选择合适的系统完成各自的任务，主要有商业流计算平台、开源计算框架、支持公司自身业务需求的流计算框架三种类型。

① 商业流计算平台：IBM InfoSphere Streams 和 IBM StreamBase 是在商业领域应用中极具代表性的两个平台，它们可以开发并提供应用程序，辅助用户高效提取、分析和关联来自多个实时数据源的信息。

② 开源流计算框架：常见的有 Twitter Storm，它是一个可以简单、高效、可靠处理大量流数据的流计算框架。除此之外，还有 SparkStreaming、Yahoo、S4（Simple Scalable Streaming System）等。这些流数据计算系统具有许多共性，如通用性、可扩展、分区容错及均为分布式系统等。

③ 支撑公司自身业务的流计算框架：常见的如 Facebook Puma、Dstream 和银河流数据处理平台等。

流计算是在各种不同的场景中均已得到实际应用的方法，可以实时计算处理数据。例如，京东等电商网站时时刻刻在产生巨量的流数据，包括用户浏览数据、消费信息、用户与售后交流的聊天数据等。流计算实时分析数据的优势是可以掌握每个时刻数据流量的变化情况，如在电商领域，平台通过流计算实时处理可以得到消费者实时浏览的记录，并依据得到的结果信息获得消费者的购买喜好，从而判断消费者的购买意愿并向其推荐相关内容。值得强调的是，流计算适合使用的情况是待处理数据持续到达，应用背景对实时性有一定的要求。

（5）流计算与批处理系统对比。

流计算侧重于实时计算，而批处理系统侧重于离线数据处理。它们一个追求的是低延迟，另外一个追求的是高吞吐量。它们处理的数据也不同，流计算处理的数据经常不断变化，而离线处理的数据是静态数据。它们的输出形式也不同。总体来讲，两者的区别体现在以下几个方面。

① 系统的输入通常有实时流数据和静态离线数据这两类数据。其中，实时流数据以前端界面实时发送的数据为主，静态离线数据是预先整理准备好并缓存的基础数据，关系数据库中的静态离线数据通过数据库读取接口达到批量处理的目的。

② 系统的输出同样主要是流式数据和离线数据，流式数据被写入消息中间件的指定数据队列缓存中，并可异步推送给其他任务系统。离线数据作为计算结果直接写入关系型数据库。

业务的计算结果以何种方式输出有两个决定性条件。一个是结果产生的频率，另一个是结果写入数据库时数据库表的规模的大小。假如生成计算结果频繁，则将结果以流式数据的形式写入中间件，如实时监控用户行为标签，此时需要高速返回结果就采用流式数据。因为数据库的吞吐量对于高速存取数据来说具有很高的挑战性。假如需要插入的数据表本身很庞大，那么写入消息中间件也需要流数据形式，然后应用层执行程序定期定量地转存批量数据库相关的队列数据。例如，表中字段宽度极大会导致查询数据库操作产生很大的延迟，则将结果信息暂时缓存在中间件层，之后定期定量地进行批量数据库转存。

如没有以上两个决定条件的制约，数据结果可以直接写入并传入表中。

4）图数据分析

大数据时代中的许多数据都是以大规模图或网络的形式展现，如社交网络分布呈现、传染病传播途径、交通大数据等。另外，还有一些数据不是图结构的，通常在处理之前需要转化为图模型。随着数据发展与积累，数据高效处理也更具挑战性。

（1）图数据。

图数据是通过图形表达信息含义的。图自身的结构特点可以很好地表示事物之间的关系，包括图中的节点及连接节点的边。将图的顶点和边实例化可以得到如标签图、属性图、自然特征图、语意图及网络图等类型图,由顶点和边实例化构成的各种类型图如图 1.19 所示。大规模的图数据很难通过一台计算机完成处理,此时需要并行处理方式。但是对于连通图来说,图中每个顶点之间都是连通的,互相关联会导致系统无法分成完全独立的几个部分,因此无法轻易实现并行处理,即使分割为若干部分是可行的,不同部分分别得到的处理结果如何合并,也是很难解决的问题。因此,需要图数据处理系统选择最佳图分割和图计算模型。

(a) 标签图

(b) 植物自然特征图

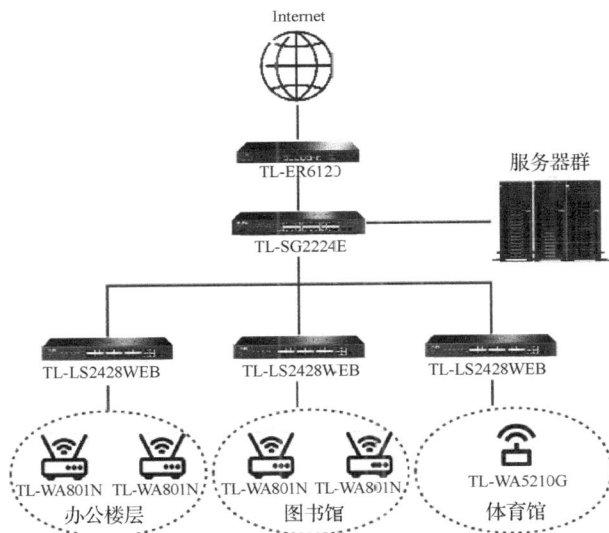

(c) 网络拓扑结构图

(d) 十二生肖属性图

图 1.19 由顶点和边实例化构成的各种类型图

(2)图数据计算模型。

很多实际应用问题是需要图数据计算模型来解决的,如最短路径、网页排序、集群及连通分支等。传统的图计算模型面对大型图计算问题时,其算法性能可能会有效解决问题,此时需要提升算法性能。目前普遍适用的软件有两大类,一类基于遍历算法和实时图数据库,如 Neo4j、Infinite Graph、DEX 和 OrientDB 等;另一类基于消息传递批处理的并行引擎和以图顶点为中心的图处理引擎，像 GraphX、Pregel、和 Hama 等。后者这类图数据计算处理软件主要是基于整体同步并行计算模型（Bulk Synchronous Parallel Model，BSP）实现并行图计算处理系统。

哈佛大学的 Viliant 和牛津大学的 Bill McColl 联合提出了 BSP 模型，也称大同步模型。Valiant 希望该模型像冯·诺伊曼体系结构一样起到构建出计算机程序语言和体系结构间桥梁的作用，因此其还被称为桥模型。一个 BSP 模型由大量通过网络互连的处理器组成，每个处理器都有快速的本地内存和不同的计算线程。一次 BSP 计算过程包括一系列全局超级步（所谓超级步就是计算中的一次迭代），每个超级步主要包括局部计算、全局通信网络和同步路障器三个组件。

① 局部计算：每个参与的处理器都有自身的计算任务，它们只读取存储在本地内存中的值，不同处理器的计算任务都是异步并且独立的。

② 全局通信网络：用于处理器群之间相互交换数据。消息的全局交换形式是由一方发起推送（PUT）和获取（GET）操作。

③ 同步路障器：当一个处理器遇到"路障"（或栅栏）时，会等到其他所有处理器完成它们的计算步骤然后才开始计算；每一次同步也是一个超级步的完成和下一个超级步的开始。

（3）图数据分析处理系统。

以谷歌提出的并行图数据处理系统 Pregel 为例，其是基于 BSP 构建的可扩展、可容错的平台系统，其所提供的 API 应对多样的大规模图的分布式计算问题具有很大优势。作为分布式图计算的计算框架，Pregel 主要实现的功能有图遍历、最短路径、PageRank 计算等。

4. 大数据分析、计算和处理的流程

对大数据进行分析、计算和处理的流程可概括为大数据的采集，导入和预处理，分析和计算，可视化与应用。

1）大数据采集

原始数据由于格式、存储方式、来源及时效性等属性的不同，使其具有丰富多样的种类。大数据采集过程就是一个从大量异构数据源之中收集所需数据，并且转为适当的格式以便于后续处理的正常过程。

大数据采集重点关注数据整体性和完备性，而并非通过抽样方式采集部分数据，这点极其重要。有巨大的数据库提供支持，对于大数据采集来说是非常重要的条件，有时人们也会同时利用多个数据库完成大数据采集任务，现在很多商家（如一些电商购物平台)都会通过关系数据库来存储事务数据，对于一些用户使用量或访问量比较大的网站，其事务数据的数量惊人。在收集大数据的同时，这些网站仍持续发生访问等操作，因此在大数据的采集过程中并发访问是很可能一直存在的，数据库系统在构建时需要考虑数据库的负载、数据库的迁移等问题。

2）大数据的导入和预处理

收集得到的数据必定有很多无效数据、重复数据等脏数据存在其中，它们需要导入大数据并进行预处理，详细步骤包含数据存储和数据清洗。大数据的导入是把从各个分散的数据库中收集到的所有数据导入一个大的分布式数据库或分布式存储集群中，以实现数据集中处理。此外，在数据预处理阶段，可以观察某些数据的独有特点，或者依据不同数据分析的任务目的初步粗略筛选数据，实现数据清洗。然后根据成本、格式、查询、业务逻辑等需求，将它们存放在合适的存储系统中。当然，因为数据量比较大，在将各个采集端的数据导入分析数据库时，要考虑到数据库的容量。

3）大数据分析和计算

分析就是对已得到预处理的数据进行分析和分类，主要任务是依据数据特征选择适合的大数据分析工具，完成筛选数据工作。数据是否可以精确归类到相应的批次是数据挖掘价值高低的基础。已被普遍用于分类汇总数据的大数据分析工具有可视化工具、Infobright 列式存储工具、各种结构算法模型等。

大数据分析和计算的核心任务是数据挖掘。数据挖掘区别于传统的统计与分析过程，其具有数据挖掘任务不会预先规定最终主题，而是在已存在的数据上实施各种算法达到某种预测目的，实现某些高级别数据分析需求的特点。数据挖掘算法多样复杂，发展出可以精准得到高价值信息的算法极具挑战。

在大数据挖掘过程中，不但所涉及的数据量和计算量庞大、复杂，而且数据挖掘算法也较多。例如，用于数据关联分析的 Apriori 算法、用于数据聚类分析的 K-均值算法、用于数据分类分析的贝叶斯分类算法等。

4）大数据可视化与应用

数据可视化是研究数据的可视化表达形式的技术。数据的可视化表达形式是指以摘要形式提取信息及信息单位的属性和变量。数据可视化的目的是利用图形化的展示方式，直观描述和表达信息。许多方法已经被提出并应用到大数据可视化，各方法根据自身可视化原理的差异可划分为不同种类的技术，包括面向像素的技术、基于层次的技术、基于几何的技术、基于图标的技术、基于图像的技术及分布式技术等。

大数据分析的最终目的是什么？无疑就是通过挖掘数据背后的联系，找出其关联因素、找出规律，然后通过可视化技术形象地展示出来，最后应用到实际业务中。

大数据分析、计算和处理流程主要基于以上四个步骤，此外依据具体问题细节、任务的需求等差异，可能会有步骤上的增加，应该不断结合具体任务、行业特点和时代发展等因素，不断改进，将相关流程调整成为符合要求的流程。

1.1.3.7　大数据分析计算平台

由大数据分析、计算和处理的流程可知，大数据处理的核心问题有别于传统的方法，需要采用适合大数据处理的算法及分布式计算工具，归纳起来可以分为以下几种。

（1）根据大数据处理流程步骤划分，可分为数据存储、数据挖掘分析和计算平台，这三部分可以有效完成数据采集、数据仓库（包括 Extract-Transform-Load，ETL）、存储、结构化处理、挖掘、分析、预测、应用等任务。

（2）根据大数据处理的数据类型，可以分为关系型数据计算平台、非关系型数据（如图数据、文本型数据、网络型数据等）计算平台、半结构化数据及混合类型数据处理的计算平台。

（3）根据大数据处理方式可以分为批量数据处理、实时流式数据处理、交互式数据处理、图形数据处理的计算平台。

（4）根据数据部署模式可划分为基于内存的和基于磁盘的计算平台。基于内存是指在内存中执行分布式系统内部的数据交换操作，而基于磁盘则是指通过磁盘文件进行数据交换。

除以上四种划分方式，大数据分析计算平台还可以被分为分布式与集中式、云计算环境与非云计算环境。例如，阿里云大数据平台为阿里云云计算环境提供了支撑，为大数据存储、分析、计算和可视化等提供了优质完备的服务功能。

目前，有许多大数据分析计算平台可供选用，下面介绍四个典型代表。

（1）Hadoop——此软件框架能使海量数据得到分布式处理，用户可通过该框架更加便捷地构建并使用分布式计算平台。

（2）Spark——一个基于内存计算模型的开源大数据并行处理框架，目的是更快地进行数据分析和计算。

（3）Apache Storm——一种开源软件，是一个分布式、容错的大数据实时处理系统。

（4）Apache Drill——Apache 提出的开源项目之一，为大型企业使用者提供高效快捷的数据查询方法，Googles Dremel 就是通过它实现的。

然而，随着大数据计算平台与技术的发展，对于大数据分析计算技术的分类也在逐渐改变。例如，Spark 已有取代 MapReduce 成为 Hadoop 默认执行引擎的趋势，以便处理图数据；同时借助于统一混合型框架，Spark 提供了 SparkSQL 和 SparkStreaming 功能，使其在结构化关系查询、实时类数据处理方面也能够发挥作用。

1.2　商业环境中的大数据分析

所谓商业大数据，商业环境中的大数据，可以从以下几个方面来看：一是大数据时代带来的挑战；二是现有商业数据来源发生了变化；三是商业价值。

1.2.1　商业大数据的挑战

首先，我们从大数据本身来分析了解其面临的挑战，主要体现在数据在组成时具有异构性和不完备性；在处理时具有时效性；在分析时需要考虑隐私保护；在管理时需要人来参与等方面。

1.2.1.1　数据的异构性和不完备性

由数据源直接获取的数据通常具有异构性。简单且基本的数据结构没有足够的能力表示这样的数据。复杂的数据结构描述出的数据又很难得到高速有效的最佳处理方法，如何以更好的数据结构合理地组织数据，将数据整理成为适合计算机高效处理的结构，是解决大数据管理问题的重点之一。

如大量出现的留言文本数据、视频图像数据等各种形式的数据本身就是弱结构化的或非结构化的，因此如何将其转换为结构化的格式是非常必要且具有一定难度的。以电子商务平台的消费记录为例，消费者在一个平台可能留下不止一条消费记录，并且消费记录中还包括文本数据、图像数据和视频数据。几种数据的数据结构不同，传统的数据分析系统适合处理对数据结构种类需求比较多的数据内容，但也存在某些特殊情况使用结构简单的数据效果更好。

系统获取的数据多且杂导致数据中通常掺杂了一些不完整的数据或有错误信息的数据，这便使数据具有不完备性。不完整数据在数据分析阶段就很有必要得到有效处理，其处理方法是当前相关研究中的重点和难点。在最新的研究成果中，概率数据管理方面所取得的一些成果为不完备数据的管理方法提供了新思路。

1.2.1.2　数据处理的时效性

速度也是大数据处理很重要的指标。一般而言，数据分析处理的时间随着数据量的增大而增加。一个数据处理系统假设被预先设定了可处理数据量的大小，其处理速度可能很可观，但是并不一定能应付大规模数据处理中"大"的要求。在很多实际应用场景之中，用户需要尽可能迅速地得到数据分析结果。例如，如果存在可疑的在线诈骗交易，平台在越短的时间内发现并分析出这种状况，越有助于减少甚至避免用户交易损失。若能保证其过程具有即时性，也就可以精准防范欺诈交易的发生。只有对用户的大量历史数据进行分析，才可能检测出异常状况。平台不可能短时间内迅速分析用户操作的整个过程，但可以通过增加提前准备工作来解决此问题，可以提前分析历史交易数据，如此在每次进行新交易时，只需要基于预分析结果对新输入数据执行少量计算即可快速得到结果。

在大数据集中进行关键字查询也是个具有一定难度的任务。扫描遍历整个数据集寻找目标字符显然在时间复杂度等方面是不可行的。但是如果提前建立数据的索引结果辅助查找目标关键字，则必定能优化时间复杂度。现已存在的基本索引结构无法支持复杂的数据类型，而大数据需要更优的索引结构来应对结构复杂的数据。这个问题尚有待于更有效的索引结构来解决。

1.2.1.3 数据的隐私保护

数据的隐私保护是大数据分析和处理的又一个重要方面。个别公司滥用个人数据，如果多个相关数据组同时被泄露，将造成严重问题。数据隐私保护不单单是技术方面的问题，还是社会方面的问题，因此应以这两方面为着手点进行大数据的隐私保护。

像即时通信、导航等软件提供商需要从手机等移动设备终端获取地理位置信息时，需要用户打开获取定位的权限，这就产生了泄露用户隐私的风险。违法人员可能通过几个固定的网络基站或设备检测用户所在位置信息，依据用户长久停留的住址地点和工作位置推断出其身份，通过他常去的商场、餐饮地点等判断其年龄段等基本信息。除此之外，还可能涉及非常重要的个人隐私，如医疗系统可能会记录个人的家族病史等健康信息，人们很多方面的隐私都可能通过长期监测而推断得到。许多应用提供服务时，终端设备不断移动变化，导致位置信息很容易被入侵并获取，这为位置隐私保护增加了困难。

除此之外，仍有相当多的数据隐私保护方面的问题有待探索研究。以微博、脸谱等社交网络所提供的服务为例，从注册信息到个性推荐等服务内容的提供，都会涉及许多私人信息，目前已有的数据隐私保护机制不足以确保数据共享的安全性。虽然现有的各种隐私保护模式处于正向发展的过程，但在实际生活中进行应用时，这些有关隐私保护的方法还十分不完善并存在很多问题。随着时间的推移，已经实际存在的数据会堆积，数据量会发生变化，但新的数据隐私保护的技术却没有得到与之相对应的发展。因此，在大数据环境下，如何确保数据共享的安全性，如何给用户提供更完善的数据共享安全控制策略等一系列问题值得深入研究。

1.2.1.4 大数据分析需要人参与

尽管计算机已经可以智能化地分析数据，但在分析对象为大数据时仍具有局限性，需要人来参与分析过程才能顺利完成分析。大数据分析系统需要来自不同领域的多个专家的输入，这些专家可能来自不同的国家，会在不同的时间，利用不同的系统进行互动，利用人类的智慧减少软件系统的负担。

众包（Crowd-Sourcing）是当前得到广泛认可的、利用人类群体智慧解决问题的方法。各种用户提供的数据都参与其中，系统默认这些数据均为正确的，但事实上一定存在错误数据和不完整数据，这也需要众包中的其他人及时改正或补充。众包除了依赖人与人之间的数据提供、补充和纠错，还需要合适的技术框架监督数据的准确度。

1.2.2　商业大数据处理的挑战

商业大数据处理的挑战归根结底仍是大数据处理的技术所面临的挑战，即传统的技术已经无法应对大数据处理了，这具体体现在以下几个方面。

1.2.2.1　数据移动代价过高

已有的数据处理方法是在数据源层和分析层之间增加存储管理层，这种做法不仅能提高数据的质量还能优化查询，但在执行过程中会付出大量的数据迁移和连接的代价。首先，利用数据仓库技术（Extract-Transform-Load，ETL）将数据存储到数据仓库中，此过程消耗时间长且复杂。然后，通过在线扩展处理服务器（OLAP）将数据转化为雪花模型或星型模型。最后，通过连接方式将数据从数据库中取出并执行分析操作。该方法处理 TB 级数据时或许可以使用，但对于海量规模的数据，处理耗时会大大增加。由此可见，这样的数据计算模型是无法满足大数据分析即时性要求的。

1.2.2.2　不能快速适应变化

传统的数据仓库假设主题的变化较小，其处理变化的方式是，修改从数据源开始直到前端界面显示这整个过程的每个模块，然后再重新加载或计算数据，致使适应变化花费的时间变长。此模式非常适合需要高数据质量、精准查询能力，并且不太关注预处理总成本的场合。然而大数据时代的分析处于持续变化的商业环境中，这种模式将难以适应新的需求。

1.2.2.3　系统处理能力不足

处理系统面临的数量单位至少为 PB 级，但数据仓库只具备传统数据分析能力，而且过去的商业智能分析工具也没有能力支持如此大量的数据。如果这些系统和工具的发展停滞不前，将带来更加无法逾越的鸿沟。尽管通过剔除无关数据和建立数据集可以在一定程度上使问题得到改善，但并不能从根本上解决问题，而且被剔除的数据可能蕴含更高的价值。

在"小数据"向"大数据"发展的过程中，大数据处理中的以下关键技术仍需进一步研究和突破。

（1）大数据获取技术。重点研究分布式高速和高可靠数据获取或采集、高速数据全映像等大数据收集技术；着重突破高速数据解析、转换与装载等大数据整合技术；创建质量评估模型；开发提高数据质量的技术。

（2）大数据存储技术。针对分布式非关系型大数据改进管理与处理技术，提升大数据建模技术；优化大数据索引技术；创新大数据移动、备份、复制等技术；开发新型大数据可视化技术。

（3）大数据管理技术。其包括增强分布式文件系统（DFS）的可靠性、能效优化的存储、计算融入存储等。

（4）挖掘与分析技术。对当前的数据挖掘和机器学习技术进行改进；在数据网络挖掘、特异群组挖掘、图挖掘等新型数据挖掘技术方面进行突破；以对象的数据连接、相似性连接等大数据融合技术为基础进行再开发；着重研究用户意愿分析、网络行为分析、情感语义分析等领域的大数据挖掘技术。

（5）大数据安全技术。提升数据销毁、加密解密、分布式访问控制及数据审计等技术；推动隐私保护和推理控制、数据真伪识别和取证、数据持有完整性验证等技术的进一步发展。

1.2.3 商业大数据的来源

按数据的发展来看，商业大数据可以分为传统数据和新型数据。其中，传统数据主要是指在传统商务智能时期，被存放在数据仓库或数据集中企业经营管理产生的内部数据。新型数据是随着互联网、电子商务、物联网发展而兴起的，常常存在于企业外部的数据。新型数据往往种类繁多，需要分析和挖掘的层次也更深，并且特别关注分析的时效性。

1. 传统数据（企业内）

企业业务数据：包括客户基本个人信息、用户交易数据等。

2. 新型数据（企业外）

（1）互联网：包括公众网络、社交媒体、访问日志等；

（2）移动互联网：包括各类移动应用数据；

（3）物联网：如射频识别、红外感应、卫星定位、激光扫描和视频监控等。

除了一般企业的数据，一些特殊领域的数据量也非常之大，包括地震、海洋、水利、气象、航天航空等，这些领域由于行业的特殊性，往往会不断产生海量数据，因此对大数据的分析处理能力要求很高。

上述数据虽然种类繁多，但其形式基本都是数值数据或文本数据，对数据库硬件架构、执行效率的要求很高，但是对数据处理技术并无新的要求。而某些行业的基本数据，如遥感影像（遥感应用）、高清图像（视觉展示）、医学图像（医疗）、三维模型（设计领域）、视频影像（传媒电影）等，其经营管理数据可能不多，但是产品或原材料数据的特点是单体数据非常大，造成数据总量也很大，这就对数据的保存提出了新的要求；与此同时，数据为非结构化数据，如何用传统的数据分析方法进行处理是个难点。总而言之，大数据发展的整体趋势是数据来源与格式持续丰富、类别增加、复杂程度提升。

1.2.4　商业价值

企业在大数据时代背景之下发展，要不断给予数据开发与应用高度关注，这有助于其抓住更多的市场机会。大数据拓展了传统业务的数据范围，以往只依靠企业内部业务数据支撑起商务智能的境况得到改变。大数据来源迈入多元化，增加了企业外部的数据来源。

根据 IDC 和麦肯锡的大数据研究结果我们得出，大数据释放丰富的商业价值主要有以下四种方式：首先将顾客群体细分，然后针对不同群体的特质采取不同的应对方式；企业通过大数据模拟实际情况，开拓新需求，提升盈利能力；加强各相关部门大数据成果的分享程度，提升企业决策能力；创新商业模式、产品和服务。

1.2.4.1　首先将顾客群体细分，然后针对不同群体的特质采取不同的应对方式

大数据可以帮助企业分析大量数据，进一步挖掘市场机会和细分市场，细分顾客群体，然后针对每个群体量身定制独特的方案，捕捉好的产品概念和想法。大数据分析的核心是如何收集消费者的信息，如何捕捉趋势，以及如何挖掘人们可能消费某产品的意愿；以创新的方法破解和分析消费者行为，使开发适合消费者意愿的新产品变得容易，并且有迹可循。大数据分析是找寻新目标客户群体、确定适合的供应商、创新产品、理解销售季节性影响等问题的最佳解决方法。

在大数据时代之前，如果想搞清楚海量顾客的消费情况，需要耗费惊人的人力、物力和财力，这使得类似细分的行为毫无商业意义。但现在云存储支持海量数据，再加上大数据的分析技术，这些都使得对消费者进行实时和极端的细分操作有了成本低且效率极高的分析方法。企业通过用户在电商平台的访问行为分析出其特点，并且有针对性地提供个性化服务，为消费者提供优质的购物体验。这为买家和卖家之间的信息沟通节约了时间成本等。

1.2.4.2　企业通过大数据模拟实际情况，开拓新需求，提升盈利能力

传感器在大量设备上的实际应用，以及丰富多样的电子设备的普及，丰富了数据源

的同时也促使数据爆炸式增加。博客、微博、脸书等社交网络平台深入人们生活，也产生了相当大规模的数据，并且使数据不断生成。云计算和大数据分析技术令实时存储分析数据及用户访问、操作行为更高效且低成本。交易过程、用户查询访问等行为均可以数据化表达。大数据技术将数据整理并进行分析与挖掘，通过模型对实际情况进行模拟，分析出新需求，进而有助于新方案的制订或旧方案的调整，并且辅助决策，提升企业盈利能力。

1.2.4.3 加强各相关部门大数据成果的分享程度，提升企业决策能力

利用好大数据能够有效辅助各个领域的企业决策者避免业务决策上的失误，从而精准获得最大的商业价值，做出精准的商业决策。不同领域的企业具有不同的业务内容，产生的数据属性及类型不同，管理模式也具有差异，但是抽离出来看，数据分析周期和整体流程是基本一致的，数据获取、数据整合、数据处理、数据的综合应用、数据的服务和推广等方面都是类似的。

这种基于大数据的决策具有以下特点：

（1）量变到质变。广泛挖掘数据使得决策所依据的信息完整性逐渐提高。

（2）决策技术和知识含量明显提高。在云计算没有出现之前，人类被海量数据所淹没，不能高效地分析出由海量数据所产生的有价值的决策信息，知识含量低。

（3）大数据决策促使很多极具创新性的解决方法出现。例如，经济领域中的宏观经济计量模型，只有拥有居民、企业和政府的决策和行为信息，才能规划出适合这个社会的税收政策；在政府反腐工作的展开过程中，大数据凭借其优势将各种可以揭露腐败的数据呈现出来。

如果将数据资源体系引入不同企业的业务和管理层之间，则可以在数据资源体系下将当前数据与历史数据相连接，把已有数据与管理者所关注的指标相关联，即可以将面向业务的数据转变为面向管理的数据，帮助管理者做出决策，从而实现了将数据转变为知识，这为企业管理者对企业进行管理和决策提供了巨大的帮助。

1.2.4.4 创新商业模式、产品和服务

大数据使企业可以根据对已有产品和服务进行改善，构建新型的业务模式。纵观IT发展的历史，几乎每次对概念和技术进行更新，都会带来新的商业模式。例如，在个人电脑时代，微软公司因推出操作系统得到了高额利润；在互联网时代，谷歌公司抓住了网络广告的机遇；在移动互联网时代，苹果公司通过其终端产品及应用商店获得了巨额财富。

大数据技术可以使企业拥有的大规模数据发挥出其最大价值，建立系统化的数据体系有助于企业改善自身的体系结构和管理机制。与此同时，由于用户的特定需求增

加，大数据在各个领域的价值开始凸显，许多企业的发展路径和商业模式都由此开始转变。例如，大数据可以用于定制个性化生产方案，促进企业现代化和转型；大数据技术可以使物流体系现代化，大幅度提升物流行业的业务效率；利用大数据技术可以从多个维度对企业信用进行评估，提高金融业资本利用率，对老旧的运营模式进行调整与改善等。

1.3　商业大数据分析技术与方法

1.3.1　商业大数据分析技术

从数据分析角度讲，大数据分析比以往任何时候需要处理的数据都多，而且更复杂、更追求数据处理速度，也更注重挖掘数据的价值。大数据的分析很多时候是和大数据的处理密不可分的。可以从以下几个角度将大数据分析的业务需求分类。不同的数据分析技术对应着不同的具体需求。

1.3.1.1　数据分析按照实时性分为实时数据分析和离线数据分析

实时数据分析常应用于金融、移动和互联网等行业的产品之中，这些产品对庞大规模的数据进行即时处理分析，有着极其严格的要求，这样才能使用户有着更好的使用体验。想要满足这一要求可以借助一些内存计算平台，使用 HDD 架构。此外，还可以利用基本的关系型数据库构成一个可以进行并行处理的集群。这些解决方法都需要花费相对较多的软件成本和硬件成本。目前针对大规模数据的新型实时分析工具有 HANA 及 Greenplum 等。

离线数据分析主要用于对反馈时间要求不严格的应用，如离线统计分析、机器学习、搜索引擎的反向索引计算、推荐引擎的计算等。日志数据通过数据采集工具导入专用的分析平台。然而由于数据量巨大，转换数据格式的成本太高，传统的 ETL 工具无法满足大规模数据采集的性能要求。常被互联网公司用来进行大规模数据收集的工具有脸谱的 Scribe、领英开源的 Kafka、淘宝开源的 Time Tunnel、Hadoop 的 Chukwa 等，这些工具都支持每秒数百兆字节的日志数据采集和传输。

1.3.1.2　数据分析按照数据量分为内存级别、BI 级别和海量级别

内存级别指数据量不超过集群的内存最大值。现如今内存的容量已非同小可，如脸谱在 Memcached 内存中存储了多达 320TB 的数据，当前的 PC 服务器也可能有超过 100GB 的内存。因此，可以使用内存数据库存储热点数据，以获得高效的实时数据分析能力。目前，大型集群 MongoDB 在稳定性上有一定缺陷，如

周期性的写阻塞及主从同步失败等，但它仍然是一种潜在的可用于高速数据分析的非关系数据库。此外，目前大多数服务厂商都已提出带 4GB 以上 SSD 的解决方案，这些方案在将内存与 SSD 相结合的同时也拥有内存分析功能。未来发展进步的 SSD 会推动内存数据分析的广泛应用。

BI 级别是指对于内存而言较大的数据量，通常是将这种规模的数据放入传统的 BI 产品和定制的 BI 数据库之中进行分析。当前得到广泛使用的 BI 产品都有支持 TB 级以上的数据分析方案，种类很多，在此不再详细举例。

海量级别数据量是指数据库和 BI 产品已经无法有效处理，或者处理成本过高无法得以实施的数据量。现已开发出许多可以处理海量数据级别的企业级产品，但从软硬件的成本出发，目前大多数互联网企业会采用 Hadoop 的 HDFS 分布式文件系统来存储数据，并使用 MapReduce 进行分析。

1.3.1.3　数据分析按照算法复杂度分为常规分析和深度分析

由于业务需求不同，数据分析的算法也会有巨大的差异，而数据分析的算法复杂度和架构是紧密相关的。举个例子，Redis 是一个支持 List、Set、SortedSet 等简单集合且有着较高性能的 NoSQL 数据库（Key-Value NoSQL），它通过排序、链表等简易方法就可以解决目标的数据分析需求，同时总的数据量不大于内存（准确地说是内存加上虚拟内存再除以 2），因此毫无疑问选用 Redis 便可获得显著的分析性能。

除此之外，还有很多易并行问题（Embarrassingly Parallel），即计算可以通过分解转变为几个完全独立的部分，或者很容易将其改造为分布式算法，比如大规模脸部识别、图形渲染等，类似这样的问题选用并行处理集群较为适合。而统计分析的机器学习问题均可采用 MapReduce 算法进行改写。MapReduce 目前最常被用于流量统计、推荐引擎、趋势分析、用户行为分析、数据挖掘分类器、分布式索引等计算领域。

人们关注大数据分析除了关注分析技术，还要关注分析方法。大数据分析方法如表 1.1 所示。

表 1.1　大数据分析方法

SQL 分析	描述性分析	数据挖掘	预测分析	模　拟	优　化
计数 平均数 联机分析	单变量分布 中间趋势 离差	关联规则 聚类 特征提取	分类 回归 预测 空间分布 机器学习 文本分析	蒙特卡洛 基于代理建模 基于时间分离建模	线性最优 非线性最优

1.3.2　商业大数据分析方法

商业大数据分析方法更多的是以前各类分析方法在大数据环境下的具体使用和改进，本章仅仅是一个简单梳理。

1.3.2.1　统计分析方法

统计分析方法中的常用方法有回归分析、时间序列分析和交叉影响分析。

1. 回归分析

回归分析是确定两种或两种以上变量间存在相互依赖的定量关系的一种统计分析方法，具有十分广泛的用途。回归分析按照涉及的自变量的多少，可分为一元回归分析和多元回归分析；按照自变量和因变量之间的关系类型，可分为线性回归分析和非线性回归分析。回归分析要用数学模型来表现分析现象之间相关的具体形式及其具体关系，如已知"质量"和"用户满意度"变量密切相关，通过回归分析，可以确定这两个变量谁是自变量谁是因变量、影响程度如何等。

2. 时间序列分析

时间序列分析是一种动态数据处理的统计方法,该方法研究随机数据序列所遵从的统计规律，基于随机过程理论和数理统计学方法，被用于解决实际问题。其包括一般统计分析，统计模型的建立与推断，以及关于时间序列的最优预测、控制与滤波等内容。经典的统计分析都假定数据序列具有独立性,而时间序列分析则侧重研究数据序列的互相依赖关系，后者实际上是对离散指标的随机过程的统计分析，所以又可看作随机过程统计的一个组成部分。例如，根据某地区某段时期每个月的用电量，利用时间序列分析方法可以预测未来各月的用电量。

3. 交叉影响分析

交叉影响分析是在信息分析和预测中根据若干个事件之间的相互影响关系，分析当某个事件发生时，其他事件因受到影响而发生何种形式变化的一种方法。交叉影响分析法被用于考虑若干事件之间的相互影响及其程度和方向，可以系统地把有大量可能结果的数据整理成易于分析的形式。但它根据主观判断的数据，初始概率也是通过公式转变的校正概率，因此其主观任意性较强，交叉影响因素的定义还需更加明确、具体、严格地确定。

1.3.2.2　商业数据挖掘方法

分类、聚类分析、关联规则等方法是商业数据挖掘的常用方法。

1. 分类

数据挖掘分类算法的一个重要方法是决策树，其在各种分类算法中是最直观的一种。在已知各种情况发生概率的基础上，通过构造决策树进行分类并辅助决策是直观运用概率分析的一种图解法，其常被用于评价项目的风险程度并判断其可行性。同时，决策树也是代表对象属性与对象值之间的一种映射关系的一种预测模型，所以决策树既可以用于分析数据，也可以用于预测。

2. 聚类分析

聚类分析又称群分析，是针对样品或指标研究分类问题的一种方法。由聚类所生成的簇是一组数据对象的集合，同一个簇中的对象彼此相似，但与其他簇中的对象彼此相异。聚类分析起源于分类学，但是不同于分类。聚类与分类最大的不同是聚类所要求划分的类是未知的。比如在市场营销中，市场分析人员根据聚类能从客户基本库中发现不同的客户群体，并且用购买模式刻画出各个客户群体的特征。此外，通过汇总海量数据，聚类分析还可以发现有价值的信息。

3. 关联规则

"尿布与啤酒"是关于关联规则的著名案例。沃尔玛拥有世界上最大的数据仓库系统，有着各个门店的详细原始交易数据。为了获取顾客会经常一起购买的商品种类信息，准确了解顾客在其门店的购买习惯，沃尔玛对其顾客的购物行为进行了购物篮分析。经过大量实际调查和分析，沃尔玛发现了"尿布与啤酒"之间的关联，揭示了美国人的一种行为模式。

1.3.2.3　商业战略分析方法

传统的商业战略分析工具虽然不是诞生于大数据年代，但是广泛的、多源的数据来源赋予了这些分析方法更多的分析素材和探讨依据，大数据时代各种各样的线索和信号使得商业战略分析有了更多的视角和可能。

SWOT 分析法又称为态势分析法，代表着优势（Strength）、劣势（Weakness）、机会（Opportunity）和威胁（Threat），是最著名也是最基本的一种分析方法。SWOT分析法实际上是综合归纳企业内外部条件的各方面内容，进而判断组织的优劣势、面临的机会和潜在的威胁的一种方法。随着世界经济全球化、一体化过程的发展，全球信息网络的建立和消费需求更加多样化，企业所处的环境更为开放和动荡。大数据环境给企业竞争带来的变化几乎对所有企业都产生了深刻的影响，因此环境分析成为企业日益重要的一项工作。一方面，由于企业是一个整体，明确企业究竟在哪方面具有优势更有意义，而且竞争性优势来源十分广泛，所以必须从整个价值链的每个环节上做优劣势分析，并将企业与竞争对手做详细对比。值得一提的是，大数据时代赋予了优劣势分析更多的数据源和切入点。另一方面，环境发展趋势被划分为环境威胁和环境机会两大类别。

PEST 是一种宏观环境的分析方法，常被战略咨询顾问用来帮助企业检阅其外部宏观环境。宏观环境又称一般环境，是指影响所有行业和企业的各种宏观力量。不同行业的企业根据自身特点和经营需要，对宏观环境因素进行分析，其分析的具体内容会有差异，但一般都要对政治（Political）、经济（Economic）、社会（Society）和技术（Technological）这四大类影响企业的主要外部环境因素进行分析。大数据时代政策的变化、互联网经济的兴起、社会管理及虚拟社区的影响、各类新兴技术和新兴产业的发展等都在改变着 PEST 不同分析维度下的具体分析内容。

五力分析模型是迈克尔·波特在 20 世纪 80 年代初提出，用于竞争战略的分析模型，它可以有效地分析客户的竞争环境，对企业战略的制定产生深远影响。五力分别指的是供应商的议价能力、购买者的议价能力、潜在竞争者进入的能力、替代品的替代能力、行业内竞争者现在的竞争能力。这五力的不同组合变化最终会影响行业利润潜力的变化。五力分析模型的意义在于五种竞争力量的抗争中蕴含着三类成功的战略思想，即成本领先战略、差异化战略、集中战略。而大数据处理和大数据分析切实影响着企业波特五力模型分析中的那些能力。

1.3.2.4　其他商业分析方法

除了上述几种方法，文本挖掘、Web 数据挖掘、多媒体挖掘、信息可视化、社会网络分析、多维异构数据分析等分析方法也被广泛应用于大数据分析中。

文本挖掘和 Web 数据挖掘在某种意义上都可以归为广义的数据挖掘，不过它们各具特点。有研究表明，目前一半以上的信息都是以文本的形式进行保存的，所以文本挖掘被认为具有较高的商业潜在价值。文本挖掘是抽取有效、新颖、有用、可理解的、散布在文本文件中的有价值知识，并且利用这些知识更好地组织信息的过程。典型的文本挖掘方法包括文本分类、文本聚类、概念或实体挖掘、观点分析和文档摘要等。Web 数据挖掘是指数据挖掘在 Web 上的应用，它利用数据挖掘技术从与 WWW 相关的资源和行为中抽取感兴趣的、有用的模式和隐含信息，涉及 Web 技术、数据挖掘、计算机语言学、信息学等领域，是一项综合技术。Web 数据挖掘根据挖掘的内容分为 Web 文本挖掘和多媒体挖掘，根据挖掘的方向分为 Web 内容挖掘、Web 结构挖掘、Web 使用挖掘。多媒体挖掘是针对多媒体数据进行的数据挖掘，多媒体数据是指音频数据、视频数据、图像数据和超文本数据等。根据多媒体数据类型的不同，多媒体数据挖掘又分为音频挖掘、视频挖掘、图像挖掘等。在大量多媒体数据集中的基础上，人们可以通过综合分析信息特征和相关语义，发现重要的、隐含的、有价值的、可理解的模式，从而得出事件的趋向和关联。从上述简单描述中可以发现它们之间具有共性和交叉，比如 Web 数据挖掘中的 Web 内容挖掘其实是基于 Web 页面上文本数据的挖掘；而多媒体挖掘常需要先对多媒体文件进行语义标注（或采用分众分类标签的形式），再进行文本挖掘；另外，Web 页面上很多时候富含多媒体信息，因此也常会用到多种多媒体挖掘的方法或策略。总之，针对大数据多种数据类型的处理方法在大数据分析中是必不可少的。

数据信息可视化指的是把大量的数据、知识等信息转化成人类的一种视觉形式的技术。该技术基于人类对图像、图形等可视模式的快速识别的能力，通过有效的可视画面去观察、研究、分析、操纵、过滤和理解大量的数据，进而能够形象地表现和模拟大规模数据，并对其进行解释和分析，以发现或探求数据内部隐藏的特征及规律，从而提高人们对事物的观察能力、记忆水平及理解能力，促使人们形成对某一事物的整体概念。要使大多数人理解大数据，最重要的手段之一就是将可视化技术应用于大数据中，而在具体应用过程中，要选择好数据组织的模式和具体表现形式，只有那些设计良好、易于使用、易于理解、有意义的可视化图例才能更容易被人接受，才能真正在大数据环境下发挥其应有的作用。比如，标签云，即加权视觉列表，用较大的文本呈现频繁出现的词，用较小的文本呈现不经常出现的词，以帮助读者迅速感知文本信息中最突出的概念；Clustergram 是一种聚类分析可视化技术，用于显示随着集群数量的增加，数据集的个别成员如何被分配到集群，便于数据分析人员更好地了解为何不同的集群数量会产生不同的聚类结果；历史流是在多个作者编辑文件时用图形化的方法表示编辑的历史记录，不同的见解在图中更易于被发现；空间信息流则在视图中通过亮度、颜色等的差异显示统计分析参数。

社会网络分析又称复杂网络分析，是在图或网络中描述离散节点之间的特征关系的方法。在社会网络分析中分析个体在群体中的联系，如信息如何传播或哪个个体具有较大的影响，典型的应用实例有确定营销目标的关键意见负责人、确定企业信息流的瓶颈等。在大数据时代，随着大规模在线社会网络和虚拟社区的应用，社会网络分析也得到了广泛应用。社会网络分析在具体分析中又分为个体分析、团体分析、事件分析、整体分析等。个体分析的目标是了解和洞察人物的身份、关系、社交圈、资本、位置、地位、行为、情感等社会属性，由于这些属性往往比较抽象，因而需要对其进行量化及测算。群体分析的目标是分析群体边界、身份、群内关系、群际关系、群体凝聚力、群体兴趣、群体行为、群体心理、社会地位、群体变化等，从而更深层次地洞察群体特性。事件分析的目标是分析事件在传播过程中的结构、内容、演化、意图、涌现性、行为、心理、受众、广度、深度、态势等。整体分析主要分为热门人物和事件排序、整体统计分析、全局拓扑结构分析和按区域热点事件分析，其技术手段多用基础统计分析和数据挖掘技术，主要目的是了解和掌握社会网络当前的全局情况，同时预测全局网络的未来状况。

OLAP（联机分析处理）是在数据仓库系统中被广泛应用的多维数据分析技术，

其能够对数据进行多角度、多粒度地分析。数据仓库和 OLAP 都是基于多维数据模型。在大数据环境中，多维数据模型分析的数据对象具有多源、异构、分布新等特点，也面临着更多的挑战。以信息网络为例，随着计算机应用的日趋深入，多维分析的数据网络从早期的数据立方体这一模型逐渐转变为大量的社会网络、生物网络和化合物网络等图数据，这种在节点或边富有信息特性的图被统称为信息网络，信息网络中蕴含着大量的实体信息及实体之间的关联信息，研究如何对此数据进行多角度多层次的分析有着重要的意义，而传统的数据立方体是基于同一种实体类型的多维数据模型，各个实体之间缺少关联是相互独立的，所以数据立方体无法解决信息网络上的多维分析问题。同时，除了数据类型、数据模型，与大数据如影随形的海量数据处理、实时分析需求等也都需要对多维分析方法进行进一步改进和提升。

1.4　商业大数据分析流程

1.4.1　数据分析与数据挖掘的区别

首先明确数据分析可以分为广义的数据分析和狭义的数据分析，广义的数据分析就包括狭义的数据分析和数据挖掘，我们常说的数据分析是指狭义的数据分析。

下面从定义、目的、作用、方法、结果五个方面将数据分析和数据挖掘进行对比。

1. 定义

数据分析是指对收集来的数据根据分析目的，使用适当的统计分析的方法和工具，进行处理与分析，提取出有意义的信息，将数据的作用发挥出来。

数据挖掘是指从海量数据中，通过统计学、人工智能、机器学习等方法挖掘出当前未知且有价值的信息和知识的过程。

2. 目的

数据分析的目的明确，先做假设，再通过数据分析来验证假设是否正确，从而得到相应的结论。

数据挖掘的目的是寻找未知的模式与规律，如我们常说的啤酒与尿布、飓风用品与蛋挞等案例显示的就是事先未知的但又非常有价值的信息。

3. 作用

数据分析的作用是现状分析、原因分析、预测分析（定量）。

数据挖掘的作用是分类、聚类、关联、预测（定量、定性）。

4. 方法

数据分析的方法有对比分析、分组分析、交叉分析、回归分析等常用的分析方法。

数据挖掘的方法有决策树、神经网络、关联规则、聚类分析、人工智能、机器学习等方法。

5. 结果

数据分析一般是得到一个指标的统计量结果，如总和、平均值等。这些指标数据都需要与业务相结合才能进行解读，才能发挥出数据的价值与作用。

数据挖掘则是通过输出模型或规则，得到相应的模型得分或标签。模型得分项如流失概率值、总和得分、相似度、预测值等，标签如高中低价值用户、流失与非流失、信用优良中差等。

综合来看，狭义的数据分析与数据挖掘的本质是一样的，都是从海量数据中提取出关于业务的信息，从而帮助业务运营、改进产品及帮助企业做更好的决策。所以狭义的数据分析与数据挖掘构成了广义的数据分析。

1.4.2 常见的数据分析挖掘工具

常见的数据分析挖掘工具有 SAS、SPSS、R 语言、Python、MATLAB、Weka、EViews 等。

1. SAS

SAS（Statistical Analysis System）是由美国北卡罗来纳州州立大学于 1966 年开发的统计分析软件。SAS 软件研究所（SAS Institute INC）于 1976 年成立，并同期开始进行 SAS 系统的维护、开发、销售和培训工作。SAS 系统发展至今已经历了许多版本，逐步得到完善和发展，在国际上被誉为统计分析的标准软件，广泛应用于各个领域。

2. SPSS

SPSS（Statistical Product and Service Solutions）即"统计产品与服务解决方案"软件，是 IBM 公司推出的一系列用于统计学分析运算、数据挖掘、预测分析和决策支持的软件产品及相关服务的总称，有 Windows 和 Mac OS X 等版本。该软件最初的全称为"社会科学统计解决方案包"（Solutions Statistical Package for the Social Sciences），但随着 SPSS 产品服务领域的扩大和服务深度的增加，SPSS 公司于 2000 年正式将其更名为"统计产品与服务解决方案"，这标志着 SPSS 的战略方向做出了重大调整。

3. R 语言

R 语言是统计领域中广泛使用的一门语言，是诞生于 1980 年左右的 S 语言的一个分支。而 S 语言是由 AT&T 贝尔实验室开发的一种用来进行数据探索、统计分析和作图的解释型语言。S-Plus 是最初 S 语言的主要实现版本，它基于 S 语言，由 MathSoft 公司的统计科学部进一步完善，是一个商业软件。后来新西兰奥克兰大学的 Robert Gentleman 和 Ross Ihaka 及其他研究人员开发了一个 R 系统。由 R 语言开发核心团队负责开发。R 语言可以看作 AT&T 贝尔实验室的 RickBecker、JohnChambers 和 AllanWilks 开发的 S 语言的一种实现。因此，R 语言和 S 语言都是 S-Plus 的基础，两者在程序语法上几乎一模一样，只是在函数方面存在细微差别，因此将 R 程序移植到 S 程序的难度极低，S 程序也只需稍加修改便能运用于 R 语言实现的程序中。

4. Python

Python 语言的核心只包含数字、字符串、列表、字典、文件等常见类型和函数，但其拥有一个强大的标准库，该库提供了系统管理、网络通信、文本处理、数据库接口、图形系统、XML 处理等额外的功能，并且命名接口清晰、文档良好，非常适合学习和使用。

除此之外，Python 社区还提供了大量成熟且稳定的第三方模块，覆盖科学计算、Web 开发、数据库接口、图形系统多个领域，使用方式与标准库类似，具有强大的功能。

5. MATLAB

MATLAB 是 MATrix LABoratory 的缩写，意为矩阵实验室，是由美国 MathWorks 公司出品的一款工程与科学计算软件。它提供一种用于算法开发、数据可视化、数据分析及数值计算的高级技术计算语言和交互式环境，具有以下优势。

（1）程序语言易学，其代码编辑、调试交互式环境较为人性化，易于初学者学习。

（2）具有较高的开放性。不仅提供功能丰富的内置函数供用户调用，还允许用户编写自定义函数来扩充功能。

（3）具有丰富的网络资源，是学术界和业界最常用的算法设计平台。很多用户会根据自己的需要开发最新的算法或函数工具箱共享在互联网上。

6. Weka

Weka 是 Waikato Environment for Knowledge Analysis 的缩写，意为怀卡托智能分析环境，是一款免费、非商业化的，基于 Java 环境开源的机器学习及数据挖掘软件。

Weka 及其源代码可在它的官方网站下载。有趣的是，该软件的缩写 Weka 也是新西兰独有的一种鸟名，而 Weka 的主要开发者同时恰好来自新西兰的怀卡托大学。

7. EViews

EViews 是 Econometrics Views 的缩写，直译为计量经济学观察，通常称为计量经济学软件包，其对社会经济关系与经济活动的数量规律采用计量经济学方法与技术进行"观察"。计量经济学研究的核心是设计模型、收集资料、估计模型、检验模型、应用模型（结构分析、经济预测、政策评价）。

EViews 是完成上述任务必不可少的工具，推动了计量经济学的显著发展和进步，在一定程度上促使计量经济学发展成为一门较为实用与严谨的经济学科。

8. Stata

Stata 是一套给使用者提供数据分析、数据管理及绘制专业图表的整合性统计软件，包含了线性混合模型、均衡重复反复及多项式普罗比模式等许多功能，可绘制出相当精美的统计图形。

Stata 的统计功能很强，除了传统的统计分析方法，还有着如 Cox 比例风险回归、指数与 Weibull 回归、多类结果与有序结果的 Logistic 回归、Poisson 回归、负二项回归及广义负二项回归、随机效应模型等新方法。

1.4.3　商业数据分析流程

完整的商业数据分析流程包含三个主要步骤，如图 1.20 所示。商业数据分析流程的结果必定与商业活动有关，并且在一定程度上有助于提升企业绩效。

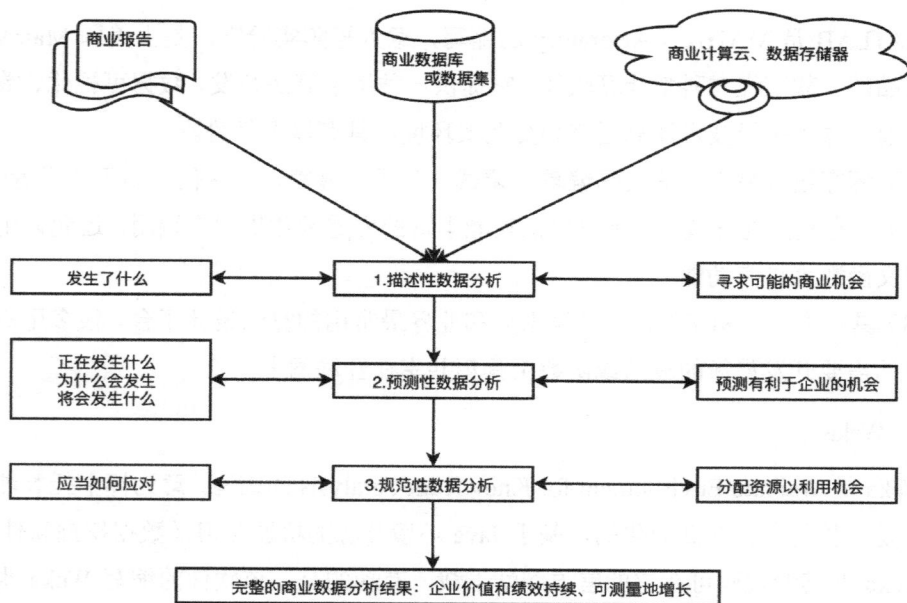

图 1.20　商业数据分析流程

图 1.20 所展示的商业数据分析流程的逻辑基于这样一个问题，即企业所拥有的数据蕴含着哪些有价值或有助于解决问题的信息？图 1.20 所示的组成商业数据分析的每个步骤都有额外的问题需要解答。要回答这些问题，就需要通过组成商业数据分析流程的三个步骤挖掘出数据中有价值的信息。商业数据分析流程就像是挖矿的过程，直观地说，如同在矿井中找到金子，找到新的、独特的、有价值的信息从而走向成功。SAS 是数据分析领域中一家很重要的公司，它提出的查询钻取（Query Drilldown）的概念，是指挖掘问题和找出答案，从而提炼出有用的信息。许多公司通常用商业数据分析来解决特定的问题，而其他一些公司则利用商业数据分析来探索和发现新知识，以引导企业的规划和决策，从而提高企业绩效。

一些数据源可能难以管理，过于复杂，通常令人困惑。要整理数据与试图了解它的信息价值，就需要应用商业数据分析流程的第一步，即描述性数据分析。一开始只是简单地将数据分组，在采用基本分类法的同时将数据合并入电子表格，如 Excel，准备交叉制表和列联表也是将数据限定在一个易于管理的数据结构中的手段。利用集中趋势和离散程度的简单测量也会有利于捕获到提升公司绩效的潜在机会。其他的描述性分析归纳方法，如表、曲线图和图形，都能够帮助决策者实现数据的可视化，更好地理解潜在的机会。

经过第一步的描述性数据分析，人们可以识别一些代表商业机会或未来可能（但尚未被定义）的趋势的模式或因素。但要解释数据中发生了什么（即过去发生了什么），还需要做更多的努力（需要更多的挖掘），比如做聚焦于商机目标的详细统计报告。企业基于大量数据对预测性变量进行统计学搜寻发现的行为模式如果将来发生，企业就会加以利用。例如，企业可能在综合销售信息里发现，在经济停滞时期如果采取某些广告策略，某一特定收入水平的客户群就会购买某些商品。这些销售额、顾客群和广告变量可能是表 1.2 中数据的任意数量化形式，但它们必须满足商业数据分析的三个条件：与商业的关联清晰、所获得的结果是可执行的、绩效和价值可测量。

表 1.2　数据的测量尺度分类

数据测量尺度分类	解　释
分类数据	数据可根据一个或多个特征进行分组。分类数据通常包含基数或百分比。 例如：产品市场可基于销售价格划分为"高端"或"低端"，市场这个术语常用于包含分类数据的数据集及交叉表、列联表所概括的观察值
有序数据	将数据排列或排序，用以显示相关偏好。 例 1：足球队排名不是基于所得分数而是获胜场数。 例 2：基于产品质量的企业排名

数据测量尺度分类	解　释
等距数据（区间数据）	按照等比例尺度排列数据，数据中每个值和其他值的距离都是相同的。它是有序数据。 例 1：温度表。 例 2：标度为李克特量表式的测量仪器（即 1、2、3、4、5、6、7），1 和 2、2 和 3 被视为是等距的，以此类推。 注意，在有序数据中，企业排名中第一名和第二名的差异可以很大。而在等距数据中，它们必须是成比例的关系
比率数据（比值数据）	将数据表示成连续尺度上的比率。 例：具备绿色制造项目的企业比率是不具备该项目企业比率的 2 倍

为了确定在描述性数据分析中所发现的趋势和行为是否真的存在或有效，以及能否被应用于预测未来，人们在第二步中会有更进一步的分析，即进行商业数据分析流程中的预测性数据分析。商业数据分析流程的这一步骤中有多种方法可供采用。一种常用的方法是多元回归。无论在描述性数据分析中发现的预测性变量间是否存在统计学关系，这个方法都是理想的建模方法。其发现的关系可能是可预测的因变量同公司价值或某种绩效相联系。例如，某企业可能想从几种促销手段（可测量的自变量，在模型中由电视广告、无线广播、个人推销或杂志的费用表示）中寻找一种提高销售额（因变量公司绩效的一种测量指标）的最有效的方法。我们必须确保多元回归模型的应用是有效和可行的，这也是我们使用方差分析和其他验证性分析来辅助建模的原因。使用高级统计程序探索数据库对最佳预测变量进行验证和确认，是商业数据分析流程在这一步骤的重要组成部分。这会告诉我们正在发生什么，以及它为什么会发生在模型的变量间。

一元或多元回归模型通常可以预测未来的趋势线。当回归不符合实际时，我们可使用其他预测模型（指数平滑、平滑平均）做预测性数据分析，来生成所需预测。之前识别出的未来趋势是第二步的主要成果，而预测性数据分析正是用来发现它们的。这有助于告诉我们将要发生什么。

如果企业通过商业数据分析流程的第二步预测了趋势，并了解到未来的情景，那么就能把握住未来潜在的机会。在第三步规范性数据分析中，运筹学方法可被用于最优化分配给一个企业的有限资源，从而利用预测出的未来趋势中的机会。人力、技术和资金上的限制使得任何一家公司都无法在同一时间利用所有的机会。规范性数据分析能够让企业合理分配有限的资源，以尽可能地实现目标。例如，线性规划（一种约束优化方法）已被用于供应链设计，以使利润最大化。商业数据分析流程的第三步解决了"未来怎样做分配和决策才是最优的"这一问题。

总之，在商业数据分析流程中，描述性数据分析、预测性数据分析及规范性数据分析这三个主要步骤能帮助企业在数据中发现机会、预测趋势，从而预测未来的机会，还能帮助企业选择行动路线，目的是最优化分配企业资源，从而使公司价值和绩效最大化。

习　题

1．简述大数据的定义及其四个核心特征。

2．试述大数据时代"数据爆炸"的含义。

3．分析讨论结构化数据、非结构化数据和半结构化数据的区别与联系。

4．讨论 Hadoop 的生态系统及其各部分的具体功能。

5．试述大数据分析、计算和处理的基本流程。

6．简述大数据分析的含义。它与传统的数据分析相比较有什么不同？

7．简述大数据关键技术。

8．大数据分析的主要类型包括（　　　）。

   A．描述性分析　　　　　　　B．探索性分析

   C．验证性分析　　　　　　　D．以上都是

9．描述数据集中趋势的指标有（　　　）。

   A．平均数　　　　　　　　　B．极差

   C．分位数　　　　　　　　　D．标准差

10．（　　　）的好处在于不需要参照数据的平均值。

   A．标准差　　　　　　　　　B．方差

   C．平均差　　　　　　　　　D．离散系数

11．数据库与数据集市之间的不同点有哪些？

12．Apriori 算法的输入参数有（　　　）。

   A．最小支持度和有趣关系

   B．最小支持度和数据集

   C．最小置信度和数据集

   D．最小支持度和置信度

13．规范性数据分析和描述性数据分析之间有怎样的关系？

14．什么条件下可以应用线性回归模型？

15．以下哪个程序负责 HDFS 数据存储？（　　　）

   A．NameNode

   B．JobTracker

   C．DataNode

   D．SecondaryNameNode

   E．TaskTracker

16．什么是 NoSQL、NoSQL 和 RDBMS 有什么区别？在哪些情况下使用和不使用 NoSQL？

17．非关系型数据库有哪些？

第 2 章　商业数据可视化

2.1　数据可视化简介

2.1.1　数据可视化简史

数据可视化（Data Visualization）是以图形化手段作为主要工具，将信息的传达和沟通变得有效且清晰。在大数据背景下展开数据可视化的应用研究将有助于创新和发展数据可视化技术。

和诸多在人类现代文明的发展中出现的科学研究相同，数据可视化的发展史和测量、绘图等科技的发展一脉相承。在人类近代百年的科学发展中，地图、科学计算、统计图表和制图等学科起到了重要作用，数据可视化技术也一直参与其中。

（1）起源——图表的萌芽。在 16 世纪，人类在掌握了开发精确观测的物理仪器和设备的能力后，为了记录数据，手工绘制的可视化图表也应运而生。这些图表能够让重要信息的展示和记录变得十分直观，由此产生的几何图表和地图就是相应图表的萌芽。

（2）图形符号时期。从物理测量的可视化到图形符号的演变发生在 17 世纪和 18 世纪。在 17 世纪，人类在物理基本量的测量理论和测量仪器的完善中取得了进步，可视化作为最重要的科技进步，使得测绘、制图、地理勘探和天文观测在内的许多科学领域也取得了长足进步。近乎同时，人们对可视化的研究也找到了方向，制图学理论、真实测量数据技术不断发展。进入 18 世纪后，制图学进一步发展，使得人类可以在地图上展现几何信息外的信息，最终出现了其他物理信息的概念图和新的图形形式。因此，形成了统计图形学，后陆续出现了折线图、饼图和带状图等。

（3）数据图形时期。19 世纪上半叶是统计图形和概念图形迅速发展应用的重要时期，折线图、柱状图、饼状图、时间线、轮廓线这些现在常见的图形工具都是在这一时期发展完善的。19 世纪下半叶是统计图发展的高峰。

（4）数据可视化现代启蒙期。20 世纪初，在商业、政府、航空、生物等领域的研究催生了许多统计图形的主流化应用，并得到广泛使用，使得数据可视化迅猛发展。这一时期的标志性事件就是《图形符号学》的出版，它是法国人 Jacques Berlin 于 1967 年出版的一部数据可视化领域的重要书籍。进入 20 世纪 70 年代以后，计算机技术的发展也推动了数据可视化的发展，首批图形图表在计算机中得以实现。1987 年，由布鲁斯·麦考梅克、汤姆斯·蒂凡提和玛克辛·布朗编写的报告——《科学计算之中的可视化》对于该领域的发展产生了极大促进。这份报告以计算机可视化技术为主题，着重强调了对新方法的需求。计算机计算能力的迅速提高导致规模较大和复杂性较高的数值模型的产生，因此产生了各种类型且规模庞大的数值型数据集。同时，使用数据收集设备也会产生大量的数据集，其中包含文本、数值等数据。这使得使用计算机的图形处理技术和方法加工可视化大型数据集成为主流。

（5）信息可视化时期、交互可视化时期、可视分析学时期。信息可视化出现于 20 世纪 90 年代初，这时金融、社交、地理等领域产生了大量多维的、时变的非结构信息，因此对大数据的可视化需求也在提高。在 21 世纪，大规模、高维、动态数据已经成为数据的主要特征，这使得原有的大数据处理技术难以满足这种规模化的需求。这对数据处理提出了新的要求，目前人们通过整合数据可视化、计算机图形学和数据挖掘的理论和方法，寻找新的理论模型、可视化方法和交互方法等，初步实现了让用户能够在不完整的大数据环境中快速挖掘有用的信息，从而做出有效的决策。可视分析学的基础理论和方法正在发展之中，而实际应用也还在发展探索之中。

随着大数据时代的到来，数据可视化已然变得十分重要。但可视化不只是简单地对图表进行装饰，也不是对信息图的"信息"部分的展示。好的数据可视化要做到既能在形式上抓人眼球，又能很好地展示信息，形成一种平衡。朴素的图表虽然乏味而无法吸引人的注意，但也可能会表达出强有力的观点；可视图表在形式上和信息展示上并不一定需要完全统一，也可能会含有丰富的信息。数据与可视化需要相互配合，将出色的分析与精彩的讲述紧密结合起来是数据可视化不断追求的目标。

2.1.2　数据可视化概述

数据可视化是一门对数据的视觉表现形式进行设计的学科。在它的研究范畴中，数据视觉表达的相关信息单元的各种属性及变量均为以概要形式提取的信息。

这个不断演变的概念使它的边界在不断扩大。数据可视化以图表的形式向人们展示不同类型的数据，是人们理解和解释数据的重要手段。从本质上讲，数据可视化是一种手段，它帮助用户通过认知数据发现该数据所反映的事物本质。以计算机的图形和图像处理技术的理论和方法为根基，以计算机视觉、图像处理、计算机图形为枝干，这一技术不断发展，并逐渐成为研究数据处理及分析决策的综合技术。通过表达、建模，以及对立体、表面、属性及动画的显示，将枯燥抽象的数字转换为极具生动性和表现力的图形及图像，对数据进行可视化解释。一方面，数据可视化基于对数据的挖掘、采集和分析；另一方面，它是表达数据的一种新方式，是对现实世界的一种抽象表述。

数据可视化的方法从不匮乏，甚至可以说是多种多样的。这些方法中有基于几何的、像素的，也有图标的、分层的，囊括许多图形图像技术。从使用的技术中不难看出，数据可视化的特征思想是：将数据图形化，无论规模如何的数据库，都是用一个单一的图形或元素来将其中的数据以图像的形式展出，并且将数据多维化展示，以便从不同的视角和维度观察数据，以便分析和使用数据。

数据可视化包含以下几个基本概念。

（1）数据空间：由 n 维属性和 m 个元素组成的数据集所构成的多维信息空间。

（2）数据开发：利用算法和工具对数据进行定量的推演和计算。

（3）数据分析：对多维数据进行切片、旋转等操作，从多个角度观察数据。

（4）数据可视化：将数据表示为图形或图像形式，利用数据分析和开发工具发现其中未知信息的过程。

数据可视化的应用主要分为以下两类。

（1）报表类。其包括 Excel、JReport、水晶报表、ActiveReports 报表等。

（2）BI 分析工具类。其包括 Style Intelligence、BO、BIEE、象形科技的 ETHINK、永洪科技的 Yonghong Z-Suite 等。

国内的厂商也主导和参与了许多 BDP 商业数据平台的数据可视化产品的开发，如帆软、永洪、思迈特等。

2.1.3　数据可视化的重要性

数据可视化主要就是使用图形和图标来展示数据。以人类理解信息的习惯，同样的大量复杂数据，使用图形表示就往往比表格或报告更容易理解。数据可视化就是利用了大脑的这一特点，投其所好，使用这样一种方式向人快速、简单传达信息的技术。图像和图表是一种科学高效地传达新信息的途径。有研究指出，在对人的景象记忆和阅读记忆的持久性比较中，前者是后者的四倍。数据可视化能够有效地利用数据，就商业营销而言，能够帮助人们为以下问题快速提供答案。

① 需要注意的问题或改进的方向。

② 影响客户行为的因素。

③ 确定商品放置的位置。

④ 销量预测。

2.1.4　数据可视化技术及其特点

数据可视化技术可以为数据的同步分析提供多种图形方法，反映出信息的模式、数据的关联性或趋势，帮助决策者对数据进行直观的分析，使人与数据之间的信息直接传递，进而将数据中的规律挖掘和展现出来。数据可视化技术的主要特点包括如下几点。

（1）交互性，即用户以交互的方式管理和开发数据。

（2）多维性，即用户能看到表示对象或事件数据的多个属性或变量，而数据可以按其每一维的值，对其分类、排序、组合和显示。

（3）可视性，即能将数据可视化为图像、曲线、二维图形、三维体和动画，并可以查看和分析其模式和相互关系。

2.1.5　数据可视化的功能

如今，人们在生活中随处可以享用到数据可视化的果实。网站就是数据可视化的例子之一，它的各种页面样式、排版都是为了让用户直观且轻松地获取信息。数据可视化的作用是多种多样的，从不同的角度会有不同的表述。从宏观的角度分析，数据可视化支撑了信息的记录与传播，加速了信息的分析和推理，稳固了信息的同步和协作。它也在信息的应用中起到了呈现重要特征、揭示客观规律的作用。

（1）快速理解信息：将商业信息以图形的形式表现出来，企业可以以一种清晰、有联系的方式将大量的数据可视化，并根据这些信息制定决策。从数据分析的速度看，图形格式分析也领先于电子表格分析，可以帮助人们更快地发现和解决问题。

（2）标识关系和模式：图形表示法作为一种大量复杂数据的展现形式有先天的优势。这种方法能直观地展现出数据中包含的相互关系和影响因素，以及数据间的密切联系。这些关系和联系即使在不明显的情况下，这个方法也可以帮助人们提炼和关注重要部分的信息数据而提高效率。

（3）发现新趋势：数据可视化对企业判别商业或市场趋势，确定并使用相对于竞争对手的优势起到了很大作用，进而影响其经济和社会效益；对于企业来说，产品销售过程中由于对用户购买行为进行分析，一些异常数据问题在萌芽状态就被解决了。

（4）便于沟通：人们通过可视化分析可以对业务进行深入了解，以便下一步与相关人员沟通情况。

2.1.6 数据可视化类型

数据可视化的具体应用主要有三种类型：科学可视化、信息可视化、可视化分析。图 2.1 显示了数据可视化与三种类型的相互关系。

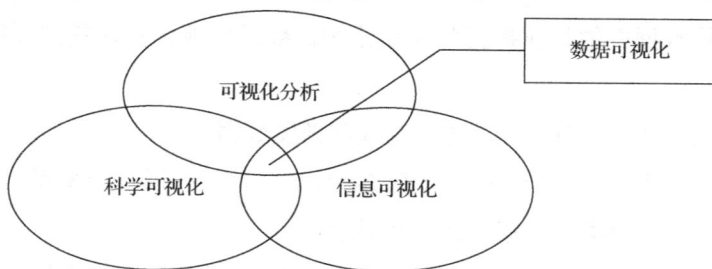

图 2.1 数据可视化与三种类型的相互关系

1. 科学可视化

科学界对空间数据和三维现象的可视化需求与日俱增，在气象学、物理学和农学等领域尤为明显。于是科学可视化作为数据可视化的新方向被建立了，作为计算机图形学的一个子领域和计算机科学的分支，其目的是用图形表示数据，以便科学家能够理解和分析这些数据的规律。

科学可视化历史悠久，甚至在计算机技术广泛应用之前人们就已经了解了视/知觉在理解数据方面的作用。

2. 信息可视化

信息可视化作为一个跨学科领域，使用图形成像技术开发大型、非数字信息资源（如软件开发领域中的代码行和编译文件）的可视化表示，目的是让人们容易理解和分析这类数据。与科学可视化处理具有自然几何结构的数据（如磁感线、液体分布等）类型信息不同，信息可视化侧重于抽象的数据结构，如非结构化文本或高维空间中的点（这些点没有固有的二维或三维几何结构）。人们在日常工作中使用的柱状图、组织图和树状图都是信息可视化的使用实例，旨在将抽象的概念转化为视觉信息。

信息可视化起源于传统的统计图形等信息图形和视觉设计。信息可视化包括信息可视化、科学可视化和视觉设计等领域的所有发展和进步，让人们表达抽象信息的手段和方法更加直观。人类眼睛通往心灵深处，用户看到、探索甚至理解可视化信息是通过各种表达形式与交互技术的应用达成的。信息可视化中的柱状图如图 2.2 所示。

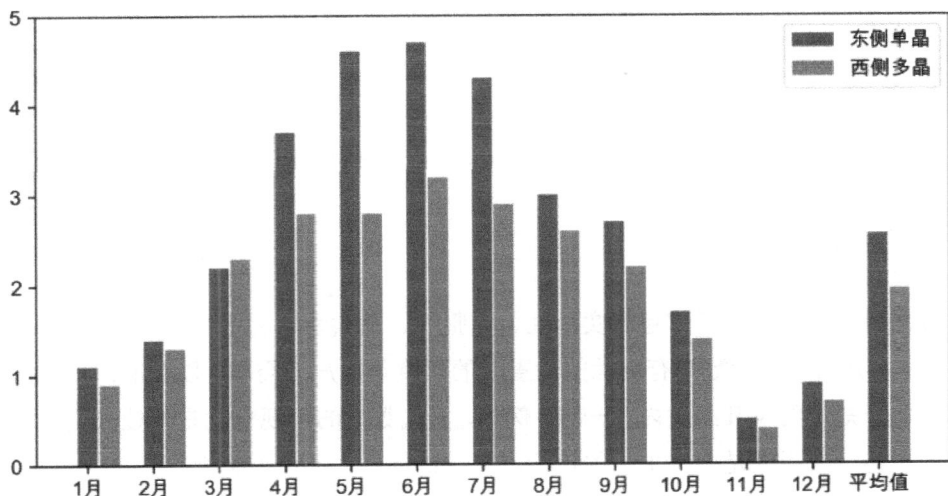

图 2.2　信息可视化中的柱状图

3．可视化分析

可视化分析借助交互式的用户界面进行数据的分析与推理,是科学可视化与信息可视化领域的共同产物。

可视化分析作为一门综合学科,它的出现使得人类的信息话语有了新的来源,即利用计算和基于理论的工具,与创新的交互技术和视觉表示相结合来创造。可视化分析的主要内容包含以下几点。

（1）分析推理技术：使用户能够获得直接支持评估、计划和决策的深入见解。

（2）数据表示和转换：用支持可视化分析的方式转换所有类型的数据和动态数据。

（3）分析结果的生成、呈现和传播的技术：以便在适当的环境中向各种受众传达信息。

（4）可视化表示和交互技术：允许用户查看、探索和理解大量信息。可视化分析的组成如图 2.3 所示。

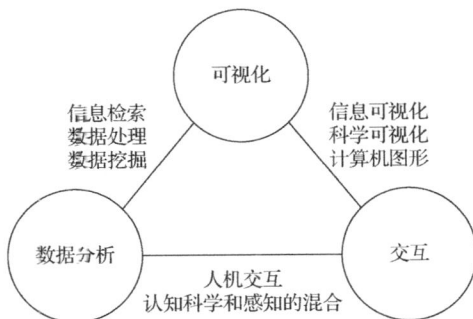

图 2.3　可视化分析的组成

从图 2.3 中可以看出，可视化分析在许多领域都有应用。在可视化方面，有信息可视化、科学可视化和计算机图形；在数据分析方面，有信息检索、数据处理和数据挖掘；在交互方面，有人机交互、认知科学和感知的混合。

目前，可视化分析的基础理论仍然在发展中，还需要人们更深入地探索和不断挖掘。

2.1.7 数据可视化标准

数据可视化的标准通常包含实用性、完整性、真实性、艺术性及交互性。

（1）实用性。衡量数据有用性的最重要的尺度是用户的需求，以及明确说明数据是否与人们想知道的及其相关内容一致。例如，天气数据的可视化就是要让人们对它产生直接的兴趣。实用性是一个主观的指标，在评价体系中不可被忽视。

（2）完整性。对于用户应该知晓和有助于全面理解数据的信息，可视化数据应该全面涵盖，并作为衡量数据完整性的重要指标加以规范。例如，呈现的数据类型，数据的背景，数据来自哪里，谁在使用它，期望达成的作用和效果，是针对一个活动的分析还是针对一个发展阶段的分析，是研究用户还是研究销量等。

（3）真实性。可视化的真实性涉及信息的准确性和是否基于事实。如果信息是令人信服且正确的，则准确度达标，反之，则准确度不达标。由此可以看出，在实践中，要确保各环节数据的真实性。

（4）艺术性。艺术性是指数据的视觉表现应该符合美学规则。不吸引人的数据图表不能吸引读者的注意，而美观的数据图表可以增加读者的阅读兴趣。通过使用良好的创意设计，可视化可以提供更高的视觉吸引力，有助于信息的检索。

（5）交互性。交互性是用户与数据的交互，方便用户控制数据。在数据可视化的实现中应多采用常规图表，并站在普通用户的角度，在系统中加入符合用户思维方式的交互操作，让大众用户也可以真正地和数据对话，探寻数据对业务的价值。

2.1.8 商业信息可视化概述

信息可视化技术是对数据的可视化增加交互，目的是提高人们对模式和知识的感知与识别。现在这门技术所处理的多是以简化和抽象为特征，经过统计分析和数据挖掘后的数据，其细节和整体结构是藏在其复杂的数据结构之中的，而信息可视化可以很好地还原甚至改善这些结构和细节，减少有用信息中的干扰。

二维的统计图形以信息图形、视觉设计等现代技术为载体，成了传统信息可视化的主流。但在这个数据爆炸的时代，信息可视化也面临新的挑战，即如何在有限的演示空间内，帮助人们理解一个动态且巨大的信息空间并直接使用它蕴含的抽象信息，并且在这些信息中提炼特征，总结、发现可用的知识。

信息可视化按照数据变量进行分类，可以分成单变量数据可视化、双变量数据可视化及多变量数据可视化。其中单变量数据可视化的关注点是数据分布的总体情况、分布比例与密度，主要有柱状图、条形图、饼图、面积图、直方图、核密度图、箱线图等；双变量数据可视化主要关注两个变量之间是否存在某种关系及这种关系的具体形式，主要有折线图、散点图等；当处理三维变量或多维变量数据时，可以使用气泡图等。

信息可视化按照应用场景进行分类，可以分成基于比较的可视化、基于关系的可视化、基于组合的可视化及基于分布的可视化。其中基于比较的可视化注重对不同时间或各项数据进行比较，包括柱状图、条形图和折线图等；基于关系的可视化，强调变量之间的关系，包括散点图、气泡图等；基于组合的可视化，较适合强调部分占总和的比例，包括（完全）堆砌柱状图、（完全）堆砌条形图、饼图和面积图；基于分布的可视化，用于将变量的分布作可视化展示，包括直方图、核密度图及箱线图等。

另外，还有异构图形的可视化及文本与文档的可视化，它们不属于以上分类，是特殊图形的可视化。

信息可视化的工具有很多，常用的有 Axiis、CiteSpace、D3、Excel、Flare、Flot、Gephi、Loggly、Many Eyes、Processing、R、Tableau、Weka、Visual、ly 等。

2.2　感知与认知

2.2.1　视觉感知与认知

在各种可视化交互与可视数据处理分析操作过程中，用户通常被视为是所有执行可视化行为的主体。基于用户主体的各种感知部位得到可视化信息、编码，并直接处理形成各种视觉化认知。在各种基于互动的可视化数据分析的交互操作中，用户可以获得很多不同类型的可视数据问题的具体处理方法或对问题做出决策。在这个交互过程中，感觉与主体意识能力不同，会使得实时数据获取和可视数据处理都被影响，而这又直接影响人们对外部真实世界及环境的实时互动和反应。相关框架如图 2.4 所示，呈现出一个模拟数据用户在客观世界与社会环境中直接交互，进行各种不同可视性的数据处理分析与事务处理的简化模拟过程：首先通过自动或间接采用各种手动的可视化数据分析学习方法处理数据，如统计分析和机器学习方法；然后进行可视化，以帮助模拟数据用户充分理解数据；扇形范围代表模拟数据用户、可视化和可视数据处理三者共同协作组成的一个直接交互的简化模拟数据过程；多个不同的模拟数据用户加入时，他们之间交互产生群组合作的模拟效果；人类受客观存在的世界或仿真中数据源产生的数据的影响，而做出某些决策，实施某些行为活动。因此，人这一主体的作用不仅仅停留在用户交互，还会被数据影响思维和行动并反向作用于现实世界。

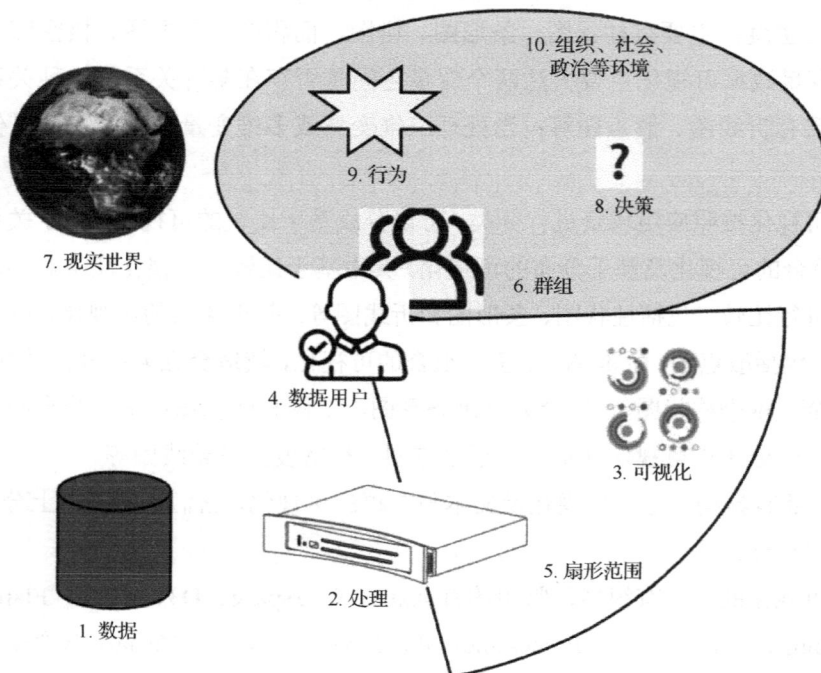

图 2.4 用户在客观世界与社会环境中进行数据处理与可视分析的框架

客观现实世界和人类虚拟现实社会中仍然存在并会连续产生大量的数据，人类大脑自动处理大数据的能力远落后于理解大数据知识的能力。人眼是一个高度独立并行的自动处理器官，人类的视觉系统有很高的处理"带宽"。AI 的蓬勃发展虽然使得计算机局部成功实现了低阶的视觉仿真，但对高阶的视觉模拟却仍然无法做到。此外，人眼直接扫描并正确理解图形符号、图像内容的能力，要强于直接感知文字等字符形式的非具体客观意义的信息。例如，某管理人员需要掌握 2021 年中某产品的月销售量等信息，则需要按照时间顺序通读销售数字报告，通读的同时大脑输入并存储了大量的信息，但是假如通过柱状图可视化表示方式实现销售数据的可视化，分析方法就一定得到了优化，用户在看到月销售量的具体数字的同时，可以轻松得到任意两个月甚至两个季度的数据对比结果，从而可以快速得出许多有助于分析销售方案的信息。

数据可视化技术是重要工具，可以将数据转化为用户易于感知和理解的可视化图形。这个过程涉及数据处理、视觉编码、视觉呈现和视觉互动，其中每一项都必须根据人类视觉感知与认知的基本原则进行优化。

2.2.1.1　视觉感知与认知的定义

感知可以简要定义为客观事物或事件通过感官感受后，传入人脑神经系统中的直接反应。目前人类的感觉方式有视觉、味觉、听觉、嗅觉及分布在身体的每个神经末梢所实现的触觉等。

认知过程是指推动人们通过认知程序活动进行获得、识别、转换、精炼、整合、编码、存储、检索、重构、形成概念、决策和解决实际问题的各种信息处理过程。其在认知心理学领域中的定义是一个遵循特定程序处理信息的系统，这样的系统具有一套处理流程，每个认知步骤组成了这个处理流程，如由接收信息开始，然后将信息转换为编码并存储，最后检索或使用信息。

① 信息获取指人体感觉器官收到来自客观世界的刺激，通过主观感觉的作用得到主观信息。

② 学习编码器可以保证后续各个认知学习阶段的有序进行。

③ 储存是信息在大脑里的保持。

④ 信息提取指以记忆中的历史线索为依据，寻找并提取出已经储存的相关信息。

⑤ 信息使用指对用户提取的相关信息数据进行自我认知上的加工。

2.2.1.2　视觉感知处理过程

心理学领域中的双重表征编码理论已经指出，人类感知系统的主要感知方向分为两个方面，即语言方面和其他非语言事物方面，而在其他非语言事物中视觉信息占很大比重。此理论表明了在人类认知范围中，语言信息的处理与非语言信息的处理都具有不可忽略的重要地位。人类可以在处理语言事物的同时处理非语言事物，这正是人类认知处理对象的代表性特点之一。除此之外，语言系统还有一个特征，即在处理语言的输入与输出时，直接通过口语表达或书面文字表达。与此同时，感知系统还兼备非人类语言系统各种客观存在事物、与人类行动有关的符号功能。任何人类语言双重表征符号编码功能理论都必须与这种双重表征编码理论功能保持互不排斥。此外，还有以图像和语言为表征单位的情况。图像单位是指心理图像，以局部与整体之间的关系为依据形成特征表达；而语言单位依据关联关系和等级形成特征表达。例如，提到某品牌汽车，人们可以在大脑中形成此品牌标志性的汽车外观的图像，然后通过语言描述脑海中的图像；也可以通过阅读描述汽车外观的文字，或听到一段描述性语音，然后呈现出汽车外观的心理图像。

实验还发现，以非常快的速度呈现一系列图像或文字之后，被试者所记住的图像远比文字多。实验结果表明，在非语言环境信息处理方面，大脑有显著优势。通俗来讲就是，大脑记忆信息时，更容易快速记住并理解视觉信息，而不容易快速理解语言信息。

由此可知，可视化技术有助于表现大量数据和处理信息。

感知视觉心理学家将视觉划分为低阶视觉和高阶视觉两类。低阶视觉可以被简单理解为基本视觉，泛指一个物体的基本物理视觉属性，包括色彩、形状、纹理、材质等属性。高阶视觉也可被理解为高级视觉，最终会落到物体的识别和分类这个目标，是人体感知与认知功能的重要组成部分。低阶视觉已经得到很多研究者的关注，并且被广泛研究发展。

除此之外，还有很多学者探讨的前注意视觉理论。前注意视觉理论的出现是为了尝试说明视觉突出问题。

2.2.1.3　格式塔理论

格式塔（Gestalt）理论实则来源于心理学领域的理论内容，即格式塔心理学。其诞生于 1912 年，属于心理学理论研究中稀有的理性主义理论。其与当今的建构主义、元素主义和行为主义的理论观点不同，该理论认为个体经验与意识行为要整体考虑，而不是单一的刺激就产生行为反应。

对格式塔心理学研究人员来说，眼睛看到的东西不及被感知到的东西（见图 2.5），组成一个体验现象的每个局部元素之间都是相互联系的，每个组成元素都有自己的身份。这样组成的整体并不是由它的单个元素定义的，但局部过程取决于整体的固有特性。一个完整的现象一定会具有完整元素特征，如果将其拆分成简单的元素，则特征就不再完整了。

图 2.5　三张图说明"感知的事物大于眼睛见到的事物"

格式塔心理学理论中有这样一种说法，其认为人类在观察行为过程中，通常以简单连贯并且对称有序的思维方式理解视觉感知到的内容信息。而在视觉感知过程中，人们也倾向于整体把握事物信息及客观规律，而不是将事物拆分为组成元素，然后看其总和。

格式塔心理学包括以下几种法则。

1. 贴近原则

当一些人们视觉上的感知元素在物理空间中具有较短距离时，人类大脑通常会将这种元素视为一组。如图 2.6 所示，两个图像均是由若干个图形元素组成的，但是构成左图的每个子元素之间的距离全部都是比较大的，所以这个图片给人的视觉结果是各个元素大概率不会被分为一组；而右图中有相对贴近的组成元素，也有明显相对较远的，因此人们更易于区别出其代表的形状和内容。

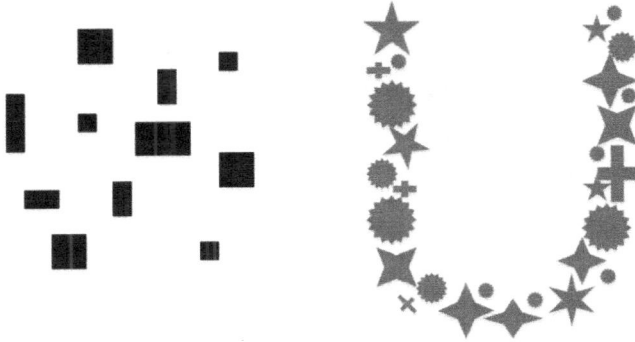

图 2.6　贴近原则举例

2. 相似原则

人们会自然而然地将感知内容相似度高的事物归为同一类别，如对形状、轮廓、颜色等特征的相似度感知。在图 2.7 中，房屋与"听众"的形状和轮廓相似，视觉上容易被归为一类。图 2.8 是一个描述男女身高和体重分布的散点图，用颜色视觉特点区分性别，深色全部代表女生，浅色全部代表男生。

图 2.7　相似原则举例

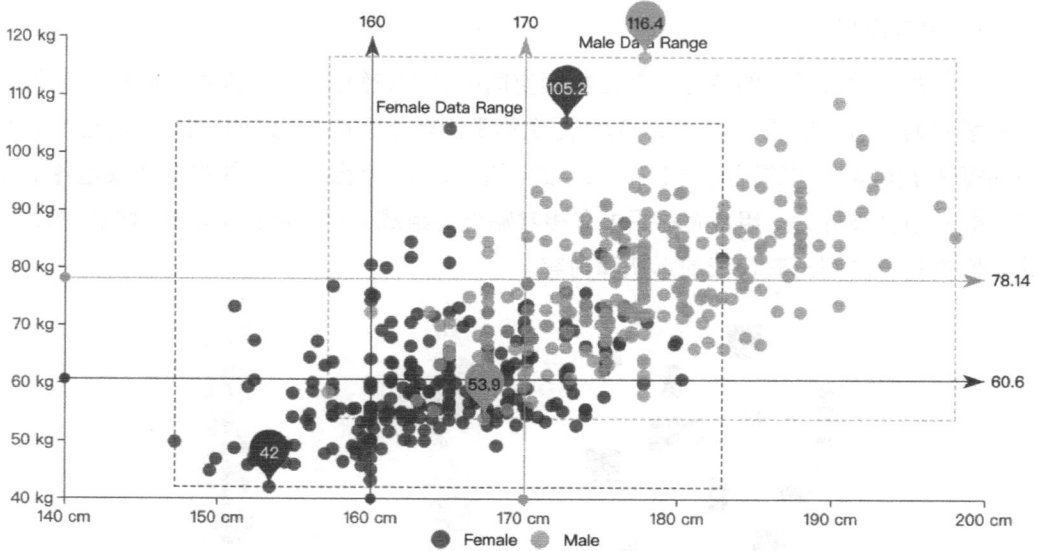

图 2.8　男女身高和体重的抽样分布

对上述两种原则进行总结，贴近原则和相似原则的根本区别是对数据分组时依据的是数据在空间中的距离，还是数据间属性的相似度。

3．连续原则

视觉系统识别到图像中有边界相连的部分时，大概率会判断其为同类事物，并且在人类的观察过程中，视线常常落在某点之后，沿着相连的区域继续观察，容易将本不属于统一类别的区域视为同一个整体。如图 2.9 中的左图，视觉效果很容易误导人们以为那是同一只猫的头和身体。再如图 2.9 中的右图因为图中两位球员的胳膊连续，仿佛是同一个人的胳膊，但是通过日常生活经验，人们可以感知得到，这并非是同一个人的胳膊。

图 2.9　连续原则举例

4. 闭合原则

有些可视化表达图像中物体的特征不是完整描绘出来的，但是格式塔心理学认为，即使某项属性特征不是完全展现出来的，只要已有特征足够表现出物体本质，人就可以忽略一定范围的不完整从而感知出物体实质。以图 2.10 为例，左图虽然并未详细描述有关鞋子的具体属性，但是人们仍能一目了然地判断出图像所表示的物体实质为何物；右图的三个大写字母外轮廓是断断续续的，但是依然不影响人类的视觉感知结果。

图 2.10　闭合原则举例

5. 共势原则

图像之中存在某些元素的排列趋势是有路径轨迹可寻的，那么此时，人的视觉就是通过共势原则识别出这些元素是属于统一类别的。我们可以通过实际情况对此原则进行理解，假如大量分散的点由左向右移动，而另一部分分散的点由上至下移动，通过视觉效果人们很容易感知到两组点属于不同类型。图 2.11 是一幅带有字母和符号的字符图像，其中的字符角度各异，但有一串水平正面显示的字符规则分布，人们在观察时很容易识别这一串字符。因此，有趋势的元素更容易被快速识别。

图 2.11　共势原则举例

6. 好图原则

好图原则是指人类视觉可以简单识别分辨出一组简单有规律的图形图案所代表的含义。人在认知客观世界的过程中是具备简化复杂事物的能力的，同样在认知图像中的描述时化繁为简有助于正确认知和理解图像中的描述，这种识别远高于三维空间关系。图 2.12 中分别是奥运五环标志和割裂的五个圆环。在描述这种形状时，人们倾向于使用一系列的基本圆形图案，而不将其复杂化。

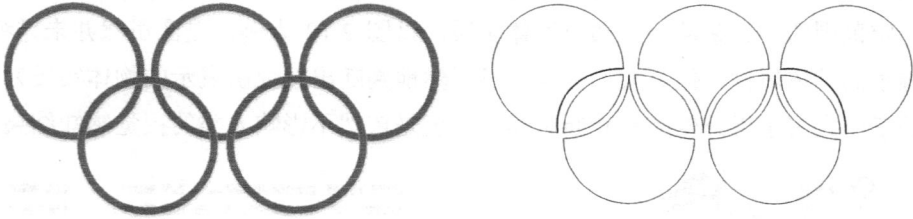

图 2.12　好图原则举例

7．对称性原则

对称性原则指人类很容易处理轴对称或中心对称等具有对称性的图形和图像。所以，当数据按照一定原则条件呈现对称分布时，对称的部分很大程度上会被直接识别出来是同类区域。两个相似的对称形状更有可能被视为整体。图 2.13 按性别为不同类别，展示了某国男女人口随年龄的分布情况。

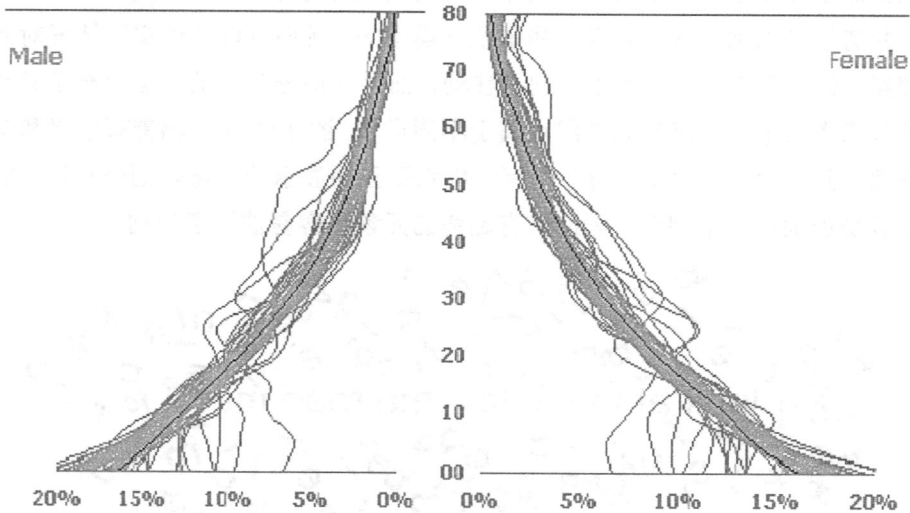

图 2.13　对称性原则举例

8．经验原则

经验原则是表示视觉所感知到的内容，与历史经验相关，即视觉感知在某些情况下与以前的经验有关。如果两个物体看起来很接近，则不是相同的两个事物也容易被划分到一起。图 2.14 横向看与纵向看分别为字母组成的字符串和数字组成的字符串，中间的"B"和"13"看起来是完全一样的，但是根据经验，人们就可以将其正确认知为字母和数字。

图 2.14　经验原则举例

通过上述讲解可以总结得到格式塔心理学的基本思想：认知视觉图形图像信息时的视角是由整体到局部，即首先看到图并进行整体性认知，然后观察图中的每个组成部分进行局部认知。设计可视化应该符合心理学领域中和感知与认知相关的理论内容。信息可视化是以图像方式或图形元素描述信息，并得到视觉图像。为了使用户快速理解信息，在其可视化设计构图中，需要将可视化信息编码在一个直观的数据可视化元素中显示，并结合用户对对象的心理感知、历史经验及图像可视化的认知过程。格式塔心理学是心理感知与认知研究范围中的复杂心理学研究所产生的理论。尽管目前格式塔心理学的部分理论对可视化设计没有产生实际影响，但是在现代视觉信息传达系统设计的基础理论和国际实践应用方面，格式塔心理学的理论基础及其相关研究成果都已经得到了广泛应用。

2.2.1.4　相关实验

1.　变化盲视

在诸如扫视、闪烁、电影剪辑等某些具有图像中断的过程中，人们在观察物体时对视觉细节的实质变化不容易察觉得到，此现象被定义为变化盲视（Change Blindness）。

有这样一个变化盲视的实验，实验内容是观察者正在观察一个视频表达的事件，事件主角在第一个镜头中的行为是从椅子上起身，第二个镜头中的行为是接电话。实验中的大部分观察者未发现两个镜头中主人公的人物和服装已经产生了微小的变化。此外，还有另一个变化盲视的实验，实验中一个身着红衣服的人向另一个人问路，在问路的过程中，换成另一个穿绿衣服的人继续问路，测试被问路人能否察觉得到其中的变化。在实验中有接近一半的人并没注意到问路人已经改变，本项实验表明了变化盲视除了在实验室中会发生，也会出现在实际的日常生活中。

2.　选择注意

在现实生活当中大家都会注意到这样一个现象，在专心致志地做某件事情的时候，就容易忽略掉周围发生的事情。人的视线和注意力聚集在某物上时，大概率很难同时感知到此外的任何其他事物，就算视线和注意力以外的事物的明显程度足以刺激到大脑皮层也无法感知到。

选择注意实验中要求 192 个观察者共同持续关注一个视频,视频中有 6 个人互传两个球,其中 3 个人穿白色球服,另外 3 个人穿黑色球服。将观察者分组,分别对不同颜色球服的人的扔球次数进行计数,并统计各组计数结果。但是在整个视频中间一直有穿大猩猩服装的人从画面中穿过,实验结果显示有 54% 的观察者发现了这个问题。

如果想引领用户注意到某些事物发生变化,将变化可视化可以有效地增加其被认知的可能性。

3. 遗忘进程

遗忘进程的实验选择了大量大学生接受实验测试。实验为每个被试者播放 3 个辅音字母的声音,然后又播放 3 位数的声音,要求被试者迅速说出这个 3 位数连续减 3 的结果,接收到停止指令时停止减法计算,并回答出最开始的 3 个辅音字母。连续减 3 的运算时间分别设置为 3s、6s、9s、12s、15s、18s,以形成多组实验。对比多组实验结果,研究人员观察到以下现象:减法运算时间间隔为 3s 时,被试者平均正确率为 80%。准确率会随着时间间隔的增加而呈现出显著下降的趋势,时间间隔为 6s 时正确率为 55%,时间间隔为 18s 时正确率为 10%。总结实验数据我们可得出结论:短时记忆存储信息时间较短,如果不重复,那么大脑就会很快忘记。

记忆为人类的认知行为提供了重要支撑,但是工作记忆是有限度的,在设计可视化时人们应考虑如何在增强记忆方面提供一些辅助。

4. 认知偏差

视觉感知是人们认知所处环境中的信息的主要工具。可视化期望视觉感知具有一致性,简单来讲就是每次投入相同的条件,施加一样的刺激,期望得到一样的结果。但是视觉感知并非是顺序上由上到下的感知。低阶视觉和高阶视觉都会对视觉感知产生影响,而向前的刺激也可能造成视觉感知偏差,使我们的感知结果也产生不同。

启动(Priming)效应是指人类的反应受到先前感知的刺激物影响的现象,表示人类受到先前感知刺激而影响反应的现象。例如,要补全英文单词"so_p",如果被试者在很短时间之前看到一张喝汤的照片,那么可能补入字母"u";如果被试者在此之前经常看到与肥皂相关的图像,那么可能会填入字母"a"。锚定(Anchoring)效应表示历史接受的刺激会为后来的刺激提供参考。例如,若已经给出冰激凌的卡路里值,则在估计西兰花的卡路里数值时,人们会猜测比冰激凌卡路里值低的数字。

2.2.2 颜色

颜色设计在信息可视化与视觉设计中居于重要地位,恰当的颜色设计可以有很好的视觉信息表达效果，为信息编码提供优质解决方案。此方案的具体内容是把数据转换为颜色，颜色属于数据编码的基本手段。视觉设计时要将数据转换生成一个可以展示在输出设备上的彩色图像，优秀的色彩使用技巧可以增强视觉化表现能力，提升视觉美感效果。

光学理论上的颜色是与物理学研究领域中的成果息息相关的，是由可见光（电磁波动能）与环境相互作用后输入人的眼中，通过一些物理变化及化学变化形成的电脉冲。此形式的信号有助于大脑处理并感知到色彩。色彩视觉是物理与人类心理相互作用的结果，表明了不仅光的物理学特征影响着色彩感知，还有人的心理、外界环境等许多因素都会造成影响。

2.2.2.1　颜色刺激理论

1．人眼与可见光

人眼获取可见光，收到电磁波信号的刺激，大脑皮层接收信号并生成对色彩的认知。但是其仅属于整个电磁波谱中的一小部分。棱镜等色散系统会将复杂的色光分割，并且以光的波长或频率等属性的数量级为依据进行排列，然后生成彩色图像。电磁波波谱和可见光如图 2.15 所示。

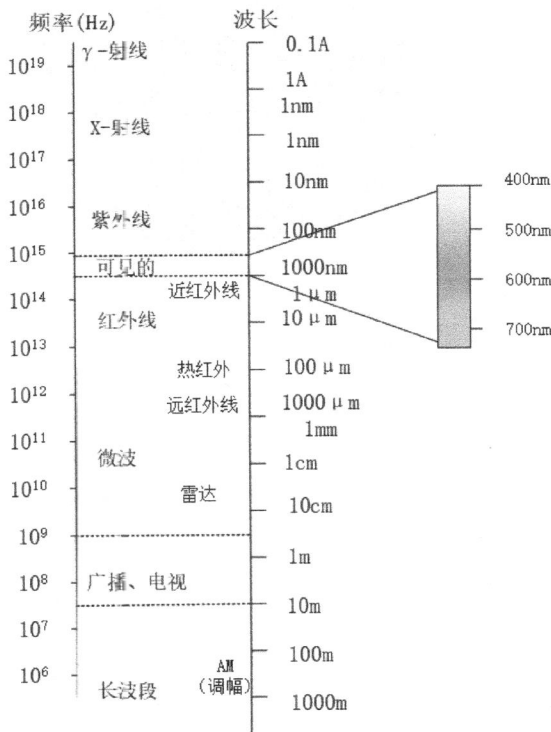

图 2.15　电磁波波谱和可见光

历史上牛顿做了一项重要的实验，被称为太阳光色散实验。这个实验之所以重要，是因为本实验让人类首次意识到光客观的可定量特征。通常人眼能够感知的可见光波范围区间是 390～750nm。但是存在某些人眼能分辨的颜色，却不能从可见光谱中找到的情况，如人眼可识别的粉红色和洋红色等色彩在可见光谱中就无法找到，此类颜色统称为合成色。合成色是由光谱中的不同波长颜色合成的，光谱中的颜色也可以被理解为是单色。

人类通过眼睛获取环境中的大部分信息，其可获取的信息量远高于其他人体感觉器官。成人眼睛是一个如图 2.16 所示的球形晶状体，其直径大约为 23mm，图中通过横截面展示出了光线进入眼睛的轨迹路径，即由角膜进入，通过虹膜、瞳孔和晶状体，最后映射到视网膜上。有 6 块肌肉在人眼中控制视线方向，并且为人眼提供了固定的支持。

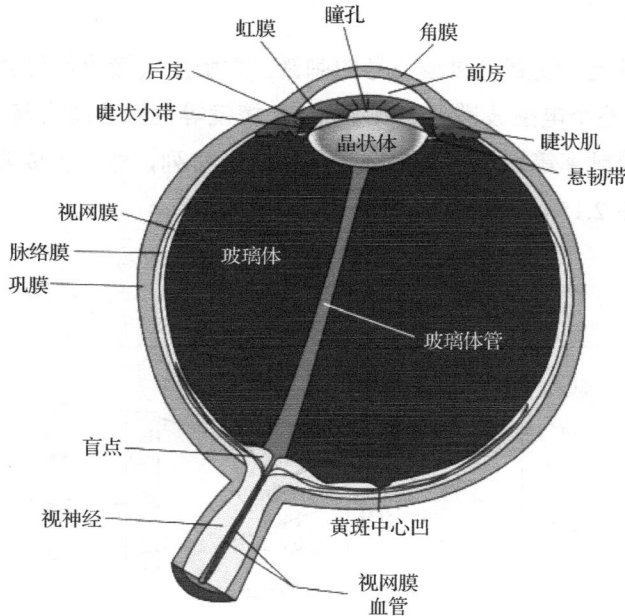

图 2.16　人眼的横截面

为了便于理解，可以将人眼的光学系统比喻为照相机系统。人眼光学系统的最外层结构是角膜，其不仅可以保护眼球内部，最重要的是可以将光线聚焦于晶状体。瞳孔的收缩与扩大由径向肌肉控制，可以有效自动控制光线输入量，相当于照相机系统结构中的光圈结构。晶状体实质上是一个凸透镜，睫状肌可以调节"凸透镜"的焦距，使人们从不同距离不同环境中自动聚焦，达到看清物体的目的。光线在人眼中传输的终点在视网膜，视网膜上无数的光感受细胞联合协作捕获映射过来的信息，并通过视觉总神经通知大脑，通过复杂的变化和过程感知外界事物的基本视觉属性。

在生理学领域，研究人员研究出了两类主要的人眼视网膜上的光感受细胞，分别为杆状细胞和锥状细胞，其中杆状细胞的数量有 $75 \times 10^6 \sim 150 \times 10^6$ 个，锥状细胞的数量则只有 $6 \times 10^6 \sim 7 \times 10^6$ 个，这些细胞在眼球后半部的中心区域均匀分布。在视网膜中央有一个被称作黄斑中心凹的部分，那里只有锥状细胞而没有杆状细胞，大约每毫米存在 147 000 个。正是这样的高密度分布使得视网膜的这一区域视觉清晰度最佳。视网膜所含有的细胞数量再多也并不是无穷的，因此一定时间段内人眼能接收的视觉信息量也不是无穷的。

杆状细胞作为视网膜上众多种类的感受细胞之中对光刺激最为敏感的那个，其敏感度要高于锥状细胞 10 倍甚至更大，因此其通常具有很强的暗视觉（Scotopic Vision）。杆状细胞被广泛认为不具备感知颜色信息的能力，因此其视觉呈现的一般是灰度图像，能有效感应的可见光区间在 $400 \sim 700nm$。杆状细胞聚合成簇的工作原理使其在较弱光照条件下也具有很好的视觉敏感性。但是杆状细胞在白日明亮光线中得到的视觉刺激已经突破了饱和度，故无法对人类的视觉感知提供任何功能支持。

而锥状细胞刚好与之相反，其仅对明亮光的照射产生视觉反应，从而有了明视觉（Photopic Vision）的出现。每个锥状细胞均连接有一条独立的视觉神经，由此获得了清晰的视觉效果。锥状细胞可被进一步分为 L 锥状细胞、M 锥状细胞和 S 锥状细胞三种类型，分类依据的条件是，针对不同波长可见光的刺激所具有敏感度的大小。波长可以大概分为长波长、中波长和短波长三个范围的波长。锥状细胞在波长为 $564 \sim 580nm$、$534 \sim 545nm$ 和 $420 \sim 440nm$ 几个区间时的敏感度最高。在三种类型的锥状细胞中，S 锥状细胞的数量非常少，但是并不影响眼球在可见光谱中识别出全部颜色的能力。

2. 颜色与视觉

在物理学领域，光的实质是电磁波。电磁波本身是不带任何颜色的，我们看到的颜色实质上是人类大脑感知视觉系统接收到光信号后的处理结果。物体所代表的颜色受到各种因素的影响而产生个体差异，如组成物体的材料具有的特点、光中分布的波长差异及人的心理感受不同等。因此，颜色不仅属于一种心理生理学现象，还属于一种心理物理学现象。

颜色视觉理论中主要包含三色视觉理论和补色过程理论，二者是互补的。根据三色视觉理论，人眼的 L 锥状细胞、M 锥状细胞和 S 锥状细胞首先受到敏感波长范围的光信号刺激，然后形成色觉。补色过程理论则认为人的视觉系统通过一种对立比较的方式获得对颜色的感知，如黑色对应白色、红色对应绿色等。以上两个理论的内容说明了人眼感知色彩的过程。

3. 颜色视觉障碍

颜色视觉障碍指在正常光照条件下，人眼无法正确区分颜色，或者辨认颜色时有不同程度的非正确认知障碍。其中，最为罕见的是单色视觉，另外还有二色视觉和三色视觉，它们均为不正常的视觉。色弱即三色视觉，色盲即二色视觉。目前，有颜色视觉障碍的人口总数占世界人口总数的 8%，其中具有二色视觉的人口数量占比大于 2%。从生物学角度来分析，颜色视觉障碍是伴 X 染色体隐性遗传的疾病，但也有极少部分是后天出现的，如视觉神经或与视觉相关的脑组织损伤所导致的视觉障碍。所以男性的患病可能性要大于女性。

世界上大约 6%的人口患有色弱，即三色视觉，他们的主要症状是区分颜色的准确率低，辨认颜色能力减弱。形成这种问题的原因是视网膜上的某种锥状细胞的功能发生变化或轻微受损。红色弱、绿色弱和蓝色弱是通过锥状细胞类型的不同划分的三类色弱。L 锥状细胞对光的敏感性发生改变会导致红色弱，红色弱的表现是患者无法正确清晰辨别红色与绿色。M 锥状细胞对光的敏感性发生改变会导致绿色弱，其表现也是患者无法正确清晰辨别红色与绿色。蓝色弱是因为 S 锥状细胞对光的敏感性变化导致了患者分辨不清蓝色与黄色，但是相比于上述两种色弱，蓝色弱非常罕见，也有相关研究表明其患病因素与性别无关。

二色视觉即日常生活中人们所说的色盲，其产生原因一般为三种锥状细胞中的某一种停止工作或缺失，从而导致人眼的视觉空间与实际的空间维度不同，实际客观存在的空间是三维的，而色盲会使人眼视觉空间变为二维，使人错误感知颜色。虽然红色盲与绿色盲产生的原因是细胞类型不同，识别颜色的表现也不一样，但最终都表现为红色绿色区分不清，所以同属于红绿色盲。蓝色盲有时还会被称为第三色盲。单色视觉障碍比较罕见，而且是颜色视觉障碍中最严重的状况，其患者被称为全色盲，全色盲是几乎没有辨认任何颜色的能力的。

由于世界人口中色盲的比例很高，因此在设计视觉色彩方案时应考虑到此类特殊情况，如果可能的话，应使用有效的色彩方案，使可视化的内容向所有用户传达其包含的信息。

2.2.2.2 色彩空间

色彩空间是一个抽象的数学模型，因此也会被称为色彩模型。它是通过三至四个甚至更多的数据值表示色彩的方法。因为人眼的视网膜中有三种类型的锥体细胞，相当于拥有三种光感受器，因此描述颜色按理来说只需要三个参数。例如，常见的 RGB 色彩空间和 HSV 色彩空间都体现了三个参数变量即可描述的特点。RGB 色彩模型属于一种三原色加法模型。

可视化系统是需要设置不同可视化元素的色彩值的，这样才能实现使用颜色信息为数据编码的目标。一个视觉上直观、结构简洁的用户界面有助于使用者便捷操作选择颜色。由于某些应用历史原因，在不同的应用场景中，颜色定义方式也是不一样的，所以色彩空间不是全部相同的。生活中有很多设备所使用的色彩空间都是不同的，如显示器用的是 sRGB 色彩空间，而打印机使用 CMYK 色彩空间。色彩空间所能表达出的颜色并不能完全涵盖人眼能识别出的所有颜色，不同色彩空间之间可以相互转换，但是不一定能保证转换过程是没有损耗的。现在常用的色彩空间主要有 CIE *XYZ*/CIE *L*a*b** 色彩空间、RGB/CMYK 色彩空间和 HSV/HSL 色彩空间等。

1. CIE *XYZ*/CIE *L*a*b**

CIE 1931 *XYZ* 色彩空间在定义时采用的抽象数学模型，并且此色彩空间是通过实验得到的。接下来我们描述国际照明委员会（CIE）规定的标准观察者测试的实验过程。实验中屏幕设置为一个视角为 2°的圆形，屏幕的 1/2 投影被测试颜色，观察者可调整的颜色投影在屏幕的另一半。可调整的颜色是由三原色之间融合形成的，每一种的色度不可变但是亮度可变。人们认为调整光的三原色的亮度可以近似得到与测试颜色相同感觉的颜色。但是这种方式也会有调节不出来目标颜色的情况发生，测试者可以用添加到测试色中的原色及另外两个原色的混合物解决此类问题。此时，增加到测试颜色上的原色的亮度被认为是负值。测试颜色是只有单一波长的光谱颜色时，根据三种原色的明度值生成波长的函数图像，三个函数叫作颜色匹配函数，CIE RGB 颜色匹配函数如图 2.17 所示，它与这个特定实验相关联。CIE 标准观察者实验里规定红绿蓝为三原色，三原色的波长分别为 700nm、546.1nm 和 435.8nm。

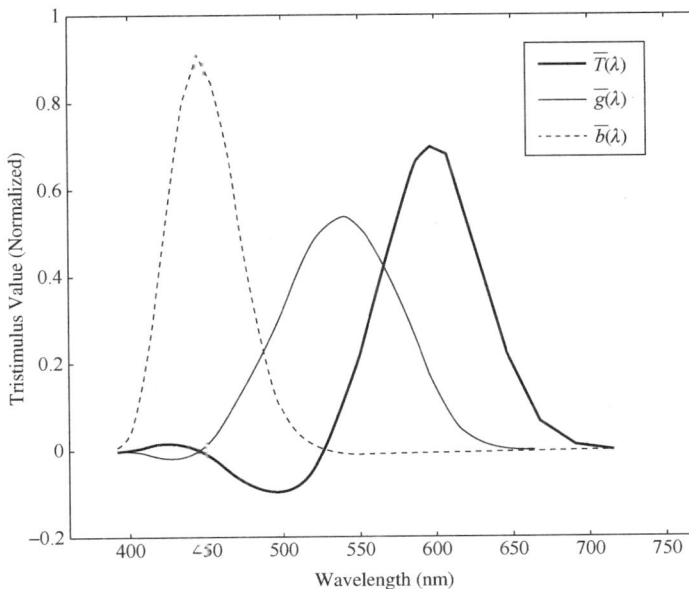

图 2.17　CIE RGB 颜色匹配函数

由于不存在负数的光强度值，1931 年 CIE 提出 CIE 颜色系统，并在 CIE 颜色空间 RGB 的基础上定义了三种假设的标准原色 X、Y 和 Z，分别代表红、绿和蓝三色，得到的颜色映射函数都是正的。

但是 CIE 1913 XYZ 色彩空间并没有能够直接精确地估计色彩差异的解决方案。详细地说就是在此色彩空间中，对两个颜色的 X、Y 和 Z 值计算欧几里得距离得到的结果是不能表示两种颜色感知差异的。将 CIE 1913 XYZ 色彩空间改进后得到 CIE $L*a*b*$ 色彩空间，为了保持感知上的同质性，其设计时完全以人类的视觉感知为基础，设计巧妙之处在于利用 $L*$ 值的分布与人眼对亮度的感知紧密匹配，还有实现色彩匹配时是通过改变 $a*$ 和 $b*$ 成分的色标达成的。CIE 色彩空间的 $L*a*b*$ 所能表示出的色彩范围远远大于人类视觉，所以本色彩空间中表示出的某些颜色在客观世界中是找不到的。

2. RGB/CMYK

RGB 颜色模型在定义颜色时采用的是笛卡儿坐标系。将三条坐标轴分别标记为 R、G、B，依次代表的颜色成分含义为红色、绿色和蓝色。直至今天，RGB 颜色空间仍是被普遍选择使用的色彩空间。坐标系中的原点表示黑色，由原点到坐标系中其他各点形成的矢量代表各种其他颜色。生活中很大一部分电子设备的显示屏幕都采用的 RGB 色彩空间。RGB 色彩空间中相同的一组 RGB 分量值在不同的设备上显示出的颜色不一定是一样的。在 RGB 色彩空间中所有的颜色都是在黑色背景上叠加不同程度的三原色混合而成的，因此 RGB 色彩模型被定义为加法原色模型。目前在人们的生活中电视等电子设备的显示屏幕以 LCD（Liquid Crystal Display）和 OLED（Organic Light-Emitting Diode）等材料为主，用三个红、绿、蓝子像素构成像素，电路通过对子像素的明暗度进行调节与控制以实现不同颜色的显示。

CMYK 通常在印刷行业中广泛应用，在相片、彩色喷墨打印等彩色印刷制造系统中普遍使用。CMYK 中每个字母代表的含义依次为青色（Cyan）、品红色（Magenta）、黄色（Yellow）和黑色（Black）。从理论上来看，CYM 三种颜色叠加可以混合得到黑色，但事实上在真正的印刷过程中并非如此，CYM 三种颜色混合得到的颜色更偏向于深褐色或深黑色。这是油墨中含有杂质等其他客观因素导致的。此外，打印三种颜色的混合色时输出的纸张很难迅速变干，而且对套印技术的精确度要求比较高，实现起来具有困难，此时选择黑色的油墨可以减少花销。CMYK 模型与 RGB 模型的原理刚好相反，CMYK 模型属于减法原色模型，以白色为背景叠加不同数量的三种颜色完成打印，油墨吸收光的波长得到反射颜色。油墨种类不同、介质差异及印刷特性不同，会形成不同的 CMYK 色彩空间。

由上述两种色彩空间的介绍可以知道，电脑屏幕大多数使用 RGB 色彩空间，而打印时使用的色彩模式大多为 CMYK。因此有时候打印出来的图像与显示器屏幕上的图像在视觉上色调会有些偏差，造成这种现象的主要原因是，两个模型能表示出的色域是不一样的。所以在设计可视化方案时，假如可视化图像需要最终呈现在纸张上面，那就不需要提前设计解决方案，进而避免在不同色彩空间中转化造成的颜色改变。

利用传统的 RGB 技术展现纯白色时，不仅成本高而且亮度不足。因此，最近几年出现许多公司利用 RGBW 新技术显示纯白色，这个技术主要是通过不含滤色材料的子像素构成纯白色。例如，三星公司开发的 PenTile，索尼公司开发的 WhiteMagic。

3. HSV/HSL

RGB 色彩空间和 CMYK 色彩空间都是通过混合原色的方式生成目标颜色的，但是前者属于加法原色模型，后者属于减法原色模型。但是以上两种模型不是特别符合人类对颜色的感知方式。人们在看到颜色、理解颜色最后判断出颜色结果的感知过程可以概括为，首先看到属于什么颜色，然后理解这个颜色的深浅和亮暗程度。此外，对色彩有研究的艺术工作者也不经常使用那些不好解释的原色模型。因此这类色彩模型形成颜色的方法和方式与人类认知颜色的思考方式相背离。举个例子，假设在这个 RGB 色彩空间立方体中表达"天蓝色"时，(r, g, b) 对应的三原色值为（1/5，3/5，4/5），但是人们很难通过给出的颜色分出三个原色分量的具体数值，也很难记住每个分量变换并混合后大概会形成什么样的颜色。

从艺术领域分析色彩的使用可以得到一些经验，画家在调色时多使用色调、深度和灰调等术语。若想调节色调可以在某颜色中添加白色，若想调节深度可以添加黑色。根据这种经验结论，1978 年 Alvy Ray Smith 提出了 HSV 色彩空间，同时 Joblove 和 Greenberg 共同研究并提出了 HSL 色彩空间。1979 年，美国计算机图形标准委员会开始提倡色彩设计使用 HSL 色彩空间。在计算机图形中使用这两种颜色空间具有很多优点，比如它们比 RGB 色彩空间直观性强；与人类描述色彩的思维方式一致；与 RGB 色彩空间可以快速灵活转换。

HSV 与 HSL 色彩空间并非两个完全相同的色彩空间。HSV（Hue Saturation Value）色彩空间中的三个字母分别代表色相、饱和度和明度。在当前颜色基础上添加白色可以实现降低饱和度的目的，添加黑色可以实现降低明度的目的。而 HSL 色彩空间中的最后一个变量与前者不同，L（Lightness）指亮度。

在 HSL 色彩空间中，虽然有的颜色非常暗，有的颜色非常明亮，但是二者却可能拥有一样的饱和度。例如，现有两个颜色，通过 HSL 色彩空间表示分别为＜0，1.000，0.102＞和＜300，1.000，0.965＞（RGB 色彩模型表示为＜51，0，0＞和＜255，238，

255＞），我们可以看出两个颜色的饱和度值均为1，这种情况不符合人感知颜色纯度的自然规律。由此我们考虑引入"色度（Chroma）"的概念，然后通过双圆锥体构建 HSL 色彩空间。因此，上述示例中两种颜色的色度值都小于1。

4. 绝对色彩空间与相对色彩空间

绝对色彩空间可以独立准确地表示颜色而不依赖某些外部条件，相对色彩空间却不能通过一组数值就得到人可以正确感知的色彩。CIE $L*a*b*$ 即一个绝对色彩空间模型，集合＜$L*$，$a*$，$b*$＞用来精确定义某颜色，不同数值组成的集合＜$L*$，$a*$，$b*$＞与其代表的颜色是一一对应的。

RGB 色彩空间属于一种相对色彩空间。RGB 颜色空间中不同数量的三原色混合可以得到不同的颜色，但是没有精确的数字来定义颜色。因此造成了同样的 RGB 图像在不同的电脑显示屏或其他输出设备上呈现的视觉不一样的情况。通过建立一个国际色彩联盟（ICC）色彩配置文件的方式，RGB 色彩空间即可转换为绝对色彩空间，其对 R、G、B 的精确特性有相关的规定。此方法作为行业标准得以应用，sRGB、Adobe RGB 等绝对 RGB 色彩空间均大范围得到普及。

2.2.3 视觉编码原则

可视化过程是通过某些转换和视觉编码处理原则进行数据转化，而成为各种视觉图像的。人们通过眼睛具有的视觉方式，实现对可视化表达的感知与理解。在数据可视化过程中，数据与视觉元素之间需要遵守一定的编码规则才能顺利转化，这些原则不能是与数据性质无关的，其应该与人的视觉感知相对应。若不遵循相关编码规则，则用户会难以理解甚至产生误解。

2.2.3.1 相对判断和视觉假象

人类感知系统的工作原理是由被观察事物进行相对判断而决定的。比如日常生活中对物体大小的描述，首先人们常常会先选择一个参照物，然后通过将判断目标与参照物相比较进行描述，重点在于通过比较相对参照物的大小变化，表述判断目标的大概大小情况。例如，描述为"西瓜比苹果大一些"这样的形式。但是，想要使相对判断结果具有很高的准确率是需要具备一些条件的。如果参照物相同或相互对齐会使人们判断的准确率提升。当两条线段既无参照物又未对齐[如图 2.18（a）所示]，而被随机放在同一平面中时，此时线段不仅没有统一参照物也没有两端对齐，单凭视觉观察很难一眼辨认二者的长短。但是假设有一条参照线段 C，分别放到两条待比较线段的旁边作为参照物，其与两条待比较线段是平行且对齐放置的，如图 2.18（b）所示，如此相互比较就可以通过参照线段比较两条线段的长短。因为此时人们会倾向于分别

比较图中 *A*、*B* 线段和 *C* 线段之间的长度差异，从而推断出 *A*、*B* 线段哪条更长。另外，还可以将待比较的两条线段平行放置，并且其中一个端点相互对齐，此时两条线段是互为参照物的[见图 2.18（c）]，利用这种方法也可以轻松比较线段长度。

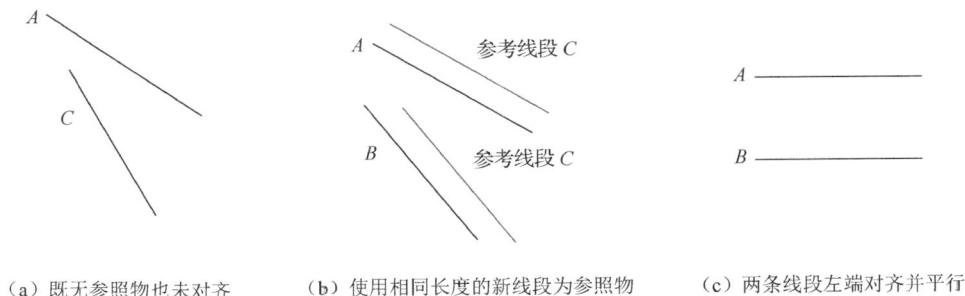

（a）既无参照物也未对齐　　　（b）使用相同长度的新线段为参照物　　　（c）两条线段左端对齐并平行

图 2.18　相对判断：尺寸

视觉假象（Visual Illusion）是指人们通过眼睛所获得的信息被大脑处理后形成的关于事物的感知，与事物在客观世界中的物理现实并不一致的现象。相对判断给用户提供了一种定性判断的有效手段，然而事物的上下文环境如果不合理，会导致判断的真实性失效。在图 2.19 中，线段 *A* 和线段 *B* 具有完全相同的长度，然而由于透视的上下文环境的设置，在感知上人们更容易得到 *A* 比 *B* 短的伪结论。

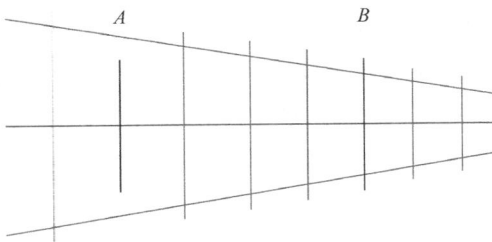

图 2.19　相对判断和视觉假象：长度

另外，一些视觉实验表明，感知系统对于亮度和颜色的判断完全是基于周围环境的，即人眼是通过与周围亮度和颜色的对比获得对焦点处亮度和颜色的感知的，因此在这种情况下，视觉假象将更加突出。例如，图 2.20（a）所示为美国麻省理工学院教授 Edward Adelson 发布的一个阴影假象图像，被标记的两个正方形格子 *A* 和 *B* 看上去具有明显不同的灰度（*B* 比 *A* 亮）。然而，通过增加一个灰色条带连接 *A* 和 *B*[见图 2.20（b）]或覆盖图中正方形 *A* 和 *B* 以外的区域[见图 2.20（c）]，可以发现，正方形 *A* 和 *B* 实际上具有相同的亮度。这主要是因为，人们对于色块 *A* 和 *B* 的亮度的判断完全是基于它们的周围色块进行的。此外，人们对于颜色的判断也会受到周围环境的影响。

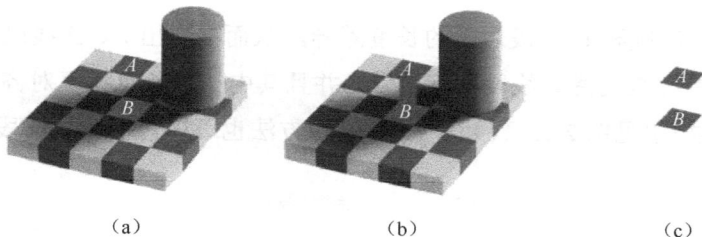

（a）　　　　　　　　　（b）　　　　　　　　　　（c）

图 2.20　相对判断和视觉假象：亮度

在信息可视化设计中，设计者需要充分考虑到人类感知系统的这种现象，以使得设计的可视化结果视图不会存在阻碍或误导用户的可视化元素。

2.2.3.2　标记和视觉通道

可视化编码是信息可视化的一个重要组成部分，是一种用视觉元素表示数据信息的技术，通常很直观、易理解和记忆。数据通常包含属性和数值，所以视觉编码也包括两个方面：标记（图形元素）和控制标记的视觉特征的视觉通道。首先数据属性与用于直观表示数据分类的视觉特征的关联；其次是数据值与用于表示数据属性定量信息标记的视觉表示特征的关联，两者的结合提供了数据信息的完整视觉表示。

在可视化中，标记物通常是几何特征，如点、线、面[见图 2.21（a）]；标记物在性质上是分类的，因此不同的标记物可以用来编码不同的数据属性。视觉通道用于控制标记物的显示特性，并定量描述标记物在视觉图像中的表现方式。一般可用的视觉通道包括标记的位置、长度、颜色和形状等[见图 2.21（b）]。视觉通道不仅是分类的，也是定量的，因此一个视觉通道可以编码不同的数据属性或一个属性的不同值。另外，作用于单个标签的多个视觉通道的组合可以用来编码多个属性或一个属性的多个子属性。

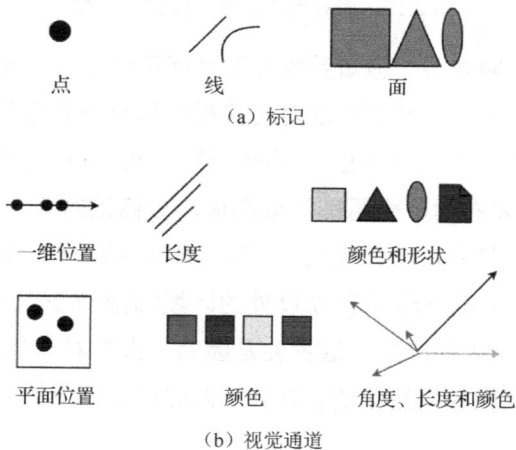

点　　　　　　线　　　　　　面
（a）标记

一维位置　　　　长度　　　　　颜色和形状

平面位置　　　　颜色　　　　角度、长度和颜色
（b）视觉通道

图 2.21　可视化表达的标记和视觉通道

　　标记可根据其空间自由度进行分类。视觉通道独立于提示的空间维度，在视觉通道控制提示的视觉特征的同时，也包含了对数据的数字信息的编码。之后，人类的感知系统通过视网膜将有标记的视觉通道传送到大脑，由大脑处理和恢复它们所包含的信息。

　　图 2.22 所示为一个可视化视觉通道的表达应用举例。图 2.22（a）表示了三个不同班级的数学平均分，该数据可以简单地使用柱状图表示，柱（矩形标记）编码了数学平均分这一属性，高度（视觉通道）编码了数学平均分这一属性的数据值。现在，需要增加语文平均分这一属性的可视化展示，我们可以通过一个竖直位置和一个水平位置分别编码数学平均分和语文平均分这两个属性[见图 2.22（b）]，从而形成了一个散点图（Scatter Plot）。散点图通过控制点在二维空间的精确位置，很好地展现了数据属性的值。然而，我们注意到事实上班级也是数据的一个重要属性，而这一属性在图 2.22（b）中被忽略了，因此我们引入颜色作为第三个视觉通道，用于编码班级这一属性[见图 2.22（c）]。如果此时需要展示班级的人数，我们可以引入尺寸这一视觉通道控制点的大小以编码班级人数的属性，结果将可能如图 2.22（d）所示。在这里，我们通过这个例子解释了标记和视觉通道的简单应用，但它本身并不是一个很好的可视化，事实上在图 2.22（a）中直接增加表示不同属性的柱状图的方式进行可视化可以得到更加直观的可视化结果。另外，本例仅展示了标记和视觉通道的简单应用，从完整角度而言，这个例子也缺少了必要的标注，希望读者注意。

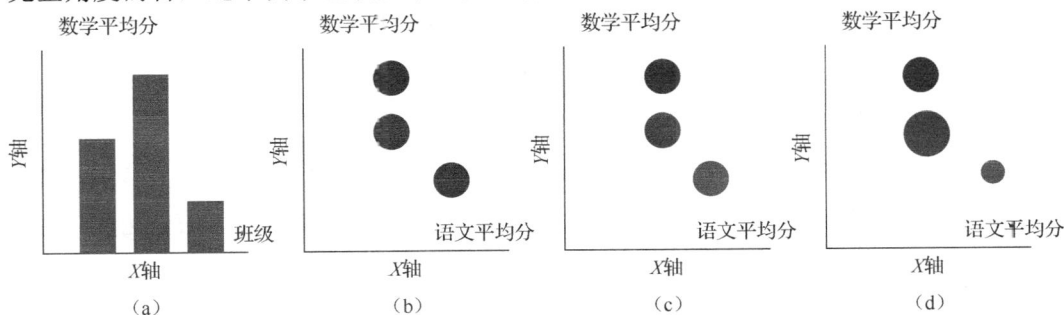

图 2.22　可视化视觉通道的表达应用举例

注：图中（b）中小球均为红色，（c）和（d）中小球自上而下分别为红、绿、蓝。

　　图 2.22 所示的例子使用一个视觉通道来编码一个数据属性，但也可以使用多个视觉通道来显示一个数据属性。虽然这使用户更容易吸收可视化设计中包含的信息，但在可视化设计中可以使用的视觉通道的数量是有限的，过度使用视觉通道来编码同一数据属性会导致视觉通道被耗尽而无法编码其他数据属性。

　　标记的选择往往是基于人们对所理解内容的直觉感知。然而，不同的视觉通道在传递信息的作用和能力方面可以有非常不同的特点。例如，人们对长度的理解可能比面积更准确。为了更好地分析视觉通道编码数据信息的潜力，并利用它们来实现信息的可视化，视觉设计师必须首先了解不同视觉通道的特点，并评估它们之间的相互作用。只有当我们理解了视觉通道的属性，我们才能有效进行数据所含信息的可视化。

2.2.3.3 视觉通道的类型、表现力和有效性

视觉感知系统是迄今为止人类已知处理能力最强的生物系统。在很大程度上，人眼能够从视觉符号中吸收比文字符号和数字符号多得多的信息。在可视化视图中表示数据信息的最重要步骤是数据信息的编码，即在将数据属性表示为标记后，标记的表示由可视化通道控制。

1. 视觉通道的类型

在人类的感知系统中，当涉及获得有关环境的信息时，有两种基本的感知模式。第一种感知模式获得关于物体本身的属性、位置等信息，对应于视觉通道的定性或分类特征，即描述物体是什么或它在哪里。第二种感知模式提供了关于物体属性的数字程度的信息，这与视觉通道的定量或序数特征相对应，即它描述了物体属性的具体数值。例如，形状是一个典型的定性视觉通道，即形状通常被区分为圆形、三角形或长方形，而不是用大小或长度来描述；此外，这三种形状不能指出具体的顺序。而长度则是一个典型的定量视觉通道，因为很明显，用户直观地用不同长度的直线来描述同一数据属性的不同数值，很少用它们来描述不同的数据属性，因为长线和短线都是直线。

在可视化设计中，有些视觉通道被认为是定性的，如形状、色调、空间位置，而大多数视觉通道更适合编码定量信息，如线性长度、面积、空间体积、坡度、角度、色彩饱和度、亮度等。然而，视觉通道的两类性质不具有明确的界限，如当把空间中的两个点到某一选定点的距离编码为数据信息时，空间位置也能用来描述定量的数据属性。

分组也是视觉通道的性质之一。分组通常是针对几个标记或几个标记的组合进行描述。最基本的分组渠道是接近性，根据格式塔心理学的相关理论，它使人类的感知系统能够自动理解相互接近的物体属于同一组。在图 2.23（a）和图 2.23（b）中，人们总是会试图根据这些点的相对位置对它们进行分组；很显然，在图 2.23（b）中，这一分组期望被实现了，人们很少会将它们看成独立的 10 个点。除了利用位置上的接近性，视觉通道的分组性质还可以通过显式连接、显式包围等方法实现，分别如图 2.23（c）、（d）所示。

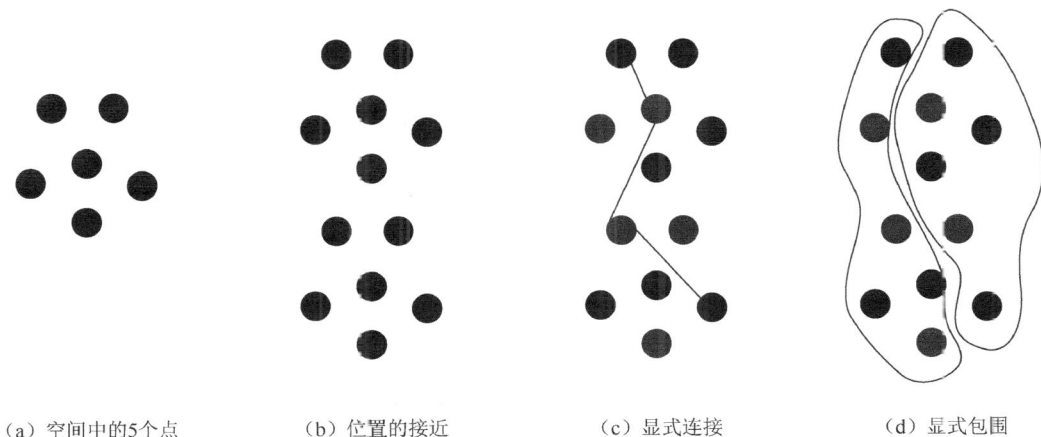

（a）空间中的5个点　　　　（b）位置的接近　　　　（c）显式连接　　　　（d）显式包围

图 2.23　分组的视觉通道

从方法学上讲，定性的视觉通道适合对数据的分类信息进行编码，定量或有顺序的视觉通道适合对数据的有序或数字信息进行编码，分组的视觉通道适合对数据的分类属性进行分组，其存在表达了数据的内部关联性。

2. 表现力和有效性

视觉通道的类型（定性、定量、分组）主要决定了不同数据所使用的视觉通道，而视觉通道的表现力和有效性则引导视觉化设计者选择合适的视觉通道来充分、有目的地呈现数据信息。简单地说，用更有表现力的视觉通道对更重要的数据属性进行编码，将有助于提高可视化结果的有效性。

视觉通道的信息价值要求它只对数据中包含的所有信息进行编码。换句话说，在对数据进行编码时，视觉通道应尽可能地与原始数据中包含的信息相对应。

人类的感知系统通过不同的视觉通道对信息有不同的理解和收获。因此可视化设计者使用高度表现力的视觉通道来编码更大的数据信息，以便用户能够在更准确且更短的时间内获取数据信息。例如，在编码数值的时候，使用长度比使用面积更加合适，因为人们的感知系统对于长度的模式识别能力要高于对于面积的模式识别能力。读者不妨试一试，在一张纸上分别画一个 10cm 长度的线段和一个 20cm^2 的矩形，然后比较一下精确度。视觉通道的有效性要求具有高表现力的视觉通道用于更重要的数据属性编码。图 2.24 所示为可视化领域内专家总结的比较通用的视觉通道的表现力排序。需要特别指出的是，这个顺序仅代表了在大部分情况下的正确性，而根据实际数据的特点和可视化设计的方法，各个视觉通道的表现力顺序也有可能存在相应的变化。

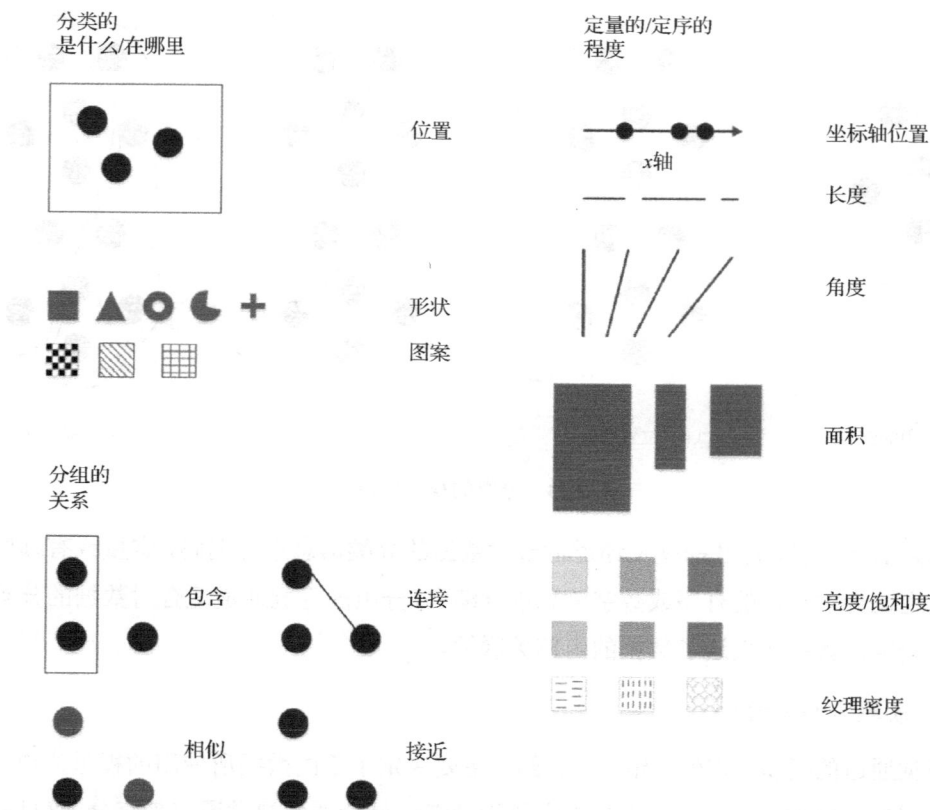

图 2.24   视觉通道的表现力排序

3. 表现力判断标准

1）精确性

精确性标准描述了人类感知系统对可视化的评价与原始数据的匹配程度。

表 2.1 所示为不同视觉通道在史蒂文斯幂次法则 $S=In$ 中所对应的 n 值，其中 S 是对大脑的知觉输出，I 是感觉器官感知的刺激值，n 是从 0.5 到 3.5 的亮度现值变化。当 $n<1$ 时，刺激信号是感官压缩的，即刺激的物理强度值在人体感觉器官中的变化不会导致人类对信号检测的相对反应。例如，亮度变化是典型的次线性物理信号，对亮度加倍后，人们并不能感到相应的两倍的亮度变化，这在一定程度上是因为人眼具有很高的宽容度和环境适应能力；相反，（通过人体指尖的）电流值则是超线性物理信号，加倍通过人体的电流值会给人带来超过三倍的感知上的变化；长度是线性的物理测量，也就是说，长度的测量值变化量与人类对长度的主观感知变化存在线性的联系。视觉通道的不同精确性影响了可视化对数据信息的还原程度，因此在表达定量数据的时候，通常会优先采用如一端对齐的射线的长度或柱状的高度等方法进行表示。

表 2.1　不同视觉通道在史蒂文斯幂次法则 $S=In$ 中所对应的 n 值

视 觉 通 道	亮度	唯度	面积	长度	灰对比度	电流
幂　　次	0.5	0.67	0.7	1.0	1.2	3.5

2）可辨认性

视觉通道可以有不同的数值范围，但如何调整这些数值，使人们能够区分两个或更多层次的视觉通道数值，这就是视觉通道识别的可辨认性问题。换句话说，就是在一个给定的数值范围内选择合适数量的不同数值，以便感知系统能够轻松区分它们。

某些视觉通道只有非常有限的取值范围和取值数量。例如直线宽度，人们区分不同直线宽度的能力非常有限，而当直线宽度持续增加时，会使得直线变成其他的视觉通道——面积。如果数据属性值的空间很大，正确的做法是将数据属性值分为相对较少的类别，或者使用数值范围较广的视觉通道。

3）可分离性

在同一个可视化结果中，为了方便数据分析和比较，设计者通常同时表示几个数据属性，而一个视觉通道的使用会干扰其他视觉通道的正确感知，从而影响用户对可视化结果所含信息的获取。

视觉通道的可分离性特征描述了其在被用于表达数据属性的时候，两两之间的干扰现象。一般而言，视觉通道的类型决定了它们之间在定义上的可分离性，然而由于人类视觉系统的特点，两个视觉通道的干扰现象会在某些条件下被放大而显现出来。例如，人们能更容易地区分适当尺寸的视觉通道上的颜色，而难以区分较小尺寸的视觉通道上的颜色，视觉通道可分离性举例如图 2.25 所示。在图 2.25（a）中，相对于图像尺寸和人眼的感知能力，圆的尺寸比较合适，因此圆的颜色也比较容易区分（深色和浅色）；而在图 2.25（b）中，圆的尺寸被缩小后，其颜色的区分度也相应地受到干扰。因此，在可视化设计原则中，对于一个可视化结果中的不同数据属性的展现，应尽量选择可分离性好的视觉通道进行可视编码。

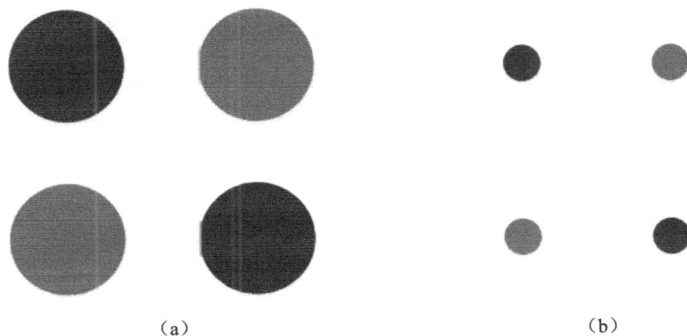

（a）　　　　　　　　　　　　　　　　　（b）

图 2.25　视觉通道可分离性举例

4）视觉突出

视觉突出是指在很短的时间（200～250ms）内，人们只用前向注意力就能直接感知到一个物体与所有其他物体的不同。这里的注意力是指对信息的无意识接收和处理。在信息可视化方面，视觉高亮效果可以在不改变背景中物体数量的情况下识别某些物体。我们通常称之为"万绿丛中一点红"，仅从字面意义上理解就是指从颜色这一视觉通道而言，人们可以非常快速地从绿色的干扰物体中发现红色的目标物体。例如，在图 2.26 的（a）、（b）中，人们通常可以根据图中圆的颜色，在很短的时间内发现白色的目标圆点，并且不管白色的圆在图像中的位置如何，或者黑色的圆的数量如何，前向注意力都能起作用。因此，颜色通常被用于需要视觉突出的可视编码。同时，颜色也并非是唯一可被用于视觉突出的通道。在图 2.26 的（c）、（d）中，人们仍然可以根据图中形状元素的曲率的区别（圆和正方形），从干扰元素（圆）中找到目标元素（正方形）。但是我们可以发现，在图 2.26 中干扰元素的数量增加后，视觉突出的效果会被削弱，因为在这个例子中，色调视觉通道的表现力往往要大于形状通道的表现力。

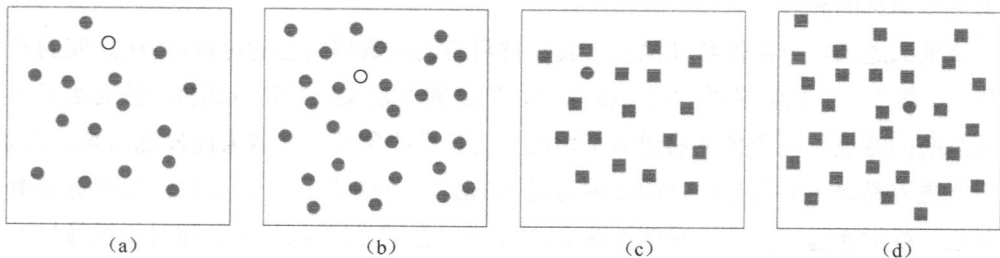

（a）　　　　　　（b）　　　　　　（c）　　　　　　（d）

图 2.26　视觉突出举例

2.2.3.4　视觉通道的特性

在可视化设计中，相同的数据属性可以使用不同的视觉通道进行编码，然而由于各个视觉通道的特点不同，当视觉结果呈现给用户时，被用户的感知与认知系统处理并获取的信息不尽相同。正确使用视觉通道是设计优秀信息可视化的主要因素。因此，本书主要讨论各个视觉通道的一些特性，指导设计人员在设计信息视图时使用视觉通道对数据信息进行编码。

1.　平面位置

平面位置是用于对分类和排序或定量数据属性进行编码的可视通道。此外，平面上物体的接近度也可以用来编码数据包的数据特征。平面位置是所有视觉通道中最特殊的。由于视觉设计通常在二维空间中，平面位置是最有效的，也是对任何数据都最有效的。因此，用什么数据属性对平面位置进行编码是设计者首先需要面对和解决的问题，其结果甚至将直接主导用户对于可视化结果图像的理解。

水平位置和垂直位置对应平面位置的两个不同的视觉通道。当数据属性为一维时，只能选择其中之一。水平位置和垂直位置的表达和有效性的差异比较小，但很多研究指出，由于现实世界中重力的影响，垂直位置的优先级会略高于水平位置，即在类似情况下人们很容易分辨出各人身高的差异。基于这种思想，显示设计比一般设计包含更多的水平像素，以便可以将水平方向的信息内容与垂直方向的信息内容进行比较。位置关系有助于揭示数据之间的关系。例如，数据是否主要集中在某个范围内，数据分布是否符合一定的统计规律，数据之间是否存在特定的趋势等。

除了选择数据属性，一般还要选择坐标轴来组织显示空间，决定图像元素在显示空间中的位置。坐标轴一般标有刻度，表示值的范围，同时每个刻度标注具体数值。坐标轴通常还包括文字描述，以表达坐标轴的意义。坐标轴上的刻度是决定图形元素位置的重要因素，通常使用的是线性刻度。图形元素在空间中的位置，根据所对应的数据做线性伸缩。另一种常见的是对数刻度，通常用于显示指数增长的数据。

2. 颜色

在所有的视觉通道中，颜色是最复杂、最能编码大量数据信息的视觉通道之一，因此在视觉设计中也是使用最多的。关于颜色的感知原理和基本理论，已在前面的章节中讲述了，这里主要介绍其作为视觉通道的一些特性。

在视觉编码方面，颜色可以分为三个视觉通道：亮度、饱和度和颜色。前两个可以被认为是定量或顺序的视觉通道，而颜色与定性的视觉通道有关。在使用一般术语"颜色"时，它一般是指这三个不同的视觉通道的组合整体，因此"颜色"可以被认为是分类和定量的视觉通道。

1）亮度

亮度适用于顺序数据编码。但需要注意的是，亮度通道的区别很小。通常，在可视化中应使用少于 6 个的不同亮度级别。此外，由亮度对比度形成的边界现象比其他两个视觉通道（饱和度和颜色）的对比度更明显。由于人类感知系统是基于相对性进行判断的，因此当受到对比效应的影响时，人们对光的感知缺乏准确性。

2）饱和度

饱和度是另一个适合编码有序数据的视觉通道。作为一个视觉通道，饱和度和尺寸视觉通道之间存在非常强的交互作用，在小尺寸区域中区分不同的饱和度比在大尺寸区域中区分要困难得多。与亮度一样，饱和度同一性的准确性也受对比度效应的影响。

在背景等大块区域内，标准的视觉设计原则是填充低饱和度的颜色；对于小块区域，设计人员需要使用更亮、更饱和的滤色器，以便用户更容易识别。点和线是典型的小块区域的标记，因此使用饱和度编码具有不同意义的点和线时能够容易被辨认的饱和度层次较低，通常只有三层；对于大区域的标记，如面积，可以使用的饱和度层次则会略多。

3）色调

色调非常适合编码分类的数据属性，并且也提供了分组编码的功能。虽然它在表现力排序上处于"位置"之后，但可以为可视化增加更多的视觉效果，在实践中被广泛使用。

然而，色调和饱和度都面临着与其他视觉通道相互影响的问题。例如，在小尺寸区域中人们难以分辨不同的色调。同样，在不连续区域中的色调也难以被准确地比较和区分。一般情况下，由于色调属于定性的视觉通道，色调的明度和饱和度有很大不同，在不连续区域情况下，人们通常可以区分 6~12 种色调，而在小面积着色的情况下，可分辨层次的数量受视觉通道的互相影响会下降。人们虽然可以通过比较而相对容易地区分相邻区域的不同色调，然而在总体上，由于相同和相近的色调在多个不连续的区域内出现，人们在归类相同色调的同时，也倾向于将相近的色调划归为同一个范畴。

4）配色方案

在信息可视化设计中，配色方案关系到信息表达的美感和视觉效果。好的配色方案的可视化结果可以给用户带来愉悦的心情，使用户更有动力探索可视化中包含的信息；否则，它会使用户抵触可视化。此外，和谐的配色方案可以增加场景的美感。在设计可视化的配色方案时，设计师需要考虑几个因素：视图的用户群、可视化结果是否需要打印或复制（灰度）、视图的数据结构及其属性等。

由于数据具有定性、定量的不同属性，因此将数据进行可视化的时候需要设计不同的配色方案。例如，对于定性分类的数据类型，通常使用颜色色调视觉通道编码，因此设计者需要考虑的是如何选择适当的颜色方案，使不同的数据能容易地被用户区分（有时候还需要考虑到视觉障碍用户的需求）；如果是定量的数据类型，则通常使用亮度或饱和度进行编码，以体现数据的顺序性质。在进行可视化设计的过程中，设计师还可以使用一些软件工具来辅助设计配色方案，比如比较流行的 ColorBrewer 配色系统（见图 2.27）和 Adobe 的 Kuler 配色系统。在 ColorBrewer 配色系统中，用户首先选择数据的分类数量（定性数据的类别数量或定量数据的层次级别数量），然后选择数据类型（定性数据、顺序的定量数据或发散的定量数据），选择配色方案，最后在左下角显示相应的配色方案。另外，用户在选择配色方案的时候，可以限制选择色盲友好的、打印一致的或可复印的配色方案。ColorBrewer 配色系统能够根据定制选择出用色方案。

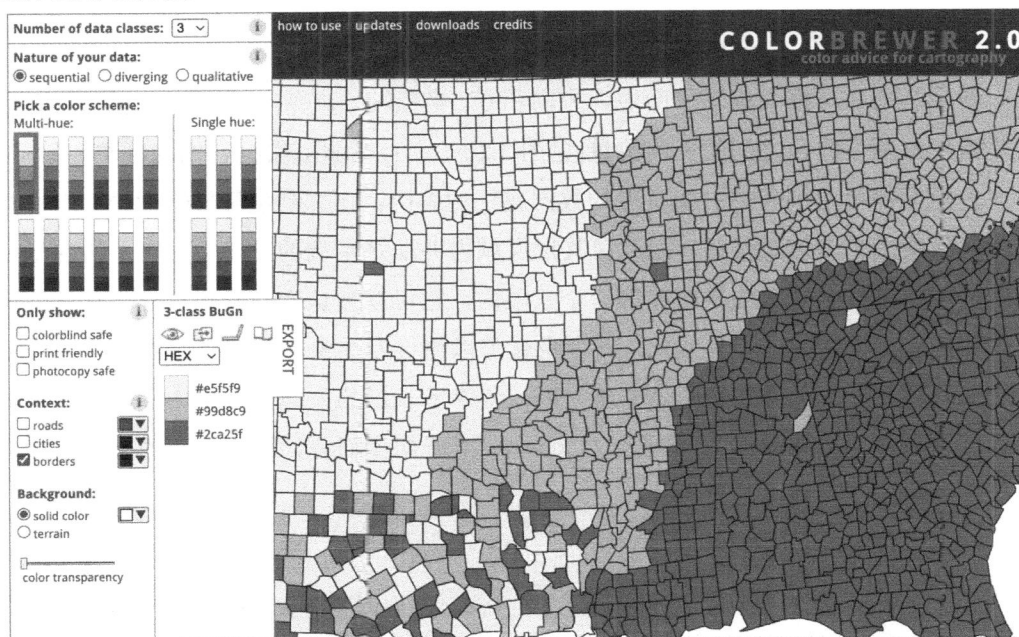

图 2.27　ColorBrewer 配色系统

Kuler 配色方案工具加入了社交功能，允许用户上传、下载、评价配色方案，受到不少用户的青睐。

3．尺寸

尺寸是定量或定序的视觉通道，因此适合编码有序的数据属性。尺寸通常对其他视觉通道会产生或多或少的影响（尺寸变小的时候），其他视觉通道所表达的视觉效果会被抑制。例如，人们可能无法区分很小尺寸的形状。

长度是一维维度，包括垂直维度（或高度）和水平维度（或宽度），面积是二维维度，体积是三维维度。由于通常把高维数据映射为低维数据，因此在可视化设计中建议避免使用不同维度的两个维度来编码不同的数据特征。人们对于一维尺寸的判断是线性的，而对多维尺寸的判断则随着维度的增加而变得越来越不精确，因此在可视化设计时可以使用一维的尺寸（高度或宽度）编码重要的数据属性的值，如柱状图等。

Alexander 等人进行了一系列针对英文单词的长度、字体大小和高度的认知偏差相关实验。通过实验发现，长度和高度会影响用户对字体大小的感知；同时相比长度而言，宽度对偏差的影响更大。尽管很少有可视分析任务对字体的相关因素有像素级的高要求，但这个实验表明字体的相关参数比之前人们认为的更有用处。

4. 斜度和角度

斜度是指在二维坐标轴平面中，方向和 0° 坐标轴的夹角[见图 2.28（a）]；而角度是指任意两条线段之间的夹角测量[见图 2.28（b）]。因此，根据它们的性质和特征，斜度和角度都可用于分类的或有序的数据属性的编码。在二维坐标轴平面中，斜度具有所属象限及角度值等性质，因此在其定义域内并非是单调的，即不存在严格的增或减的顺序。在二维坐标轴平面的每一个象限内，它可以被认为具有单调性，从而适合有序数据的编码。也正因为如此，斜度也就可以通过四个象限的区分来对分类的数据进行编码。另外，在相邻的两个象限之间，斜率所表示的方向表现出中性特征，因此也可以用来表示数据的偏差[见图 2.28（c）]。对于角度而言，根据角度的值我们可以将其分为锐角、直角、钝角。

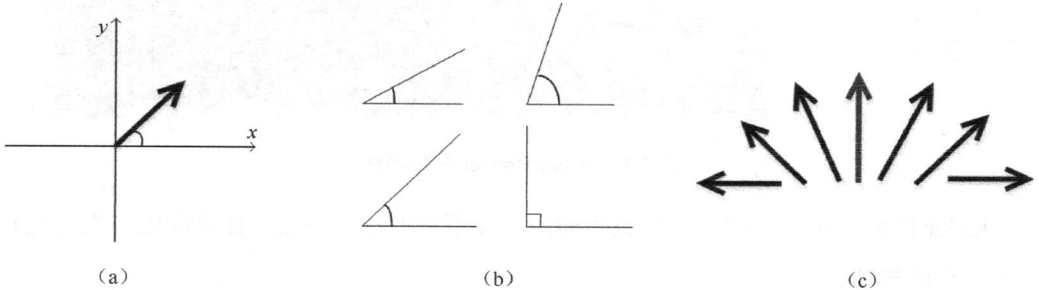

（a）   （b）   （c）

图 2.28　斜度和角度示意图

5. 形状

形状是复杂的人类概念系统中的一个包罗万象的术语。 视觉心理学家认为大小是人们可以通过前向注意力识别的少数低阶视觉特征之一。形状与其他视觉通道也存在着较多的相互影响。一般情况下，形状属于定性的视觉通道，因此仅适合编码分类的数据属性。图 2.29 所示为形状和颜色被用于编码城市图标。值得注意的是，在显示大量标识时，要尽量避免使用相似的形状。

图 2.29　形状和颜色被用于编码城市图标

6. 纹理

纹理可以被认为是许多视觉变量的组合，包括形状（纹理的基本元素）、颜色（纹理中每个像素的颜色）和方向（纹理中形状和颜色的旋转变化）。简单的纹理（如由虚线或点画线填充）被广泛地用来区分不同的物体。而具有不同颜色的形状也常常用作纹理。纹理通常用于填充多边形、区域或表面。在三维应用中，纹理一般作为几何物体的属性，用来表示高度、频率和方向等信息。同样，对于二维的图形物体，我们可以通过使用不同的纹理来表示不同的数据范围或分布。形状或颜色的变化都可以用来组成不同的纹理。图 2.30 所示为 6 种不同纹理的例子，这些纹理具有不同的形状或方向。

图 2.30　6 种不同纹理的例子

作为一种特殊的纹理效果，点画图案在可视化设计中也较为常见。点画图案通常被用作区分类别型数据属性的编码方式。在二维空间的视觉通道上，点画图案与亮度视觉通道存在较为严重的影响。在传统的打印技术中，灰色可以使用不同密度的点画图案进行模拟近似，因为人们在识别点画图案和亮度的时候可能存在分歧，从而会导致一个失败的可视化结果。然而，由于彩色打印低廉的成本和流行趋势，点画图案在图像领域的应用在逐渐减少，但是其在图形学和可视化领域作为一种艺术表达形式仍然具有长久的生命力。

应用纹理可以避免在可视化设计中使用过多的色彩，同时也可以照顾到色盲、色弱用户。Textures.js 是一个 JavaScript 的数据可视化库，用于制作纹理。

7．动画

动画是指由通过静态图像连续播放而产生动态效果的图形作品。动画理论利用了人类倾向于组织人体视觉残留现象和大脑中顺序相似图像的心理效应。人脑主动将这些视觉刺激识别为动态图像，在两个独立的图像之间建立无缝连接，从而产生视觉运动。

作为视觉通道的一种，动画也可以用于视觉表达。作为动画的视觉通道包括运动方向、运动速度和闪烁频率等。其中，运动方向可以编码定性数据属性，而后两者常用来编码定量数据属性。然而，动画的优点和缺点都在于它完全抓住了用户的注意力，所以在突出可视化的视觉效果时，用户不能忽视动画通常产生的效果。视觉通道的可分离性保证了用户可以自主选择需要观察的哪一部分可视化，动画与其他视觉通道有着天然的隔离。然而，在动画可视化中，用户可能会发现很难查看非动画视觉通道。因此，在使用动画作为视觉通道时，可视化设计师应该仔细考虑对可视化结果的不利影响。

2.3　数据可视化基础

2.3.1　数据可视化流程

2.3.1.1　明确主题

数据出现的形式是多种多样的，即使是相同的数据也可以用不同的形式展示。在观察和跟踪数据进行分析时，重点放在实时性和可变性上。在数据分析的过程中，数据呈现程度、交互设计和检索都是很重要的。分析数据的目标不同，选定展示数据的图形也不尽相同。常用的一些 BI 产品（如 Tableau、Power BI、Fine BI、SmartBI 等）都是以展示数据的专业图标为产品特点，以满足不同的展示形式，同时满足不同的企业或个人的数据分析需求。

在进行可视化分析之前，需要明确分析的内容和目的，以及通过数据分析展示出什么样的结果。数据要求直接来自最终分析结果。

2.3.1.2　获取数据

数据可视化开展的基础是数据。人们可以通过设备样本、调查记录等方式收集数据。数据在真实世界形成且被收集后，又通过计算机处理的过程称为信息采集。一般在数据采集的步骤中，获取信息由接收和处理信号及波的过程作为这些获取信息步骤的起点。目前，主动式的数据采集和被动的数据采集是数据采集的主要形式。主动收集过程需要有明确的数据要求，使用适当的工具和技术手段，积极收集必要的数据，如气象云图、监控数据等，数据平台采用的往往是被动收集形式。数据源由数据平台运营商提供，如电商数据、在线论坛数据等，被动采集可通过网络爬虫技术进行抓取。

在获取数据的过程中人们需要掌握以下几点。

① 丰富的数据是后期分析展示的基础，人们需要尽可能多地收集数据。

② BI 产品能极大地满足个人、企业的需求。

③ 数据可视化需要准确、可靠的数据，以保证结果的准确性。

④ 准确地找到所需要的数据。

2.3.1.3　数据分析和清洗

在我们的日常生活中，我们遇到的数据往往是庞大、复杂和随机的。在数据可视化之前，需要对数据进行清洗，去除不必要的数据。根据视图的用途，使用大数据分析工具清理数据源（如 Tableau、FineBI、Power BI 等）并开展下一步数据分析，分析结果的结论会为可视化打好基础。

数据处理的主要步骤包含了数据清洗、数据集成和数据转换。这一步主要对数据质量、数据清洗和数据集成的相关概念做出解释。

1）数据质量

数据质量水平代表了数据用户使用数据达到期望的程度。数据的质量应该是可测量的，测量结果要转化为可理解和可重复的数字。

数据质量主要体现在以下几个方面。

（1）完整性。数据的完整性主要体现在两个层面，即数据采集中和单个数据样本中。数据采集的数据源应有所有数据点；对单个样本来说，每个样本的数据完整、无误也十分重要。

（2）有效性。输入的数据需要通过数据验证加以限制才能使用。对于通过数据验证的数据准入，反之则不准入。这样就能有效地避免错误的数据干扰数据可视化的结果，这就是系统检查发挥了作用。

（3）准确性。当数据的有效性得到保证后，数据是否准确地反映了现实世界的客观情况也是数据质量考查的重要内容。数据有效性能够反映实际状况，但并不意味着它能够准确、客观。因此在数据有效性之外，还需要对数据可能存在的各种误差在相关领域进行处理。

（4）一致性。数据的一致性主要体现在数据集的衡量标准是统一的。例如，金融系统中使用的货币交易单位是必须统一的。

（5）可用性。一种分析任务并不能分析所有数据，人们需要选择当下时间段内数据适合的分析任务，即不能使用过时的数据来进行数据分析。例如，某公司需要对某年十月的月度市场销售记录做分析，这就对数据的可用性提出了要求，即分析的数据需要在十月的范围内，无论数据提交的过早或过晚都是无意义的数据，这样数据就失去了可用性，变得毫无价值。

2）数据清洗

数据清洗是重新测试和验证数据的过程，目的是消除重复信息，对数据错误纠正后提供稳定的数据。数据清洗的主要内容有清除丢失数据、清除不准确数据、清除重复数据及清除噪声数据。

（1）清洗丢失数据。丢失数据在实际工作中是不可避免的，当数据库中出现了丢失数据时，首先需要分析丢失数据的特点，若是少量且随机均匀分布的丢失数据，则不会对整体数据造成太大影响，可以直接剔除；若丢失数据量大，或者在某段集中缺失，则需要使用常量代替缺失值、属性平均值进行填充或利用回归、分类等方法进行填充。

（2）清洗不准确数据。错误数据产生的原因多是处理、采集数据的业务系统对数据没有做出判断和分类或在接收后直接写入后台数据库。例如，对中英文中全角或半角字符的判断、时间日期格式的处理、计量单位的处理等。当数据库中出现了错误数据时，利用统计学的工具来分析潜在错误或异常是常用手段。例如，使用偏差分析识别出不遵循分布或回归方程的值。使用符合业务逻辑的数据验证条件来清洗数据也是常见做法，使用各种属性值之间的制约也可以检测出外部数据并清除数据。

（3）清洗重复数据。在数据库中存有相同属性值的记录时，可以认为它们是重复记录。系统可以通过对比数据间的属性值是否相等来检测它们是否为重复数据。对这种数据的通常做法就是直接删除重复的记录。

（4）清洗噪声数据。噪声数据是被测量变量的随机误差或方差，测量手段的局限性使得数据记录中总是含有噪声值。这种噪声数据大多需要使用离群点分析、回归分析等手段找出并清洗数据中的噪声值。清洗数据是数据可视化中的重要步骤，图 2.31 所示为电子商务数据可视化中的数据清洗环节。

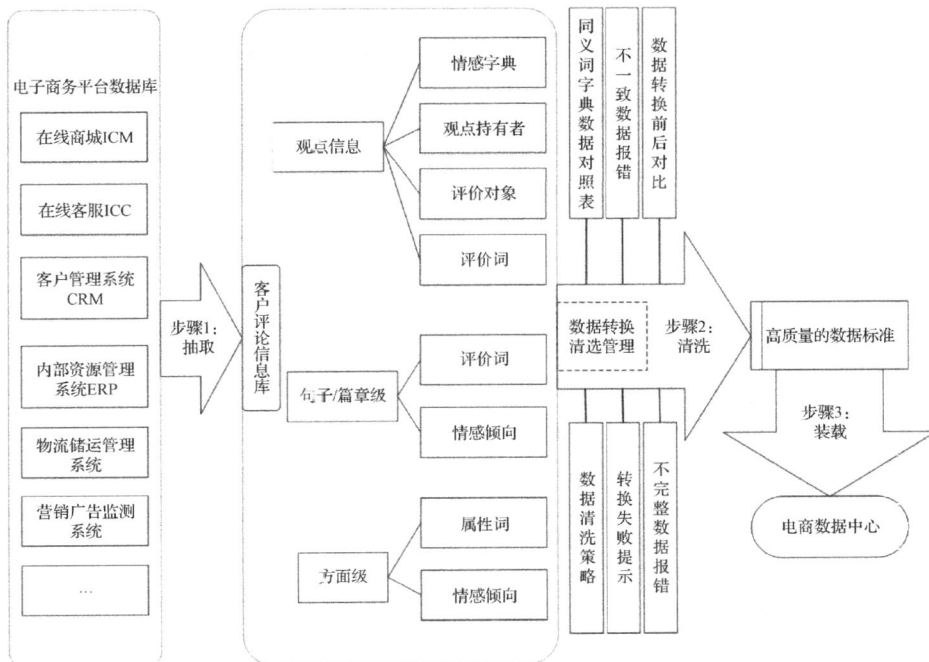

图 2.31　电子商务数据可视化中的数据清洗环节

3）数据集成

在实际工作中，从不同的数据源中区分出相同类型的数据是经常出现的场景。数据集成是对以来源、格式或特征属性为维度的逻辑或物理进行集成。企业可以使用这些数据集成共享数据。有效的数据整合有助于减少数据整合后的数据冲突。图 2.32 所示为数据集成。

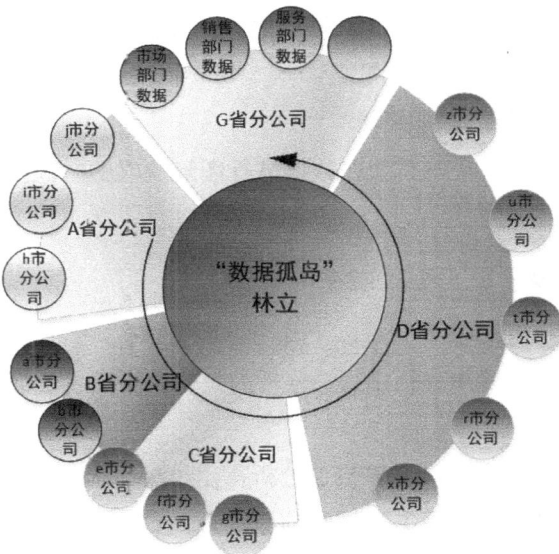

图 2.32　数据集成

可视化从数据映射到图形的流程如图 2.33 所示。

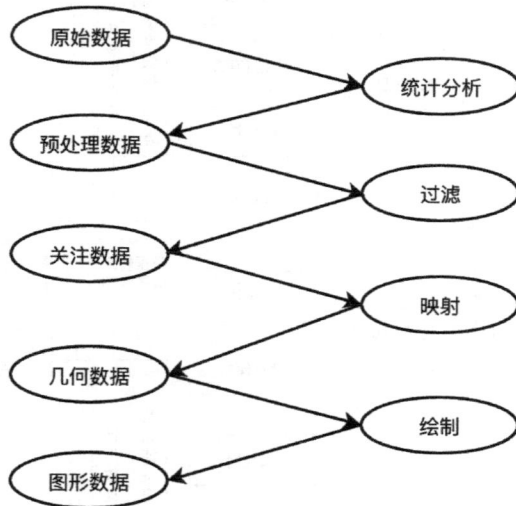

图 2.33　可视化从数据映射到图形的流程

（1）原始数据：加载到页面上的 JSON 格式数组（其他非结构化数据）。

（2）统计分析：统计函数加工数据。

（3）预处理数据：每个视图接收到的数据。

（4）过滤：行过滤、列过滤。

（5）关注数据：对数据进行行、列的过滤，保留当前图表关注的数据。

（6）映射：将数据从数值域转换为几何属性，如点、线、路径、面积、多边形等。

（7）几何数据：将几何属性转换成不同的几何元素。

（8）绘制：调用绘图库绘制出图形。

（9）图形数据：最终形成的图表。

由以上步骤可以看出，数据类型在数据进行图形映射的时候扮演了重要角色，不同映射类型需要根据数据类型选取。

2.3.1.4　选择数据分析工具

数据分析工具在选择时需要满足以下几个方面要求。

（1）具有可视化界面展示分析结果，分析的集合数据完备，拥有挖掘、洞察数据研究的平台工具。

（2）软件性能好、效率高，能够快速分析得出结果。

（3）丰富的前端数据展示形态，展示渲染高效，数据生态系统完整。

（4）丰富的可视化效果库，可以满足用户的数据分析方案需求，可以支持制定完美解决方案，拥有商业、政务智能。

2.3.1.5　解释与表述

数据可视化中解释和表述分为文字说明和图表解释两种,文字说明往往起到辅助图表解释的作用。图表解释使用固定形状、颜色的几何形状来让读者看清楚呈现的数据。图形设计者将图形解码回数据值,为读者提供线索或故事来解释图形。在借助图形媒介提供信息和清晰、快速、有效地进行交流时,色彩增强文本的效果不容忽视。

2.3.1.6　用户感知

数据可视化的目的就是使用户在这一角度能提取有用的信息知识和灵感,这一过程被称为用户感知。数据可视化的结果正是用户感受数据差异、提取信息和知识、发现数据背后的事实和规律的直观媒介。值得注意的是,在可视化系统的实际应用中会出现不同的可视化流程设计。图 2.34 所示为科学计算可视化中的常用模型。这个模型展示了原始数据到用户感知的可视化全流程。该流程包含数据转换、视觉映射、图像转换及人机交互等步骤。

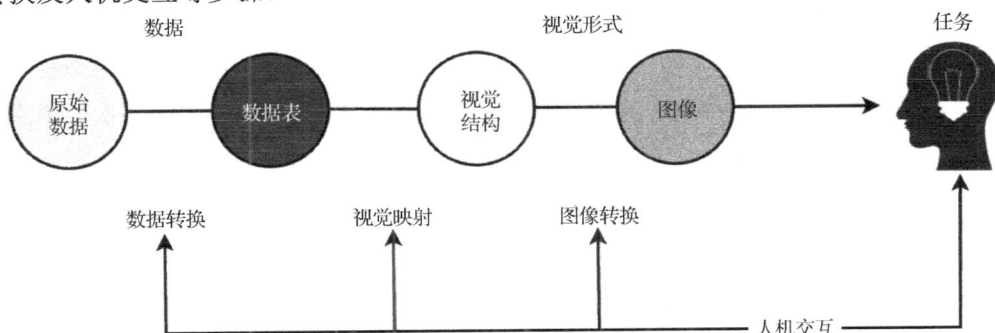

图 2.34　科学计算可视化中的常用模型

2.3.2　数据可视化设计

数据可视化设计被简化为四个级联级别,它们包含在可视化设计的层次嵌套模型中（见图 2.35）。嵌套模型从外到内可以分为四层,最外层为第一层,展示用户的真实问题,称为问题表征层;抽象层为第二层,它的作用是将特定领域的功能及数据映射为抽象和通用的功能及数据类型;第三层是编码层,使用设计与数据类型相关工具转换可视化编码和交互方式;内层（第四层）的任务是创建精确设计系统的算法。层和层间为嵌套关系,图 2.35 中的箭头表达为,上层的输出即下层的输入。嵌套也会产生问题:由于输入方向固定,上游的错误也会向下层积累。如果没有在抽象层提取数据对象的正确特征设计,即使是好的视觉编码和算法设计也无法创建解决问题的可视化系统。在设计过程中,这种嵌套模型在各个层面都有挑战。例如,定义了错误的问题和目标；处理了错误的数据；可视化的效果不明显；可视化系统运行出错或效率过低。

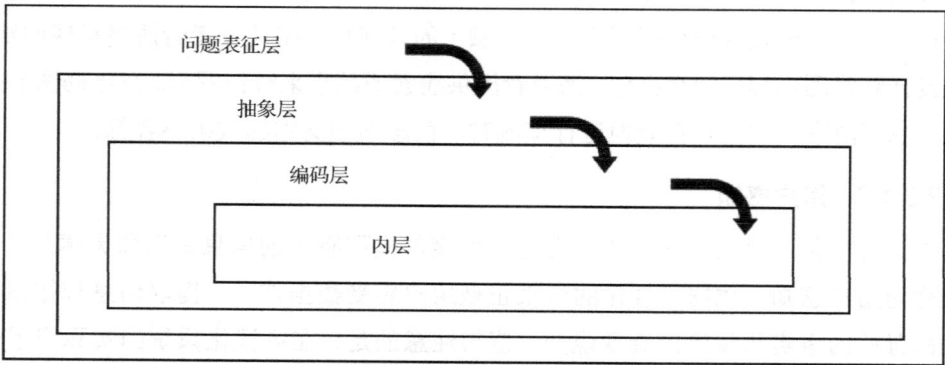

图 2.35　可视化设计的层次嵌套模型

将这四个步骤分开的好处是，无论整体的分析需求是如何建立的，都可以以这四层为指导设计整体的系统，并独立分析问题。三个内层共同达到同一设计目的，但又彼此区分。在现代的工具设计和开发实践中，人们发现不能完全按层级顺序对这四个层次排序，而是需要按遇到问题—发现问题—解决问题的迭代过程实现：对一个层次的更深入的理解用来指导其他层次的完成。

在第一层中，可视化设计人员采用以人为本的设计方法，与目标用户群相处大量时间，了解目标受众的需求；让用户自行描述平常的工作过程，思考实际需要常常无法满足要求，因而需要采用有目标的采访或软件工程领域的需求分析方法。设计人员首先要了解目标用户的任务需求和数据属于哪个特定的目标领域。每个领域通常都有其特有的术语来描述数据和问题，通常也有一些固定的工作流程来描述数据是如何用于解决每个领域的问题的。在通常情况下，对特定领域工作流程特征的描述是一个详细的问题集或用户收集异构数据的工作过程。描述务必要细致，因为这可能是对领域问题的直接复述或对整个设计过程中数据的描述。在大多数情况下，用户知道如何处理数据，但难以将需求转述为数据处理的明确任务。因此，设计人员需要收集与问题相关的信息，建立系统原型，并通过观察用户与原型系统的交互过程来判断所提出方案的实际效果。

第二层将第一层识别的任务和数据从特定领域适当术语的描述转换为描述性视觉术语的进一步抽象和一般信息。将这些不同的领域需求转化为不依赖于特定领域概念的通用功能是视觉设计师面临的挑战之一。例如，高层次的通用任务分类包括不确定性计算、关联分析、求证和参数确定等。与数据相关的底层通用任务则包括取值、过滤、统计、极值计算、排序、确定范围、提取分布特征、离群值计算、异常检测、趋势预测、聚簇和关联。而从分析角度看，通用任务包括识别、判断、可视化、比较、推断、配置和定位。在数据抽象过程中，可视化设计人员需要考虑是否要将用户提供的数据集转化为另一种形式，以及使用何种转化方法，以便于选择合适的可视编码，完成分析任务。

第三层是可视化研究的核心内容：设计可视编码和交互方法。可视编码和交互这两个层面通常相互依赖。为应对一些特殊需求，第二层确定的抽象任务应被用于指导可视编码方法的选取工作。

第四层设计与前三个层次匹配的具体算法，相当于一个细节描述的过程。它与第三层的不同之处在于第三层确定应当呈现的内容及如何呈现，而第四层解决的是如何完成的问题。当然，两层之间相互影响和制约。事实上，本书的大部分章节描述的内容对应于第三层和第四层。

数据可视化的成功取决于在设计层次模型和解决实际问题时不同层次的潜在风险和对风险的评估方案。其用于层次间的嵌套关系，不仅需要不单一对单个层的风险进行评估，还需要考虑整体，这就需要人们了解层和层间的风险评估方法。

（1）第一层需要解决的问题是：用户可能不理解自己所遇到问题的解决方案，只了解数据可视化的功能强大，但可能问题本身并不需要，也难以支持数据可视化的开展。解决方法一是通过了解和采访用户问题场景，实地了解用户的需求；解决方法二是调研相关软件或工具，看实际情况二使用数据可视化方法的概率。

（2）第二层的主要风险在于：选定的任务和数据类型能否达到既定的任务目标，这一风险检验的关键是用户测试系统。解决方法一是让用户参与每个版本，体验工具的每个特性，看能否解决用户的实际问题。解决方法二是以一种长期的局部研究的方式观察并记录用户如何在日常工作中使用系统。

（3）第三层的风险是：选定的设计方法实际应用的视觉编码效果不佳。解决方法一是依据感知与认知相关理论研判设计是否合理。如果不确定可视化设计是否违反了某种指导原则，启发式评价和专家评审则可以有效地弥补这方面的缺陷。解决方法二是以用户实验的方式进行规范的用户研究，体验工具的每个特性，通过定量或定性分析统计结果或用户偏好来检验所使用的设计方案的效率。解决方法三是向测试人员展示可视化结果（图像或视频），报告设计结果并做定性讨论。这类定性讨论有时以案例分析的方式展开，主要目的是确定工具是否对特定的任务和数据集有用。解决方法四是定量地评估可视化结果（图像或视频）。例如，应用可计算的美学标准、与标准结果比较差异等。

（4）第四层的风险在于：采用的算法性能和精度无法达到要求。解决方法是分析算法的计算复杂度，或通过测试完成对算法的性能评估以衡量其实际运行时间及内存开销。为了测试算法的正确性，可以通过输出可视化结果或计算某些统计量来完成。

2.3.3　可视化中的数据类型

数据可视化是使用可视编码表达数据的过程，为了使数据的可视化表达容易感知和表达精确，就需要使用数据的分类，即可视化编码方法。

不同的数据分类需要使用不同的分类方法，这符合数据分析要求。例如，根据数据模型分类，就可以以整型、浮点型、字符型等不同类型为分类标准；根据这些数据模型的表达，就可以使用这些抽象的数据模型来表达具有实际意义的对象，如轮船、帆船、军舰等分类数据。在科学计算中，人们通常根据测量标度，将数据分为四类：类别型数据、有序型数据、区间型数据和比值型数据（见表 2.2）。

表 2.2　赛跑比赛排名数据

排　　名	姓　　名	时　　间	性　　别
1	小赵	3 分 10 秒	男
2	小钱	3 分 12 秒	男
3	小孙	3 分 18 秒	男
4	小李	3 分 40 秒	女
5	小周	3 分 52 秒	男
6	小吴	4 分 10 秒	女

（1）类别型数据：用于区分物体。例如，以人的性别为类型可以分为男性或女性两类（见表 2.2 中的性别）；手表可以分为石英表、机械表等。这些类别维度可以用来区分有共同特征的一组对象，但是无法提供对于这些物体对象的定量数据。例如，根据性别不能得到样本的其他属性和属性之间的联系，如籍贯、年龄等。

（2）有序型数据：用顺序来表达对象之间的关系。例如，使用赛跑比赛的排名升序排序，则跑得越快的运动员的排名靠前，名次序数小的运动员比名次序数大的运动员跑得快，使用的时间短，以此类推。但是以排名为顺序来表达次序关系不一定是完全准确的，由于划分次序维度度量的影响会产生误差，这种误差是无法避免的，导致无法实现准确的定量比较。例如，在表 2.2 中，小赵和小钱的名次差为 1，小周和小吴之间的名次差也为 1，但这两组作为比较的数据之间的时间差并不相等，所以不同的时间差得出了相同的名次差，这不能表明他们两组人之间跑步能力的差距是相等的。因此，我们只能得到对象间的顺序关系，而无法根据序数间的数值差别，对他们之间跑步成绩的差别进行定量比较。

（3）区间型数据：需要将对象间的区别或差距定量表示时的数据。相对于有序型数据，区间型数据提供了详细的定量信息。例如，温度差距可以使用摄氏度为单位，这就可以以温度差衡量对象间的差距，且相同温度差距间的差别相同。10℃、20℃的差别和

50℃、40℃的差别是一致的。但是需要理解的一点是，差距之间的区别可以使用区间型数据衡量，但不代表可以以差距理解对象的属性。例如，温度计显示 0℃，并不表明没有任何温度。

（4）比值型数据：区别不同对象的同一属性数值的比例关系。比值型数据的使用前提是两者需要具有相同的属性，且不能为真正意义的 0 点，则可以用来精确地定义比例。表 2.2 中的跑步成绩属于比值型数据。

不同的数据类型适用不同的操作算子，如区分度算子（=、≠）、序别算子（>、<）、加减算子（+、−）、乘除算子（*、/）。类别型数据适用于区分度算子，可以判断不同数据之间是否相等，如两种汽车都是汽油车，则认为它们是一类；如果其中一种汽车以柴油为燃料则是不同类。有序型数据适用于区分度算子和序别算子，因此可以判断大小关系，如表 2.2 中运动员的排名所示。区间型数据适用于区分度算子、序别算子和加减算子，如计算长度差和温度等。比值型数据适用于区分度算子、序别算子、加减算子和乘除算子。

不同的数据类型同时也对应不同的集合操作和统计计算。对于类别型的数据集合，可以互换元素间的位置、统计类别和模式，也可以计算列联相关。对于有序型数据集合，可以计算元素间的单调递增（减）关系、中值、百分位数。对于区间型数据集合，可以进行元素间线性加减操作，计算平均值、标准方差等。对于比值型数据集合，由于基数为零，除上述三种数据类型所允许的操作，还可以进行更复杂的计算，如计算元素间的相似度，或者统计上的变异系数。表 2.3 所示为不同的数据类型及其属性。

表 2.3　不同的数据类型及其属性

类　型	基本操作/用途	集 合 操 作	允许的统计计算
类别型	判断是否相等（=、≠）	允许互换元素间位置	类别、模式、列联相关
有序型	判断大小（=、≠、>、<）	计算元素单调递增（减）关系	中值、百分位数
区间型	判断差别（=、≠、>、<、+、−）	允许元素间线性加减操作	平均值、标准方差、等级相关、积差相关
比值型	判断比例（=、≠、>、<、+、−、*、/）	能判断元素间的相似度	变异系数

在数据可视化中，我们通常并不区分区间型数据和比值型数据，将数据类型进一步精简为三种：类别型数据、有序型数据和数值型数据（包括区间型数据和比值型数据）。基础的可视化设计和编码一般针对这三种数据展开，复杂型数据通常是这三类数据的组合或变化。

2.4　商业数据可视化方法

商业数据可视化应以数据的某些属性为依据，寻找有良好效果的可视化方式，如图表、图和地图等可视化方式，可以清晰、直观地展现数据内容，从而使人们更容易理解数据，发现数据中蕴含的价值。数据可视化作为大数据生命周期的结尾，在所有步骤中居于最重要的地位。

图形学、计算机图形学、人工智能及科学可视化等领域的研究与发展共同促进了数据可视化的出现。它是当前计算机科学备受关注的研究方向，它利用计算机直观且智能地表示抽象信息，从而达到快速检索和提升认知能力的目的。

数据可视化系统的关键是帮助用户通过认知数据所具有的价值资产，发现这些数据所反映的实质信息。数据可视化系统在探索任务（如包含大量数据）中表现出色，可以帮助用户从大数据空间中找到有价值的数据信息进行更深度地分析。因此，数据可视化主要用于以下几种情况。

① 当存在相似的底层结构、相似的数据可以进行归类时。

② 当用户处理自己不熟悉的数据内容时。

③ 当用户对系统的认知具有局限性，并且喜欢用扩展性的认知方法时

④ 当用户难以了解底层信息时。

⑤ 当数据更适合感知时。

2.4.1　数据可视化的展现形式

数据可视化的展现形式是多种多样的，主要包括趋势型、对比型、比例型、分布型、关系型和地图型等。下面对每种数据展现形式的图表进行介绍。

2.4.1.1　趋势型数据可视化

趋势型数据可视化包括点线图、散点图、折线图、柱状图、阶梯图。

1．点线图、散点图、折线图

点线图是最常见的一种数据描述图形，它的衍生图形有散点图和折线图。其中，散点图只用点来表现数据；折线图用线段连接各个点，但不显示出点，点的位置是两个线段的连接处。点线图如图 2.36 所示。

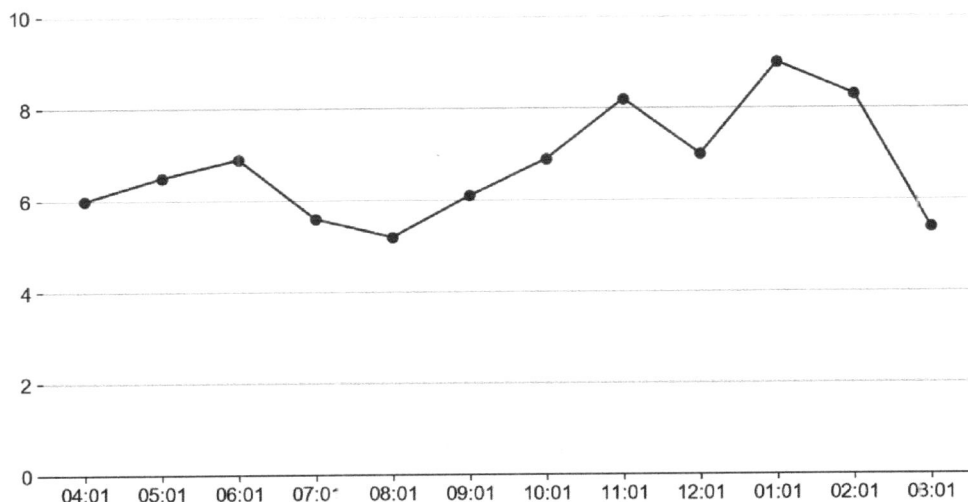

图 2.36　点线图

2. 柱状图

柱状图是将矩形的长度作为变量的统计报告图,通过列高度不等的纵向条纹表示数据分布的情况。柱状图不仅有纵向还有横向甚至多维度的方式进行数据描述。柱状图如图 2.37 所示。

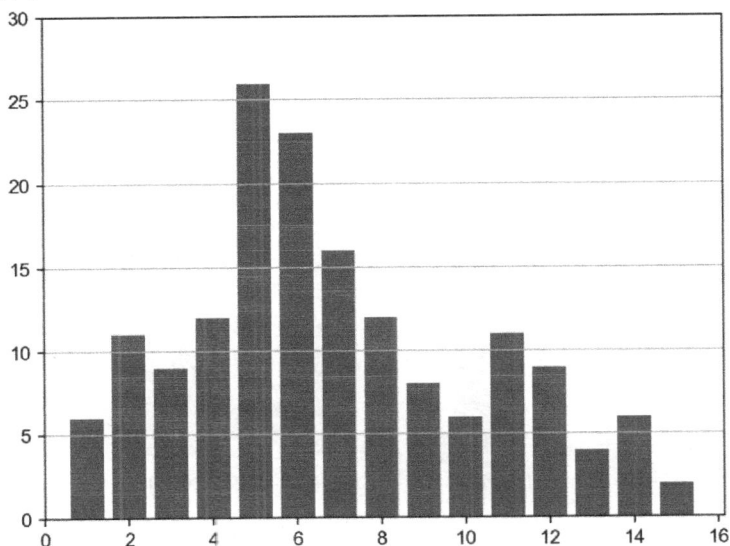

图 2.37　柱状图

3. 阶梯图

阶梯图使用由起伏似阶梯一样的一系列线段展示数值的变化,如银行的利率、电价、水价等。阶梯图如图 2.38 所示。

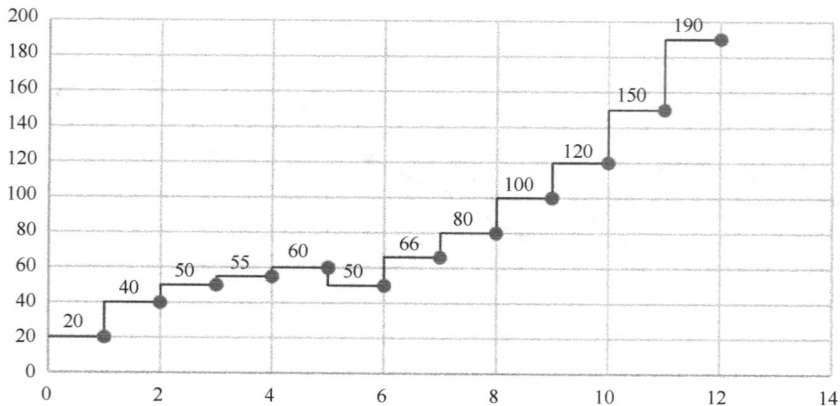

图 2.38　阶梯图

2.4.1.2　对比型数据可视化

对比型数据可视化包括柱状图、面积图、气泡图、词云图、雷达图、脸谱图、热力图。

1. 柱状图

前面介绍的是单个类别的数据，可以用柱状图来观察趋势，而多个类别的数据就不适合用柱状图来观察趋势了，但是可以用柱状图来进行数据对比，可采用并列对比型柱状图和重叠对比型柱状图。某区域男女人口数量柱状图如图 2.39 所示。

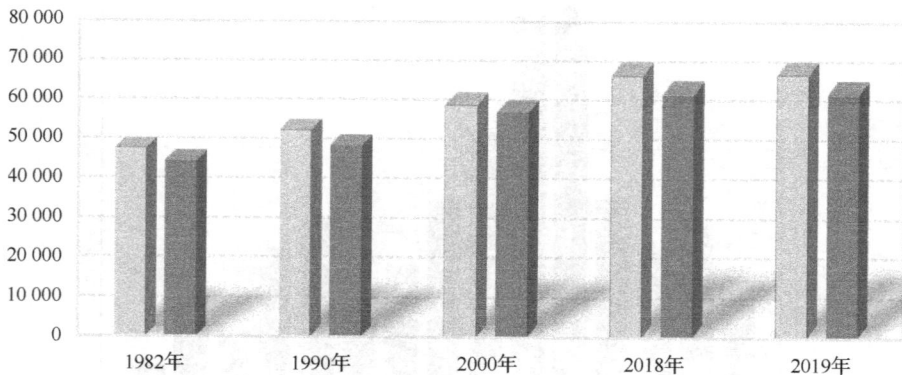

图 2.39　某区域男女人口数量柱状图

2. 面积图

面积图也称为区域图，其实就是点线图加上点线图投影到 X 轴的线段中间所围成的面积，是点线图的一种延伸。面积图能够显示一组数据的范围，是一个二维图形，主要用于观察多组数据的对比情况。面积图如图 2.40 所示。

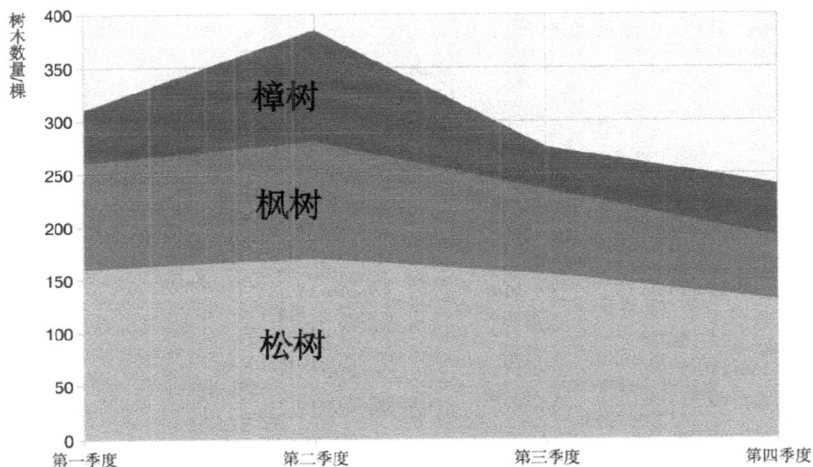

图 2.40　面积图

3．气泡图

气泡图可以看作是基于散点图有所调整的表示方式。与散点图相比气泡图还可以描述一些表示图表大小的附加变量的数值，增加的数据可以用不同的颜色表示。散点图是通过散点的位置来表示二维数据的，如果再加上一个维度，把大小一致的散点变成大小不一致的气泡，那么就变成了气泡图。气泡的大小通常表示数量的多少。气泡图至少可以表示三个维度。气泡图如图 2.41 所示。

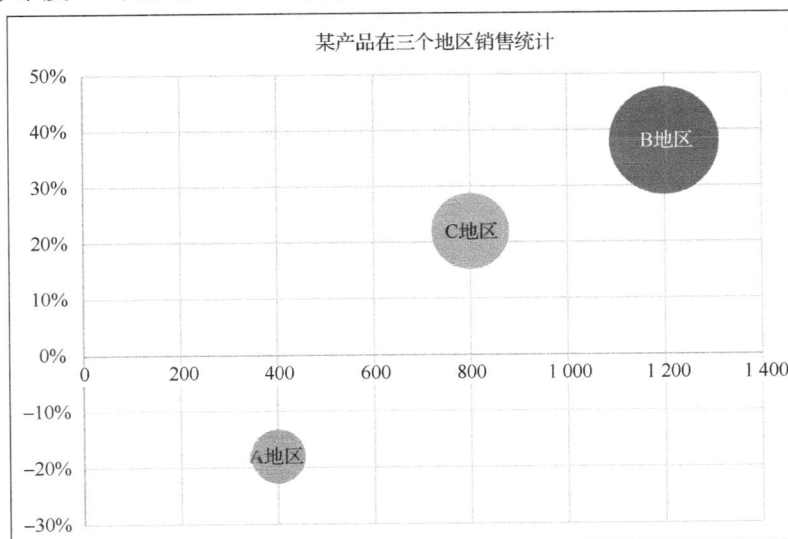

图 2.41　气泡图

4．词云图

词云图是文本中频繁出现的"关键词"的直观表示。词云图过滤了大量低频、低质量的文字信息，让浏览者通过看图了解文字的主要思想。词云图如图 2.42 所示。

图 2.42　词云图

5. 雷达图

雷达图有很多其他叫法，如网状图、星状图等。其用于同时对比分析多个数据，以及分析同一数据在不同时间上的变化情况。它从中心点取出几条直径相等的辐条，每条辐条代表一个独立的类别变量，每条辐条都有一个数据点，中心到数据点的长度由类型的百分比决定。连接这些数据点就得到了雷达图。雷达图具有直观、生动、易于操作等优势。一个项目所包含的各个分项状况在图中一目了然，因此在了解各项数据指标的变化情形及发展趋势时可以选择采用雷达图的方式。雷达图如图 2.43 所示。

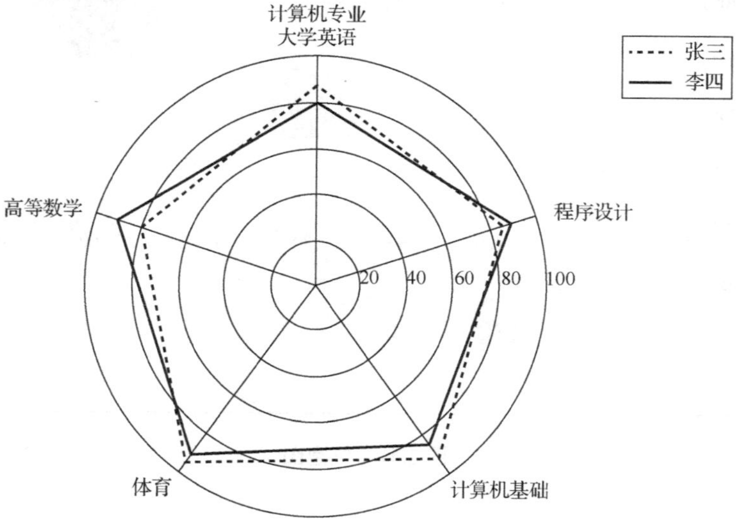

图 2.43　雷达图

6. 脸谱图

脸谱图分析法的基本思想是通过十多个指标判断人脸特征，存在多种人脸图绘制方式，在同样的人脸图绘制方式中，变量重新排列组合会得到不同的脸谱图。脸谱图如图 2.44 所示。

图 2.44　脸谱图

7. 热力图

热力图是访问者最感兴趣的页面区域和访问者所在的地理区域的图形表示，尤其是在突出显示的形式中。热力图可以显示在不可单击区域发生的情况。热力图如图 2.45 所示。

单位：次

	2010	2011	2012	2013	2014	2015	2016	2017	2018	2019
就业	36	36	25	26	29	23	25	31	22	29
农村	45	45	34	35	29	16	23	24	22	20
制度	32	32	35	35	37	29	32	26	30	17
增长	32	32	25	39	41	32	41	26	34	23
创新	21	21	23	14	25	38	60	38	52	45
政府	27	27	27	30	41	41	36	39	39	38
政策	87	87	75	60	64	74	73	56	53	58
经济	71	71	76	74	61	65	72	55	60	50
建设	87	87	75	60	64	74	73	56	53	58
改革	65	65	74	57	77	86	79	85	102	109

图 2.45　热力图

2.4.1.3　比例型数据可视化

比例型数据可视化包括饼图、环形图、百分比堆积柱状图、百分比堆积面积图。

1. 饼图

饼图主要用于具有完整性的数据。饼图的两个特点是具有整体性，能够清晰地反映部分与部分及局部与整体间的数量关系。饼图的优点是可以通过面积、百分比等视觉思维轻松反映数据。饼图如图 2.46 示。

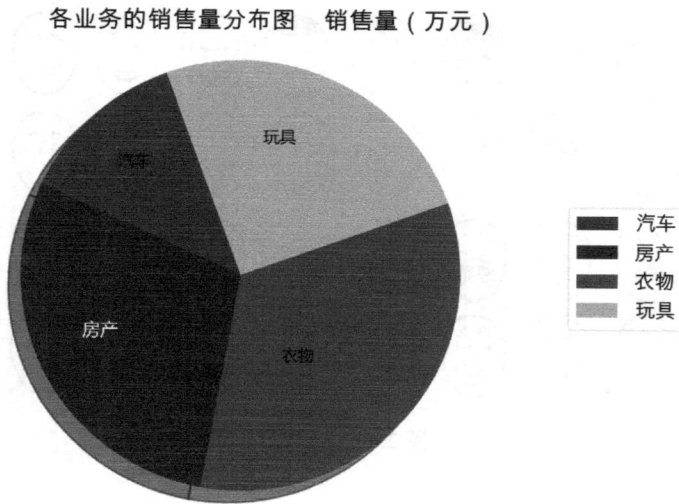

图 2.46　饼图

2. 环形图

环形图又称面包圈图，其实是另一种形式的饼图，只不过我们平时用饼图多一些，但在某些情境下，报告里的表现形式多样化，可以提高读者的阅读兴趣。环形图如图 2.47 所示。

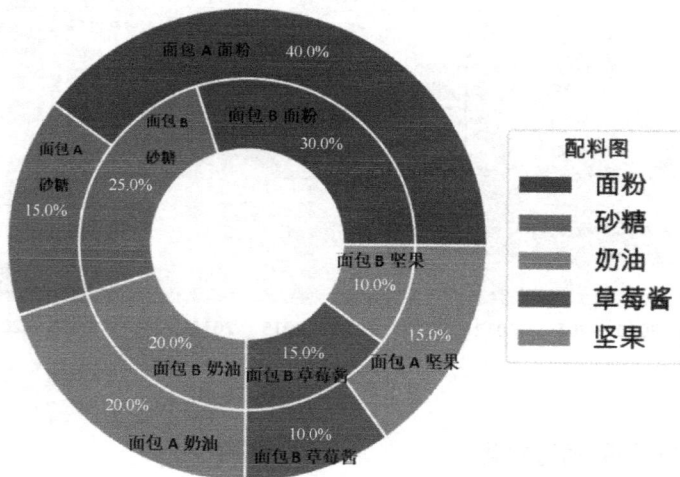

图 2.47　环形图

3．百分比堆积柱状图

百分比堆积柱状图用于比较一系列数据中每个组件的分布。在每个数据系列中，此结构按百分比聚合，即每个数据系列总量的 100%。数据条反映了每个系列中各种类型的比率。百分比堆积柱状图如图 2.48 所示。

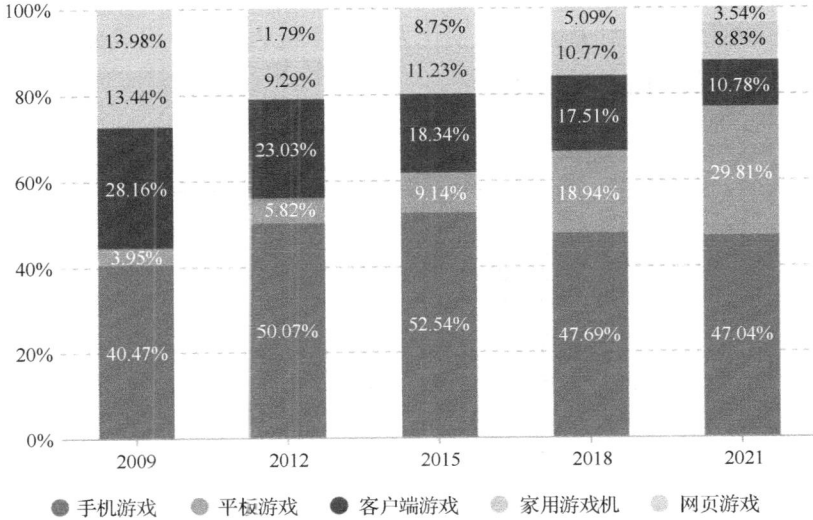

图 2.48　百分比堆积柱状图

4．百分比堆积面积图

百分比堆积面积图如图 2.49 所示，可用来描述每个数值所占百分比随时间或类别变化的趋势。

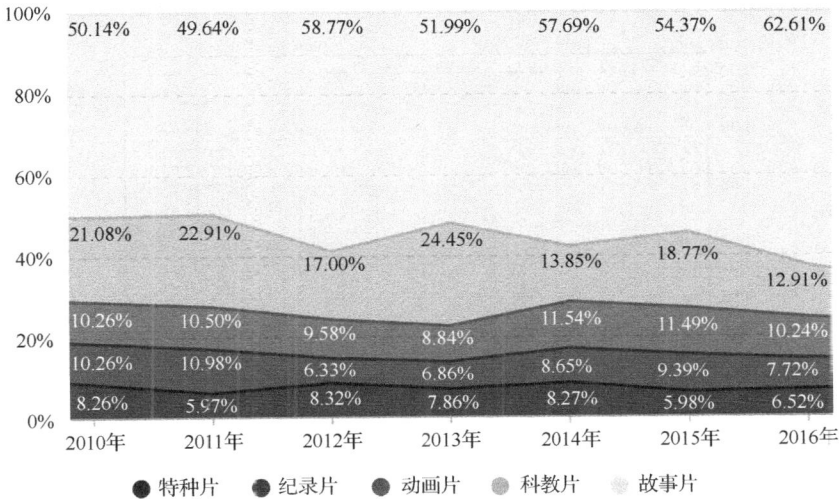

图 2.49　百分比堆积面积图

2.4.1.4 分布型数据可视化

分布型数据可视化包括茎叶图、箱线图、概率密度图等。

1. 茎叶图

茎叶图也称为"枝叶图"。茎叶图的基本思想是用数字比较数组中的数，用形状不变或略有变化的部分作为主干（茎），变化大的数字组成树枝，组成部分的数字就是树枝上的每个叶子。茎叶图如图 2.50 所示。

树叶		树茎	树叶		
4	7	9	6	5	3
5	4	9	4	3	8
3	8	8	9	8	4
9	4	8	4	4	6
2	9	7	9	7	1
4	3	7	4	1	0
5	4	6	3	3	5
	6	5	6	5	
		5			

图 2.50　茎叶图

2. 箱线图

箱线图也称为盒须图、盒式图或箱形图，是一种可以显示一组数据的离散程度的统计图表，以类似盒子的形状命名。此类图可以使原始数据分布的特征情况清晰地表现出来，多组数据也适用。箱线图如图 2.51 所示。

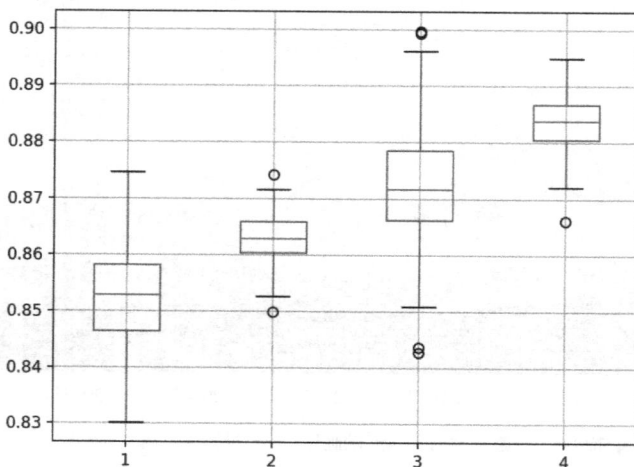

图 2.51　箱线图

3. 概率密度图

前面介绍的茎叶图和箱线图都是离散型数据的分布图,概率密度图是连续移动的数据分布图。连续概率分布是当随机变量在其区间内取任何值时发生的分布。用概率密度函数绘制概率密度图,横轴为 X,纵轴为概率密度函数用 $f(x)$ 表示。概率密度图如图 2.52 所示。

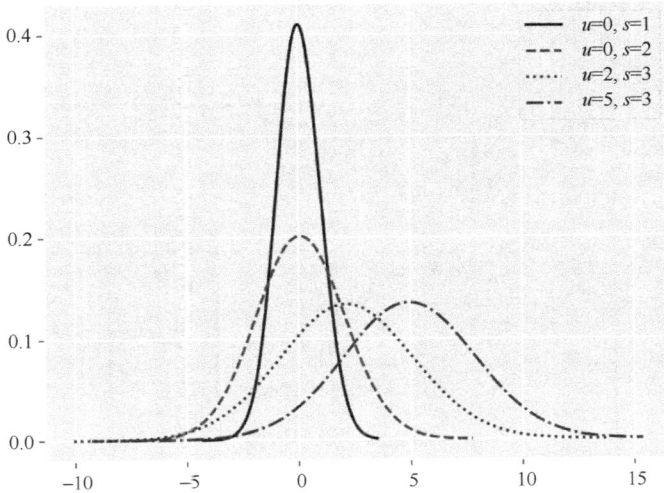

图 2.52　概率密度图

2.4.1.5　关系型数据可视化

关系型数据可视化包括韦恩图、矩形树图、漏斗图、桑基图、节点关系图。

1. 韦恩图

韦恩图由韦恩提出,用来描述高通量测序数据分析当中不同样本间共有的或特有的元素。需要注意的是,韦恩图中不同区域表示的含义,以三组数据的两两比较为例,由内向外依次为三样本"共有"、两样本"共独有"(注意不包含三样本"共有"部分)和单样本"独有"。韦恩图如图 2.53 所示。

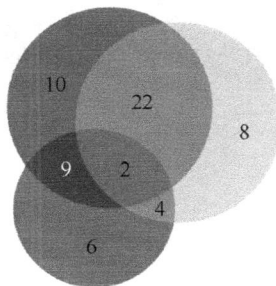

图 2.53　韦恩图

127

2. 矩形树图

矩形树图又称层级板块图。矩形树图将树状结构转换为扁平矩形。 虽然它看起来不像任何"树"，但它可以表示数据之间的层级关系和数据的权重关系。矩形树图如图 2.54 所示。

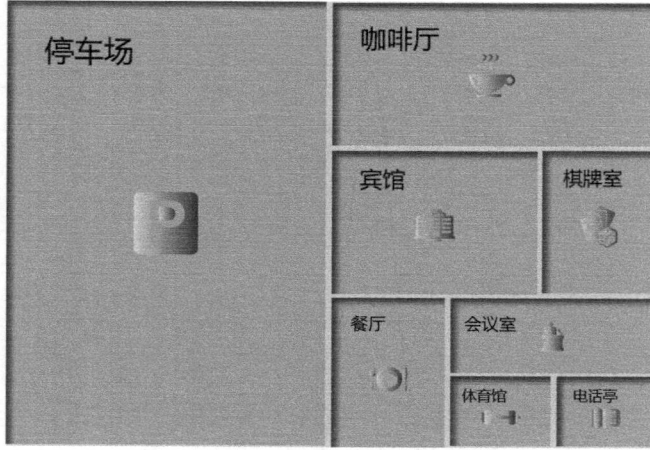

图 2.54　矩形树图

3. 漏斗图

漏斗图（倒三角图）展示的是不同阶段的数据，每个阶段都是属于数据整体中的一个局部。数据由上到下阶段的数据值递减。与饼图的表示特点不同的是，漏斗图不呈现具体的数据项所对应的数据值，展示出来的是局部阶段与总量相关的数据比例。漏斗图不需要使用任何数据轴。漏斗图如图 2.55 所示。

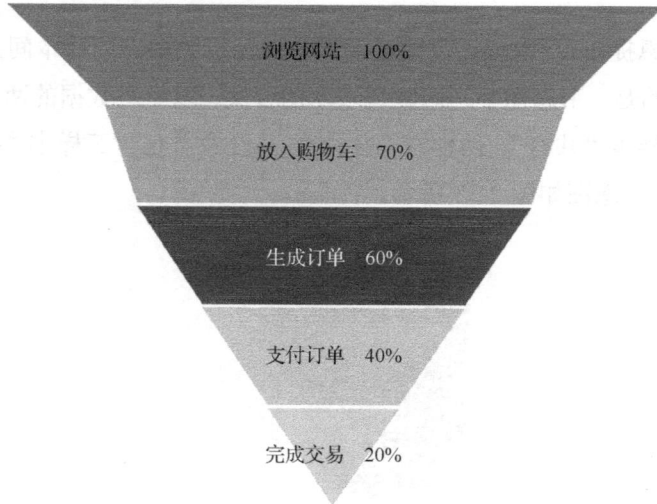

图 2.55　漏斗图

4. 桑基图

桑基图有很多名称，如桑基能量分流图等。这种类型的图的特点是，其中扩展出的分支宽度大小与数据流的大小相对应。该图在能源、物质结构、金融等领域的数据可视化分析中得到了广泛使用。1898 年桑基绘制的"蒸汽机的能源效率图"是非常具有代表性的成果，因而有了"桑基图"的称呼。桑基图如图 2.56 所示。

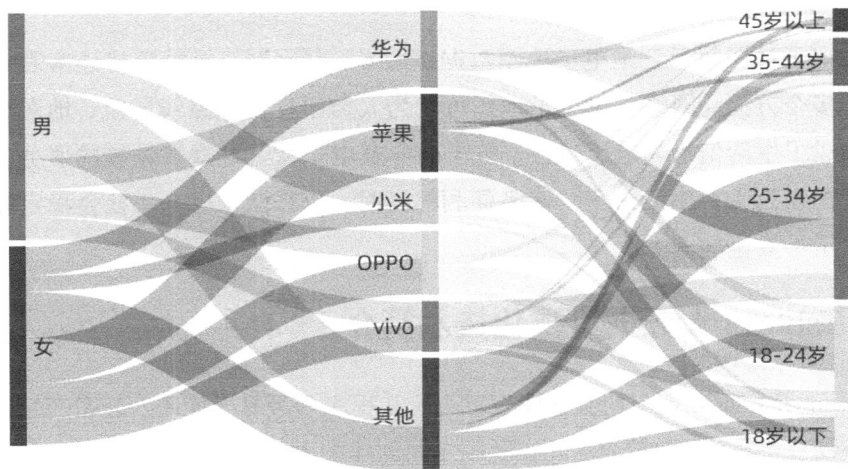

图 2.56 桑基图

5. 节点关系图

节点关系图又称为关系图，常用于表示两个事务对象之间的关系。在节点关系图中，对象可以用节点表示，节点的形状常使用圆形，也可以使用其他形状；对象之间若有联系，则用线段连接起来，线段上可以有文字标识。若是动态图表，则单击线段会显示两个对象之间的关系。若节点之间有方向性，则可以在线段的末端加上箭头表示方向，其中包括单向关联和双向关联两种类型。节点关系图如图 2.57 所示。

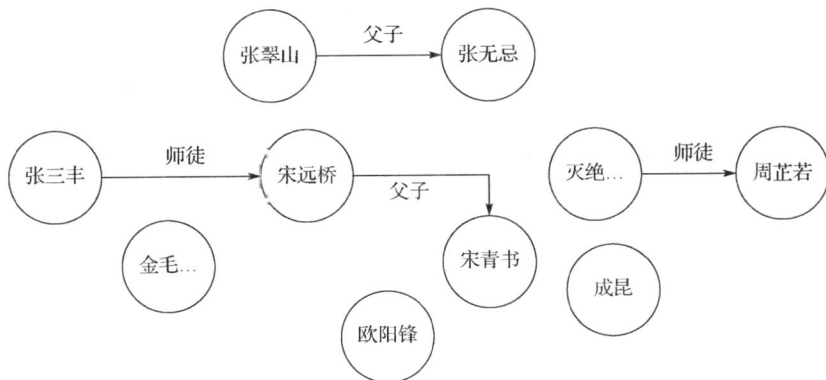

图 2.57 节点关系图

2.4.1.6　地图型数据可视化

地图型数据可视化包括二维地图、三维地图。

1. 二维地图

区域地图、道路地图和室内地图等都属于二维地图。

2. 三维电子地图

三维电子地图基于三维电子地图数据库，按一定比例三维抽象描述客观存在世界的一个或多个方面。网络三维电子地图可以为人类出行提供路线导航、地图检索等功能，还集成了生活信息、电子政务、电子商务及虚拟社区等众多领域的服务。网络三维电子地图在为人们生活带来了诸多便利的同时，也在国家安全、社会稳定和隐私等方面产生了不安全因素。

2.4.2　Tableau 大数据可视化技术简介

Tableau 将数据处理与精美的图表融合。其程序非常易于使用，公司产生的大量数据可以在数字"画布"上放置，并在眨眼之间创建图表。该软件的理念是，越容易操作界面中的数据，操作者就越能了解公司在其业务领域中的做法是对还是错。Tableau 的主要服务内容如图 2.58 所示。

Tableau Desktop

Tableau Desktop被誉为可视化分析领域的
"黄金标准"，它彻底改变了商业智能行业，
开创了自动获取见解的新模式。

（a）

Tableau Prep

Tableau Prep可以帮助更多人快速自信地
进行数据合并、组织和清理，从而
更快地进行分析。

（b）

Tableau Online

希望获得Server的共享和协作功能，但又
不想真正管理服务器？如果是这样，您
需要Tableau Online，安全可扩展。

（c）

Tableau Server

想共享自己的数据和仪表板，大幅提升自己
的影响力！无论是将Server部署到本地还
是公有云，您都能够自主管理您的服务器。

（d）

图 2.58　Tableau 的主要服务内容

交互式可视化分析可以解决各种复杂业务问题，提高业务处理能力。Tableau 凭借 VizQL 专利技术，提供了强大的分析功能，使用户能提出更具深度的问题并得出更有意义的答案。一旦数据处理变得轻松、有趣且富有影响力就会带来斐然的成效，无论是要生成工作簿和仪表板，针对其他人发布的分析提出自己的问题，还是负责让数据在工作中发挥更大的作用，Tableau 都能帮助用户轻松获取数据的价值。针对每个人独特的具体数据需求，Tableau 在设计上十分灵活，可以做到完全适合企业架构和数据生态系统，同时连接到存储在本地或云端的数据，进行实时查询或使用数据提取。如果数据对业务至关重要，就必须确保分析平台安全、可靠、受管控且可扩展，从合规性、安全性到管理和监视，Tableau 提供了一套强大的内置功能为业务需求提供支持，并且做到与现有的系统相集成。

Tableau 的优势特点包括以下几个方面。

① 和团队与工作组共享分析视角。

② 使用 Tableau Desktop 模块实现查看与沟通。

③ 将数据可视化、数据分析与数据整合的优点延伸到团队与工作组且完全免费。

④ Tableau Reader 计算机应用程序免费给用户提供查看内置于其中的分析视角和可视化内容的功能。

⑤ Tableau Desktop 用户创建交互式数据可视化内容并发布为工作簿打包文件，团队成员利用数据结果，通过 Reader 进行交流。

2.4.3　Power BI 大数据可视化技术简介

Power BI 是一种基于云的业务数据分析和共享工具，用于辅助实现复杂数据向清晰直观的视图的转换。其具有快速创建丰富的可视化、交互性报表的能力，用户出门在外就可以用移动电子设备中安装的 APP 浏览，随时掌握公司各项业务的各类信息。图 2.59 是 Power BI 的三大组成部分。

Power BI 桌面应用
功能强大，满足工作所有需求。

Power BI 在线应用
在线分享，数据实时同步更新。

Power BI 移动应用
移动办公，随时随地监测项目进度。

（a）　　　　　　　　　　（b）　　　　　　　　　　（c）

图 2.59　Power BI 的三大组成部分

Power BI 具有以下的价值特性。

（1）连接到任意数据：随意浏览数据（无论数据位于云中还是本地），包括 Hadoop 和 Spark 之类的大数据源。Power BI 桌面应用连接了成百上千的数据源并不断增长，可让用户针对各种情况获得深入的见解。

（2）准备数据并建模：准备数据会占用大量时间。若使用 Power BI 桌面应用数据建模，则不会这样。使用 Power BI 桌面应用，只需单击几下即可清理、转换及合并来自多个数据源的数据，从而在一天中节约数小时的工作时间。

（3）借助 Excel 提供高级分析：企业用户可以利用 Power BI 的快速度量值、分组、预测及聚类等功能挖掘数据，找出他们可能错过的模式。高级用户可以使用功能强大的 DAX 公式语言完全控制其模型。如果用户熟悉 Excel，那么使用 Power BI 便没什么难度。

（4）创建企业的交互式报表：利用交互式数据可视化效果创建报表。使用 Microsoft 与合作伙伴提供的拖放画布及超过 85 个的新式数据视觉对象（或者使用 Power BI 开放源代码自定义视觉对象框架创建自己的视觉对象）讲述数据故事。使用主题设置、格式设置和布局工具设计报表。

（5）随时随地创作：向需要的用户提供可视化分析。创建移动优化报表，供查看者随时随地查看。从 Power BI 桌面应用发布到云或本地。把在 Power BI 桌面应用中创建的报表嵌入现有应用或网站。

习　题

1. 什么是数据可视化？数据可视化的功能有哪些？
2. 什么是大数据可视化？大数据可视化需要考虑哪些问题？
3. 试述数据可视化的重要作用。
4. 简述数据可视化和大数据可视化的区别与联系。
5. 简述大数据可视化设计的主要内容及环节。
6. 大数据可视化的主要任务有哪些？
7. 为什么要进行大数据可视化？
8. 大数据分析工具可视化设计中常用的图表有哪些？
9. 大数据分析工具可视化组件通常包含哪三大部分？
10. 大数据分析工具通常应用在大数据架构的哪个位置？
11. 数据可视化的流程有哪些步骤？
12. 简述漏斗图优点。

第 3 章 非结构化数据与文本挖掘

3.1 非结构化数据与文本挖掘概述

3.1.1 非结构化数据的挑战

一般来说,没有默认数据模型或不适用于关系数据库中结构的信息称为非结构化数据。通常,它指的是大量文本,但也可以包含表示日期、数字或事实的数据。此外,与结构化数据和非结构化数据不同,还有一种类型的数据是半结构化数据,它可以用来描述数据模型一般结构无法描述的结构化数据。因此,一些能够区分语义成分的标签也可以是半结构化数据,具有增强数据内部层次的能力。当然,结构化数据是与非结构化和半结构化数据不同的数据类型。然而,在大数据时代,往往是非结构化数据占主要领导地位。异于结构化数据的线性增加,非结构化数据是以指数化速度增加的,作为大部分新增数据的组成部分。相关研究表明,95%的新数据是非结构化数据,而结构化数据仅占 5%。因此,仍有大量非结构化数据没有得到充分利用。

作为一笔巨大的财富,非结构化数据正在等待人们和公司成功地利用它的"智慧"。随着组织的开放性和透明度的要求越来越严格,非结构化数据积累得越来越多。"过去,简历被视为个人隐私,但随着领英的出现,情况不再如此,Instagram 和 Flickr 上的照片、脸谱上的社交圈和朋友、推特上的个人想法等也不例外,"万事达顾问 Misha Ghosh 进一步介绍了他的观点,"即使你现在不知道如何应用它,非结构化数据也是有价值的,聪明的公司开始想要捕捉这些价值,或者与能够捕捉非结构化数据价值的公司合作。"当然,并非所有的非结构数据都有用,而且其中许多数据都毫无意义。

当今社会最主要的非结构化类型数据和信息载体依然是文本类型数据,它是最多见也是最大的大数据源之一。几乎所有的信息都可以使用文本数据承载,在我们的日常生活中就有随处可见的文本信息存在,微博中的评论,博客中的文章,社交平台上的帖子,各种推送的短信,甚至即时通信、网络会议及电影中的音频等也可以通过自然语言处理技术转换成文本。文本类型数据作为大数据源,具有体量大、结构化程度低等特性,鉴于文本数据的特性,通过对文本数据的挖掘与分析,即可获得其背后隐藏的较大的价值。为此我们做了很多针对文本类型数据的开发工作,以便让文本数据能够在商业决策方面为我们提供可用的信息。

我们一般把解析文本视为文本分析的开端，接着将单词、短语、句子或段落赋予语义。在自然语言处理领域中针对文字分析的工具不胜枚举，人们对文本的分析也不再仅仅局限于词频统计、依存句法分析等，像情感分析、命名实体识别、机器翻译等这些更复杂的操作已经具备完善的流程，此处不再赘述。在主流分析套件中，往往文本挖掘工具会成为其中一个不可或缺的组成部分。除此之外，在广阔的开源世界中，各种独立的文本挖掘工具包正在逐渐被人们所知。总体而言，这些工具主要的工作模式可以分为基于规则的分析方法和利用机器学习结合其他智能算法的方法两种，这两种方法虽然都能自动地发现数据模式，却是各有利弊，基于规则方法的文本挖掘工具想要找到适合的模式就需要调整和配置软件；在利用机器学习结合其他算法的自动工具中，不同的实现方式各有利弊，由于本书更加关注的是如何使用生成的结果，所以使用工具产生结果的过程及相关论述读者可以查阅对应的资料。

完成文本解析并对其分类后，下一步便是分析这些过程所形成的结果。文本挖掘流程的产出结果往往是作为其他文字分析过程的输入。举例来说，在对微博舆论的分析中，通过分析出文本中使用的情感，进而可以标记及记录微博舆论的正面或负面情感。而分析流程的输入恰恰就是结构化的标记数据，这种非结构化的文本转化为结构化的数据的过程，就是信息提取。

另外，假设我们在某视频网站的评论中识别出观众对网站中某些影视作品的评价，通过以上信息提取的过程，就能使用一系列变量来标识、记录观众对这些影视作品的印象。这些标识也是结构化的数据，可以轻松地使用，以分析出相关结果。上述这些例子是对如何获取非结构化数据信息，并从中提取出相关结构化数据的解释说明。

解释文本数据的难度实际上非常高。不同的语境和对词汇参与的重视会导致同一个句子在不同的情境下具有不同的语义。在纯文本环境中，通过理解语义重点进而理解整个语境是不可能的。作为一门充满艺术气息的学科，文本分析也有其不确定性。

在文本分析的结果中，分类错误和含义模糊的概率相对较高。因此，使用更好的文本集的决策支持模式是其优化的主要方向。文本分析从来不是寻求完美的决策，而是不断改进决策。与是否使用文本数据相比，它可以大大提高决策效果，即使是脏数据和模糊数据也可以得到令人满意的效果。

3.1.2 文本挖掘及其过程

在处理海量文本数据时，发现知识并提取未知、隐含和潜在有用信息的过程称为文本挖掘。作为数据挖掘的一个研究领域，文本挖掘的独有特点在于文本挖掘的研究对象是非结构化或半结构化数据结构的信息，而数据挖掘的研究对象主要是结构化数据。文本挖掘的常见对象是新闻、研究文档、书籍、会议报告、专利规范、政府出版物、企业公共信息、博客、用户评论和互联网上的网页。人类自然语言是这些文档的主题，涉及语义、语法和其他难以使用 IT 资源管理的内容。在大数据时代，传统的数据挖掘方法难以完全处理大量文本数据。因此，文本挖掘已成为近年来数据挖掘的研究热点。文本挖掘的技术特点和难点是多学科融合、多领域集成和多技术覆盖，相关领域包括但不限于信息挖掘、数据挖掘技术、自然语言处理、信息检索、机器学习、统计数据分析、计算语言学、概率论、线性几何甚至图论。

文本挖掘的主要过程包括大量文本预处理、特征提取及特征集缩减、模型发现、模型质量评价和结果可视化。文本挖掘的一般过程如图 3.1 所示。

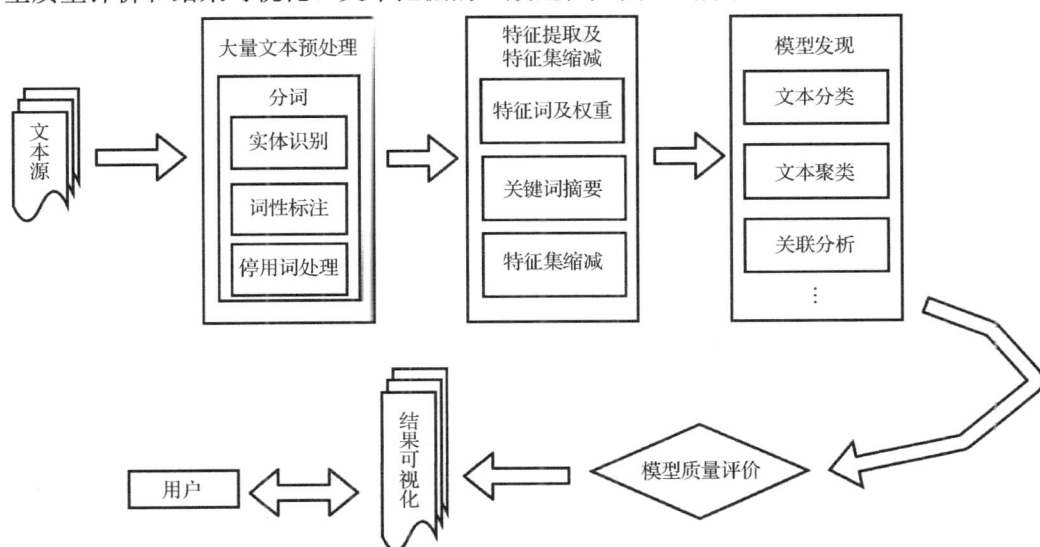

图 3.1　文本挖掘的一般过程

1. 大量文本预处理

由于非结构化文本的特点，计算机无法直接理解和处理包含不必要信息的非结构化文本。因此，有必要对收集到的文本源进行一定程度的预处理，这相当于在数据挖掘中使用进行分词和去停止词等工具来帮助我们清理数据。

2. 特征提取及特征集缩减

为了使计算机能够处理和计算文本，文本结构化是文本挖掘过程中十分重要的一步，特征数据集提取需要包含文本特性，并能以结构化数据的形式存储。特征维数与词汇的表示有关。如果把自然语言中的所有单词都当作特征，那么它们的维数就足够高了。这些功能不一定是必需的或有价值的，对它们进行计算需花费大量的资金，且增加了时间成本。因此，为了缩小规模，必须排除一些多余的信息。

3. 模式发现

经过一系列的文本处理后，计算机可以对各种算法进行机器学习，找到适合特定应用目的的模型。这些算法类似于一般的数据挖掘方法，包括文本分类、文本聚类、关联规则等。

4. 模式质量评价

虽然经过了学习和挖掘，但算法得到的结果不一定是理想的、完全可靠的和有用的，因此在确定好评价指标后，有必要对所获得的知识或模型进行评价。如果评价结果符合预期，将为用户保留此模型；如果达不到要求，在开始新一轮的发现之前，必须修改和完善前面的某个环节。

5. 结果可视化

挖掘结果和模式解释通常通过一些可视化工具显示，以帮助用户更好地理解。

3.2 文本预处理

在文本集的自动分类、聚类、摘要或深度提取中，由于深度文本理解技术无法完美地处理上述工作，因此通常需要这样的解决方案：文本由高度概括的向量表示，文本集抽象为一个向量集，此时得到一个等价于二维表的向量集，然后通过分析文本集和相应的向量集，实现如自动分类、自动聚类、自动生成摘要或自动提取更深层次的隐藏知识等目的。换句话说，人们经常将文本挖掘问题转化为数据库挖掘问题。这样可以简化文本提取的问题，但当使用简单的向量表示文本时，信息的完整性会大大削弱，导致信息大量丢失。这些信息丢失将不可避免地影响挖掘结果，使其效果不佳。因此，我们需要探索更有效的文本挖掘方法。

3.2.1 文本表示

当文本特征信息集用于表示原始文本时，文本表示就完成了。作为文本元数据，文本特征信息可以分为两类：外部特征和内容特征。公共文本信息包含文本的许多外部特征，如名称、日期、大小、类型、作者、标题、组织和其他文本信息。文本内容功能包括但不限于抽象主题、分类和信息。通过分析和处理，我们可以得到文本的内容特征。

目前，在信息处理领域，向量空间模型（VSM）常常用于文本表示。一般来说，单词可以用来表示文本的特征信息，这时候我们就称每个词为特征。向量空间模型的基本思想是使用向量 $(w_1, w_2, \cdots, w_n)$ 来表示文本，其中 w_i 是特征项的权重，可以选择单词或短语作为特征项。

首先，在使用向量表示文本时，向量分量的值被限制为 0 和 1 的形式。如果文本中出现一个特征元素，则该元素在文本特征向量中的对应分量为 1，否则为 0。这种方法没有反映文本特有特征的重要性。词通常用作特征，因此逐渐使用更准确的词频来表示特征向量分量。词的频率分为绝对频率和相对频率：词的绝对频率是指它在文本中出现的频率；相对频率是标准频率，即所有向量分量的平方和为 1。相对频率的计算方法主要基于 TF-IDF 公式，以下是比较常见的 TF-IDF 公式：

$$W(t,d) = \frac{\text{tf}(t,d) \times \log(N/n_t + 0.01)}{\sqrt{\sum_{i=1}^{n} \left[\text{tf}(t_i,d) \times \log(N/n_{t_i} + 0.01) \right]^2}}$$

式中，$W(t,d)$ 为词 t 在文本 d 中的权重；$\text{tf}(t,d)$ 为词 t 在文本 d 中的词频；N 为训练文本的总数；n 为向量的维数；t_i 为向量第 i 个分量对应的特征项；n_{t_i} 为训练文本集中出现 t_i 的文本数；n_t 为训练文本集中出现 t 的文本数。（本式中的分母为规范化因子。）

简单的词频统计需要考虑词的相关性。输入和使用词对的共现频率代替词频，可以在一定程度上解决简单的词频统计问题，而无须考虑词之间的相关性。使用这种方法的前提是，只有在相关领域定义了足够大的文本或词汇共现词典已经存在的情况下才能使用这种方法。足够大的文本集可用于自动生成词汇共现词典。此外，从文本中提取的网络结构也可以通过合理的句法分析来表示文本。使用网络结构来表示文本可以更大程度地保留原始文本信息，对于文本集合的深度挖掘，通常使用网络结构来表示文本。

3.2.2 标引与中文分词

自然语言中存在大量无效和冗余的文本，因此需要减少噪声文本对分类结果的影响。通常，从文本中选择一组特征项来表示原始文本。对于中文文本，在提取特征项的过程中，应及时去除那些缺乏表现力的词，如很少出现的稀有词、没有分类意义的词或对全文影响不大的词，这对提高分类准确率有显著影响。

文本分类的意义也因词汇的不同而有所不同，通常对分类贡献不大的词汇，它们在所有类别中都很常见。然而在特定类别中相对常见，在其他类别中不太常见的词汇，贡献自然而然就较大。通过标引技术，可以自动从文本中提取那些有助于分类的单词。标引是获得文章基本特征的一个步骤，即自动标引，就是利用计算机自动分析代表文章或文章主题的字典，即主题词或关键字。通过标引获得的一组主题或关键字可以作为一组特征。

西方文本标引方法使用计算机提取西文关键词。首先我们必须构建一个由介词、冠词、连词和其他没有真正意义的词组成的停止查询集，然后使用新创建的停止词列表，在标引文章（标题、摘要或全文）中对停止词进行排序，最后识别候选关键字，删除重叠候选词，并使用重复词进行累积词频分析。假设标引对象是文章的全文，也可以根据情况为候选关键字分配适当的权重，最终确定标引词。

由于汉语本身的特殊性，分词往往是选择汉字特征项的第一步，然后采用成熟的西方语言标引技术进行文本标引。汉语与西方语言有很大不同，汉字之间没有空格。同时，由于其独特的书写形式，灵活多样的构词方法，以及对单词和短语的不同分词方法，它可以产生完全不同的含义，这就导致了汉字自动分词节奏的更多问题。同时一些汉字标引方法不需要预切分词，这就是单汉字标引方法。

词性标注也是其中之一。句法分析和特征提取的结果将受到自动分词和部分汉语词性标记的准确性的影响，词性标注的任务是根据语境来唯一地确定句子中兼类词的词性。兼类词有很多种，如同型异性异义词、同型异性同义词、异型同性同义词等。常用的自动词性标注方法有两种：基于概率统计的标注方法和基于规则的标注方法。

特别是汉语中的分词法有很多种，如基于语言规则的分词法、分词统计法、分词法、标记法。其中一些将两个字符的单词分词的方法已经达到了 99% 的精度指标。字典的切分方法主要是建立一个机内字典（主题字典、关键字字典、组成词字典等），并符合索引信息。首先从处理过的信息中获取字典，然后在备份索引中记录这些信息，最后用改进的西文索引技术完成索引。分词标注法是用字典中标记的单词来指导分词的方法。中文文本由几个句子组成，句子用标点符号分隔。每个句子由几个单词或短语组成。如果计算机能够在句子中的短语或短语之间获得一个分词标记，那么它将再次执行此任务。统计分词法是用相似词和词的共现频率来估计文本行中词的有效性。目前，该方法是分词识别的主要方法之一。以语言知识为基础的构词规则是基于规则的分词方法的，大多数单词都符合构词规则。

3.2.3 文本相似度计算

通过特征索引，我们可以得到文本对应的关键字向量和文本对应的关键词相对词频向量。一般认为，相似的关键词和词的相对频率经常出现在相似的文本中，因此一组文本之间的相似性可以通过关键词向量或关键词向量的相对频率来计算。利用文本之间的相似性，我们可以进一步对文本进行分类和聚类，并从文本中提取重要的段落或短语。文本与词的相关矩阵如下所示。

$$\begin{bmatrix} t_{11} & t_{12} & \cdots & t_{1j} & \cdots & t_{1n} \\ t_{21} & t_{22} & \cdots & t_{2j} & \cdots & t_{2n} \\ & \vdots & \cdots & \vdots & \cdots & \vdots \\ t_{i1} & t_{i2} & \cdots & t_{ij} & \cdots & t_{in} \\ \vdots & \vdots & \cdots & \vdots & \cdots & \vdots \\ t_{m1} & t_{m2} & \cdots & t_{mj} & \cdots & t_{mn} \end{bmatrix}$$

式中，t_{ij} 表示第 i 篇文本与第 j 个词的相关程度，t_{ij} 的取值范围为[0，1]。

相关矩阵中的行描述一篇文本的特征被称为文本特征向量；列表示每个特征项与文献集的相关程度。利用文本与词的相关矩阵就可以通过数学方法来分析文本间的相关性。

相关性的大小可以用相关系数 S 来度量，第 i 篇文本与第 j 篇文本的相关系数可以表示为 S_{ij}。计算相关系数的方法有多种，其中余弦系数法最为常用。

余弦系数法的公式为：

$$S_{ij} = \frac{\sum_{k=1}^{n}\left(t_{ik} \cdot t_{jk}\right)}{\sqrt{\sum_{k=1}^{n} t_{ik}^2 \cdot \sum_{k=1}^{n} t_{jk}^2}}$$

设 $\boldsymbol{d}_1$ 和 $\boldsymbol{d}_2$ 为两个文本特征向量，它们的余弦相似度定义也可以表示成如下形式：

$$\cos\left(\boldsymbol{d}_1, \boldsymbol{d}_2\right) = \frac{\boldsymbol{d}_1 \cdot \boldsymbol{d}_2}{|\boldsymbol{d}_1||\boldsymbol{d}_2|}$$

式中，$\boldsymbol{d}_1 \cdot \boldsymbol{d}_2$ 为标准向量乘积；分母中的 $|\boldsymbol{d}_1|$ 表示向量 $\boldsymbol{d}_1$ 的长度；$|\boldsymbol{d}_2|$ 表示向量 $\boldsymbol{d}_2$ 的长度。

基于此，在使用基于词与词之间关系的计算方法后，可以解决计算余弦相似度的方法在一定程度上不包括词与词之间的依赖性的问题，而余弦相似度计算方法的准确性取决于特征词提取的准确性。计算词间关系时可以使用词对的共现来计算相似度，但使用这种方法的前提是有一个现有的词汇共现词典，或者为相关字段使用足够强且丰富的文本，可以使用聚集足够大的文本集自动生成词汇共现词典。

一组文本还可以利用词与词的句法关系来计算相似度。通过句法分析后从分析网络中推断文本，从而实现文本的简化。这个分析网络包含一系列文本元组，如关系、元素一、元素二。其中，元素一和元素二对应两个实体，关系通常对应一个动词。如需计算得到相似性程度则需要求出相应的分析网络间的词致性（Term Agreement）、词对一致性和行一致性的权重和。因为这些词本身就是从文本中提取出来的词，所以这种方法不能解决同义词的问题。例如，不可能有效地计算单词、单词对和行的一致性。

关系一般不是源于文本的规范关系。如果关系源于预先定义的关系，即使是同一个词的表达也可能看起来不同。因此它们都会被规范化放入相同的关系元组中，这样一致的计算更有效。

3.3 文本分类算法

3.3.1 朴素贝叶斯算法

朴素贝叶斯（Naive Bayesian，NB）算法是一种典型的概率模型算法，它根据贝叶斯公式计算文本属于特定类别的概率。其基本思想是假设文本中的每个单词对类别都有独立的影响。在此前提下，利用贝叶斯定理计算文本属于类别的概率，类别概率等于文本中每个特征词属于类别的概率。根据全局表达式，每个单词属于这个类别的概率在某种程度上可以通过该单词出现在这个类别的构成文本中的次数（词频信息）粗略估计。基于贝叶斯理论计算待定新文本 d_j 的后验概率用 $P\left(c_i \middle| d_j\right)$ 表示。

$$P\left(c_i \middle| d_j\right) = \frac{P\left(c_i\right) P\left(d_j \middle| c_i\right)}{P\left(d_j\right)}$$

式中，c_i 为第 i 个类别；d_j 为待定新文本；$P\left(c_i \middle| d_j\right)$ 为在给定条件下，文本属于类别 c_i 的概率；$P\left(c_i\right)$ 为类别 c_i 的先验概率，通常假设所有类别是等概率的，或者可以通过训练得到 $P\left(c_i\right)$ 的值；$P\left(d_j\right)$ 为待定文本的先验概率，它对计算结果无影响，因此可以不计算；$P\left(d_j \middle| c_i\right)$ 为在给定文本 c_i 的条件下，产生文本 d_j 的概率。

假定文本集中每一个样本可用一个 n 维特征向量 $\boldsymbol{d}_j = \left(t_{j1}, t_{j2}, t_{j3}, t_{j4}, \cdots, t_{jn}\right)$ 表示，贝叶斯方法的基本假设是词项之间的独立性，于是：

$$P\left(d_j \middle| c_i\right) = P\left(t_{j1}, t_{j2}, t_{j3}, t_{j4}, \cdots, t_{jn} \middle| c_i\right) = \prod_{k=1}^{n} P\left(t_{jk} \middle| c_i\right)$$

类别的先验概率 $P\left(c_i\right)$ 和条件概率 $P\left(t_{jk} \middle| c_i\right)$ 在文本训练集用下面的公式来估算：

$$P\left(c = c_i\right) = \frac{n_i}{N}$$

$$P\left(t_{jk} \middle| c_i\right) = \frac{n_{ik} + 1}{n_i + r}$$

式中，n_i 表示属于类；c_i 表示训练文本数目；N 表示训练文本总数；n_{ik} 表示类 c_i 中出现特征词 t_k 的文本数目；r 表示固定参数。

朴素贝叶斯算法假设数据集的属性相互独立，因此算法的逻辑非常简单，算法相对稳定。换句话说，朴素贝叶斯算法更健壮，对于不同类型的数据集不会有太大差异。当数据集属性之间的关系相对独立时，朴素贝叶斯分类算法工作得更好。属性独立的条件也是朴素贝叶斯分类器的一个缺点。在许多情况下，数据集属性的独立性很难被满足，因为数据集属性通常是相互关联的。如果在分类过程中出现这个问题，分类效果会大大降低。

3.3.2　Rocchio 算法

Rocchio 算法又称类中心向量法，是基于向量空间模型和最小距离的算法。它的基本思路是用简单的算法平均为每类中的训练集（m 个）生成一个代表该类向量的中心向量 $C_j(W_{i1}, W_{i2}, \cdots, W_{in})$，分类时，将待分类文本 T 表示成 n 维向量的形式 $(W_{i1}, W_{i2}, \cdots, W_{in})$，然后计算测试新向量与每类中心向量之间的相似度，将相似度最大的类判断为文本所属的类。

向量相似性的度量一般常采用夹角余弦、向量内积或欧氏距离。

1．夹角余弦

$$\text{sim}(c_i, T) = \cos(\theta) = \frac{\sum_{k=1}^{n} W_{ik} \times W_{jk}}{\sqrt{\sum_{k=1}^{n} W_{ik}^2 \sum_{k=1}^{n} W_{jk}^2}}$$

夹角余弦表示一篇文本相对另一篇文本的相似度。相似度越大，说明两篇文本相关程度越高，反之相关程度越低。

2．向量内积

$$\text{sim}(c_i, T) = c_i \cdot T = \sum_{k=1}^{n} W_{ik} W_{jk}$$

向量内积表示一篇文本相对另一篇文本的相似度。与夹角余弦相同，相似度越大时，说明两篇文本相关程度越高，反之则相关程度越低。

3．欧氏距离

$$D(c_i, T) = \sqrt{\sum_{k=1}^{n} (W_{ik} - W_{jk})^2}$$

欧氏距离越小，两篇文本的相关程度就越高，反之则相关程度越低。

在 Rocchio 算法中，训练过程是创建所有类别的中心向量，而在分类阶段，系统采用了最近距离判别法，将最相似的文本分为同一类，从而分开不同的文本类别。因此，如果类别之间的距离比较大，类内部的距离比较小，这种方法可以提供更有效的分类，反之亦然。但由于计算简单、快捷、简便，一般用于建立评价分类系统有效性的控制参数系统，很少用于处理特定的分类问题。

3.3.3　K 最近邻算法

K 最近邻算法（K Nearest Neighbor，KNN）是一个理论上较为成熟的算法。该算法的基本思路是：在给出待定新文本后，计算出训练文本集中与待定文本距离最近（最相似）的 K 篇文本，依据这 K 篇文本所属的类别判断新文本所属的类别。具体步骤如下。

（1）根据特征项集合对训练文本向量进行表示，当目标文本输入时，根据特征项集合对目标文本进行分词，确定其特征项向量表现结果。

（2）在训练文本集中选出与目标文本距离最近的 K 个文本，可以使用夹角余弦、向量内积或欧氏距离计算出 K 篇最相似文本。

（3）在目标文本的 K 个最近的邻居中，计算每个类别的分数：

$$P(\boldsymbol{x}, C_j) = \sum_{d_j \in KNN} \text{sim}(\boldsymbol{x}, \boldsymbol{d}_i) y(\boldsymbol{d}_i, C_j)$$

式中，$\boldsymbol{x}$ 为目标文本的特征向量；C_j 为第 j 类训练文本；$\text{sim}(\boldsymbol{x}, \boldsymbol{d}_i)$ 为文本间的相似度；$y(\boldsymbol{d}_i, C_j)$ 为类别属性函数，如果属于类别 C_j，那么函数值为 1，反之为 0。

（4）比较所有类别的分数，将文本划分到分数最高的类别中。

（5）而决策规则在于统计 K 篇训练样本中属于每一类的文本数，最多文本数的类即待分类文本的类。

虽然 KNN 算法在原则上也依赖于极限定理，但它只涉及类决策中非常少的 K 个相邻样本，因此该算法可以更好地避免样本分布不均衡的问题。此外，由于 KNN 算法主要依赖于有限的周围样本，而不是用判断类域的方法来确定它所属的类，因此对于在类域中有更多相交或重叠的待划分样本集来说，KNN 算法优于其他方法。

该算法的缺点是，当样本不平衡时，如一个类的样本量很大，而其他类的样本量很小，这时输入新样本可能会导致样本的 K 个邻域中出现大容量的类样本。此外，在判断新文本的类别时，需要将其与现有训练文本进行比较，这需要大量计算。目前常用的解决方案是对已知样本点进行裁剪，并提前去除对分类影响弱的样本点。

3.3.4　其他分类算法

决策树（Decision Tree）是一种基于案例的归纳学习算法。其基本思想是构建一个树结构，其中每个节点代表一个特征，从节点引出的分支代表特征测试的输出，每个叶节点代表一个类别。其核心问题是测试属性的选择和决策树的剪枝。除了常用的信息获取方法，测试属性的选择还基于熵、距离测量、G 统计等度量方法。决策树实际上是一种基于规则的分类器，适用于二进制文本描述方法。然而，当文本集较大时，规则库会变得过大，数据的敏感性会提高，并且容易导致过度适应的问题。此外，在文本分类中，与其他方法相比，基于规则的分类器的性能相对较差。

人工神经网络（ANN）是一种基于人脑组织和活动原理的非线性模型。它由神经结构模型、网络连接模型、网络学习算法等组成，是具有一定智能功能的系统。在文本分类中，神经网络是一组相互关联的输入输出神经元，输入神经元代表词条，输出神经元代表一类文字，神经元间的连接都有相应的权值。在训练阶段，通过一些算法可以进行权重调整，如正向传播算法和反向修正算法，根据调整后的权重正确地学习测试文本，并且得到几种不同的神经网络模型，然后通过这些神经网络模型依次为未知的文本类别提供不同的输出值，比较这些输出值可以确定的文本类型。

支持向量机（SVM）是一种基于统计学习理论的机器学习方法。从几何角度来看，二值支持向量机分类器可以被视为一个特征空间超平面，一边是正示例，另一边是负示例。分类超平面是两类边界之间距离最大的超平面。边界间隔是分类超平面与最近的正反例子之间的距离。SVM 方法具有很强的理论基础。支持向量机训练的本质是解决二次规划问题（四重规划），即目标函数为二次函数，约束为线性约束的优化问题，并获得全局最优解，这使得其他统计学习技术无法与它相匹敌。SVM 分类器的文本分类效果非常好，是相关应用背景下最好的分类器之一。其优点是通用性好，分类精度高，分类速度与训练样本数无关。它的精确性和召回率都比 KNN 算法和朴素贝叶斯方法高。

在几种分类算法中，支持向量机算法的性能和精度最高，但在处理大量数据时，所需的时间开销相对较大；KNN 算法具有第二高的精度，当训练集增加时，其计算量线性增加；朴素贝叶斯算法具有较强的理论背景和最快的运算速度；神经网络方法为预测非线性系统提供了一种更简单的方法，但训练过程非常缓慢，不能适应大量数据的学习；决策树算法不适用于大规模数据集，在这种情况下，决策树的构建将变得效率低下；Rocchio 算法简单易操作，运行速度特别是分类速度快。对于中文文本数据，由于分词的困难，该算法的性能通常低于同等规模的英文数据集。该算法受训练集大小的影响显著，扩大训练集可以提高分类精度，但人工对训练集进行分类既耗时又低效，且分类训练集的大小不能任意扩展，如何在保证分类准确率的同时减少人工分类是改进算法的一个重要方向。

3.3.5　分类性能评价

分类器的性能评价通常是根据评价指标进行的。评价指标是测试过程中用于评价分类精度的一些定量指标，通常在文本分类中，性能评价指标是召回率、准确率和 $F1$ 值。

（1）召回率是衡量所有实际属于某一类别的文本被分类器归类到该类别的比率，召回率越高，分类器在该类别中可能丢失的分类越低，反映了系统分类的完整性。召回率的计算方法如下：

$$召回率 = \frac{分类的正确文本数}{应有文本数}$$

（2）准确率是衡量所有被分类器划分到该类别的文本中正确文本的比率。准确率越高，分类器在该类别中出错的可能性越小，这反映了系统分类的准确性。准确率的计算方法如下：

$$准确率 = \frac{分类的正确文本数}{实际分类的文本数}$$

（3）$F1$ 值既考虑了召回率，又考虑了准确率，将两者看作同等重要。$F1$ 值的计算方法如下：

$$F1 = \frac{准确率 \times 召回率 \times 2}{准确率 + 召回率}$$

3.3.6　分类效果评价

分类效果评价实验是文本分类研究的重要组成部分。评价文本分类算法的参数有很多，常用的参数有分全率、分准率、等值平均、宏观平均、微观平均等。为了评价文本分类器的性能，我们可以简单地使用分全率、分准率两个评测指标。

根据经验，影响分类效果评价的因素很多，除了分类方法、检测方法等明显因素，分类标准制定的合理性、对分类标准的理解程度及分类评价过程中的样本选择方法对于评价实验也非常重要。在评价分类效果时，通常人们通过训练样本来训练分类器，然后对测试样本进行排序。将分类结果与标准结果进行比较，得到测试误差，然后根据该误差推断分类器对新样本的泛化误差。因此，为了使泛化误差最大限度地接近测试误差，在选择训练样本和测试样本时需要采用不同的方法，如预留法、交叉验证法等。预留法简单易实现，该方法将人工分拣的文档样本分为两部分，一部分用于培训，另一部分用于测试。

语料库问题是文本分类研究中的一个重要问题。语料库是真实语言材料的大集合，可以代表同一领域的语言现象。语料库对于自动分类搜索的意义在于，它可以为自动分类搜索提供技术支持，可以作为一个平台和一套通用的测试样本。目前，在搜索英语文本分类时，有一些国际语料库测试是免费的。由于这些标准测试文本集的存在，大大提高了各种英语文本分类搜索结果的可比性，这也为进一步研究文本分类提供了便利。利用语料库分类效果进行测试时，语料库被分为测试语料和学习语料，这两个语料通常分别占总语料库的 10% 和 90%。测试语料和学习语料的划分由系统随机选择，两者之间没有重叠，分类系统通过对学习语料的学习来获取分类知识。实验分为封闭性测试和开放性测试，封闭性测试是指将学习语料作为实验文本，对其进行分类实验。开放性测试是对测试对象进行分类实验，开放性试验的结果比封闭性实验更实用。总体而言，开放性测试的分类精度低于封闭性测试，两者之间存在显著差距。然而，随着语料库规模的增加，这种差距正在缩小。当训练语料库达到相当规模时，封闭性测试的结果应该与开放性测试的结果一致，但过程相当缓慢，当语料数量从 400 篇增加到 20 000 篇时，差距仅减少 3%。

3.4　文本聚类

文本聚类是一种实现文本自动聚类的技术。文本聚类技术广泛应用于文本挖掘和信息检索等领域。首先，研究文本聚类的目的是提高信息检索系统的准确率和召回率，并将其作为寻找文本最近邻居的有效方法。近年来，文本聚类已被用于浏览文本、显示文本集或组织搜索引擎返回的结果。文本聚类还可以用于自动生成文本的层次簇或类，并使用这些簇更有效地对新文本进行分类。目前，已有大量文本聚类算法被提出，许多方法被用于数据库挖掘。根据算法的基本思想，文本聚类算法可分为划分法、层次法、神经网络法、遗传算法、基于统计方法等。

3.4.1　划分法

给定一个包含 n 个文本对象的文本集合，一个划分方法是构造 k 个组，每个组代表一个类并且 $k \leqslant n$。同时，该组满足以下条件：每组至少包含一个文本对象；每个文本对象只属于一个组。一些使用模糊划分技术的算法不要求每个文本对象属于且仅属于一个组。对于给定的大型算法，首先给出初始分组方法，然后通过重复传输改变分组，使得每个改进的分组方案都优于之前的分组方案。分组时，要求同一组中的文本对象尽可能相互关联，不同分组中的文本对象尽可能不相关或"远离"均值，中心点是一种典型的基于划分的聚类方法。给定 k 之后，K-均值算法（k-中心点算法）的处理流程如下。

（1）对于等待聚类的文本集 D，确定要生成的簇的数目 k。

（2）按照某种原则（可随机）生成 k 个聚类中心作为聚类的初始中心点

$S = (s_1, \cdots, s_j, \cdots, s_k)$。

（3）对 D 中的每一个文本 d 依次计算它与各个中心点 s 的相似度 $\mathrm{sim}(d_i, s_j)$。

（4）选取具有最大相似度的中心点 $\arg\max \mathrm{sim}(d_i, s_j)$，将 d_i 归入以 s_j 为聚类中心的簇 C_j，从而得到 D 的一个聚类 $C = \{C_1, \cdots, C_k\}$。

（5）重新确定每个簇的中心点。

（6）反复执行步骤（3）到（5），直到中心点不再改变，文本不再重新被分配为止。

当结果簇元素密集且不同簇之间的差异明显时，K-均值算法的效果更好。该方法在处理大型文本集时快速、高效且相对可扩展。然而，这种方法对噪声和异常数据非常敏感，少量噪声和异常数据会对平均值产生很大影响。此外，这种方法要求用户必须提前给出要生成簇的聚类数 k，这是 K-均值算法的一个主要缺点。

二分 K-均值法是一种简单有效的改进 K-均值算法的算法，但严格来说，它也是一种分裂的层次聚类算法。二分 K-均值算法可用于生成非网状的聚类或一个层次聚类。一开始，二分 K-均值算法将所有文本对象放在一个唯一的簇中作为处理的起点。具体算法流程如下。

（1）选择一簇进行分裂。可以选择当前最大的簇或当前总体相似性最小的簇。

（2）使用基本的 K-均值法来寻找分裂后的两个子簇。

（3）重复步骤（2），并根据选出的子族进行分裂，以使新生成的簇具有最大的总体相似性。

（4）重复前三个步骤，直到生成的簇的数目达到预定的值。

二分 K-均值法是一种相对稳定、高效的聚类算法，其性能优于标准的 K-均值法。多次运行 K-均值算法和二分 K-均值算法的结果表明，二分 K-均值算法能够产生相对稳定的聚类结果，但是多次运行算法并没有改善聚类效果。对于 K-均值法，每次执行后聚类结果都会发生变化，二分 K-均值法的时间复杂度随聚类文本数量变化成线性变化。当聚类数较大且聚类结果没有改善时，二分 K-均值法甚至比 K-均值法速度更快更高效，因为它与 K-均值法不同，不需要把每个对象点和每个簇的聚类中心都进行比较，而只需要比较待分裂簇内部的对象点到两个聚类中心的距离。

3.4.2　层次法

层次法是对给定文本集进行多级分解，直到满足特定条件的方法。它可以分为自下而上和自上而下的方法。自下而上的方法也称为凝聚的方法。最初每个文本形成一个单独的组，在下一个迭代过程中，相邻文本被合并成一个组，直到所有文本形成一个组或满足某个条件。自上而下的方法也被称为分裂的方法。初始时，所有文本都是一个组，在下一个迭代过程中，一个组又被分成几个较小的组，只要每个文本在一个单独的组中或满足一定的条件。

凝聚的层次聚类技术在文本聚类中较为常用，它是一种主要的文本聚类方法。如果用凝聚的层次聚类方法对文本集 $D = \{d_1, \cdots, d_i, \cdots, d_n\}$ 进行聚类，算法流程如下。

（1）将文本集 $D = \{d_1, \cdots, d_i, \cdots, d_n\}$ 中的每一个文本 d_i 看作一个具有单个成员的簇 $C_i = \{d_i\}$，这些簇构成了 D 的一个聚类 $C = \{C_1, \cdots, C_i, \cdots, C_n\}$。

（2）计算 C 中每对簇 (C_i, C_j) 之间的相似度 $\text{sim}(C_i, C_j)$。

（3）选取具有最大相似度的一对簇 (C_i, C_j)，并将 C_i 和 C_j 合并为一个新的簇 $C_k = C_i \bigcup C_j$，从而构成 D 的一个新簇 $C = \{C_1, \cdots, C_{n-1}\}$。

（4）重复步骤（2）和（3），直到 C 中只剩下一个簇或达到一个终止条件为止。

层次聚类中的聚类方法大多属于凝聚的层次聚类方法，只在合并簇的选择方法和对簇相似度的定义上有所区别。

纯层次聚类的聚类质量受到这样一个规定的限制，即一旦执行合并或拆分操作，就不能撤销。这个严格的规则是有用的，因为不必担心不同选择的组合数量，并且计算成本将很小。

虽然层次聚类比较简单，但选择融合点或分离点往往很困难。选择合并点或拆分点非常重要，因为在合并或拆分一组文本对象之后，下一个处理将在新的集群中执行。这种方法的主要问题是它不能纠正错误的解决方案，已经完成的处理不能取消，文本对象不能在集群之间交换。如果在某个步骤上未选择合并点或分离点，则可能会导致低质量的聚类结果。而且这种聚类方法并不具有可伸缩性，因为聚类或拆分的操作需要对大量文本对象或簇进行验证和评估。

提高层次方法聚类质量的一个有效方法是将层次聚类与其他聚类方法相结合形成多级聚类。

层次法和 K-均值法是文本聚类的两种常用方法。K-均值法的时间复杂度与聚类后的文本对象个数呈线性关系，处理速度较快。层次法具有较高的时间复杂度和较低的速度，但其聚类质量较好。此外，在建立文本的层次分类系统时，层次法明显优于 K-均值法。人们通常将这两种方法结合起来，以获得最佳的分类效果。

3.4.3 神经网络法与遗传算法

神经网络法和遗传算法（GA）是人工智能领域的研究成果，可用于文本的自动聚类。

神经网络理论中的自组织映射图（SOM）方法可用于生成词聚类图和文档聚类

图。SOM 方法可以将词汇簇组织成有序的节点，概念上相似或相关的词汇将落在地图的相同或相邻节点上。地图包含一个由处理单元组成的规则网格，这些处理单元被称为神经元。通过 SOM 方法来训练地图，同一文本中的词汇倾向于映射到地图中的相邻神经元，不同的文本倾向于被分配到地图上距离最远的神经元。通过这种方法，可以根据词聚类图中的神经元来定义两个词之间的关系。训练好的地图还可以通过用特定的文本对象标记神经元来形成文本聚类图。在这里，文本特征向量被用作标记具有相同关键字的文本对象，被分配给相同或相邻的神经元。两个文本对象之间的相似性可以通过计算地图上的标记来计算，从而得到相应神经元的欧氏距离。由于神经元的数目远远少于文本集合中文本的数目，因此许多文本对象将被标记在同一个神经元上。以这种方式，一个神经元形成一个类或簇，而相邻的神经元也代表具有相似含义的文本簇。

SOM 技术在文本聚类中的应用为文本聚类提供了一种基于概念的特征映射方法。地图上的相邻区域包含内容相似的文本，基于 SOM 的文本聚类技术可以用于独立表示文本内容的语言，也是多语言文本环境中的一种主要聚类方法。

遗传算法为文本聚类提供了一种非层次聚类方法，其核心思想是最大限度地提高同一聚类中文本之间的相似度。在使用遗传算法进行文本聚类时，要注意遗传算法自身参数的设置，如种群大小（文本对象个数）、交叉概率和变异概率。当种群数太小时，很难找到最优解，当种群数太大时，收敛时间增加。当交叉概率太小时，很难进行前向搜索；当交叉概率太大时，很容易破坏高适应度值。当变异概率太小时，很难产生新的基因结构；当变异概率太大时，遗传算法成为一种纯随机搜索。

虽然遗传算法为人们提供了一种文本聚类的方法，但由于遗传算法存在变量多、取值范围大或没有确定范围等缺点，它在文本聚类领域的实际应用还不广泛。遗传算法可以找到最优解的邻域，但不能准确地确定最优解的位置，目前还没有一种定量的方法来选择遗传算法的参数，该方法需要进一步研究。

3.4.4 其他聚类算法

基于密度的聚类算法将类别看作是在任意方向上以相同密度展开的连通区域，因此基于密度的聚类算法可以发现任意形状的类，并且算法具有自然的抗噪性。该算法主要考虑数据空间的密度、连通性和边界面积。对于不规则形状且非凸的区域，算法往往很难处理，而基于密度的算法很好地解决了这些问题。典型的算法有 DBSCAN 算法、OPTICS 算法、DENCLUE 算法等，其缺点是随着数据量的增加，需要大量的内存支持和开销。由于没有考虑数据密度和类间距离的不均匀性，人们往往难以获得高质量的聚类结果。

基于网格的方法首先将数据空间划分为有限个单元的网格结构,整个处理都是基于单个单元的。这种处理的一个突出优点是处理速度非常快,通常这与目标数据库中记录的数量无关,它只与划分数据空间的单位数有关。典型的算法有 STING 算法、CLIQ 算法、小波聚类算法。

基于模型的方法假设每个组都有一个模型,然后寻找一个可以很好地满足该模型的数据集。这种模型可以是空间中数据点密度分布的函数,也可以是其他函数,其基本假设之一是目标数据集由一系列概率分布决定。通常有两个尝试方向,即统计模式和神经网络模式。

3.4.5　聚类质量评价

文本聚类的质量评价可以采用两种常用的指标:纯度和 F 值。采用的数据一般是已经过人工分类的文档集合。

1. 纯度

对于类别 r 的纯度定义如下:

$$P(Sr) = \frac{1}{n_r} \max\left(n_r^i\right)$$

整体聚类结果的纯度定义为:

$$\text{Purity} = \sum_{r=1}^{k} \frac{n_r}{n} P(Sr)$$

式中, n_r^i 是属于预定义类 i 且被分配到第 r 个聚类的文本个数; n_r 为第 r 个聚类类别中的文档个数。

2. F 值

F 值的定义则参照信息检索的评测方法,将每个聚类结果看作是查询的结果,对于一个聚类类别 r 和原来的预定类别 i 有如下定义:

$$\text{recall}(i,r) = \frac{n(i,r)}{n_i}$$

$$\text{precision}(i,r) = \frac{n(i,r)}{n_r}$$

式中, $n(i,r)$ 是聚类 r 中包含类别 i 中的文本的个数; n_r 是聚类形成的类别个数; n_i 是预定义类别的个数。

聚类 r 和类别 i 之间的 F 值计算如下:

$$F(i,r) = \frac{2 \cdot \text{recall}(i,r) \cdot \text{precision}(i,r)}{\text{precision}(i,r) + \text{recall}(i,r)}$$

整体聚类结果的 F 值的定义为：

$$F = \sum_i \frac{n_i}{n} \max\left[f(i,r)\right]$$

式中，n 是所有测试文档的个数。

习　题

1. 在商业数据分析中，为什么说建立聚类是非常重要的？

2. 在商业数据分析中，来自方差分析的 F 检验是如何发挥作用的？

3. 以下两种描述分别对应哪两种对分类算法的评价标准？（　　）

（a）警察抓小偷，描述警察抓的人中有多少个是小偷的标准。

（b）描述有多少比例的小偷被警察抓了的标准。

　　A．Precision，Recall　　　　　　B．Recall，Precision

　　C．Precision，ROC　　　　　　　D．Recall，ROC

4. 当不知道数据所带标签时，可以使用哪种技术促使带同类标签的数据与带其他标签的数据相分离？（　　）

　　A．分类　　　　　　　　　　　B．聚类

　　C．关联分析　　　　　　　　　D．隐马尔可夫链

5. 现有不同地点采集的 7 种花岗岩，它们的化学成分检测结果如下表所示，分析以下问题。

	1	2	3	4	5	6	7
S_iO_2	75.20	75.15	72.19	72.35	72.74	73.29	73.72
T_iO_2	0.14	0.16	0.13	0.13	0.10	0.033	0.033
FeO	1.86	2.11	1.52	1.37	1.41	1.07	0.77
CaO	0.91	0.74	0.69	0.83	0.72	0.17	0.28
K_2O	5.21	4.93	4.65	4.87	4.99	3.15	2.78

（1）样本间用欧氏距离，并用系统聚类的各方法对样本进行聚类。

（2）将数据标准化后仍用欧氏距离，然后用系统聚类的各方法对样本进行聚类。

第4章　社会网络分析与可视化

4.1　社会网络分析

社会网络分析（SNA）是社会学家在数学方法和图论的基础上发展起来的一种定量分析方法，是社会学领域比较成熟的分析方法。在物理学和计算机领域，社交网络被称为复杂网络，也有一些学者称之为网络科学。首先，社会网络分析是一种研究群体参与者之间关系的研究方法，可以是个人、社区、团体、组织、国家等。关系模型反映的现象或数据是网络分析的核心，从社会网络的角度来看，人与人之间在社会环境中的互动可以表现为一种模式或关系规则，反映社会结构，对这种结构的定量分析是社交网络分析的起点。

4.1.1　社会网络的相关概念

社会网络是由作为节点的社会行动者及他们之间的关系的集合组成的。社会网络是多个节点和关系的集合，在视觉呈现中，节点对应着点，关系对应着线。对网络关系的研究，有助于将个人和"微观"网络之间的关系与大规模社会系统的"宏观"结构结合起来。社会网络可以简单地被称为社会关系的结构。因此，在这方面，社会网络代表了一种结构性关系，它可以反映行动者之间的社会关系。

构成社会网络的主要因素有以下几种。

（1）行动者：社会网络中的所有个人、社会实体或事件都可以称为行动者。在特定的社会网络中，节点可以是任何社会单元或社会实体、个人或组织，甚至是一篇文章、新闻或产品。我们使用"行动者"一词并不意味着这些实体必须有"行动"的意愿或能力，网络中每个行动者的位置称为"点"或"节点"。

（2）关系纽带：行动者之间相互的关联为关系纽带。关系可以是多类型、多向度、多权重值的，就像人与人之间可以是朋友关系、竞争关系、爱人关系等，这些都构成了不同的关系纽带。

（3）二人组：两个行动者之间的关系。在最基本的层面上，一种连接或关系建立了两个行动者之间的联系。这种联系本质上取决于这两个行动者，而不仅仅是一个。许多类型的网络分析都涉及对二元关系的理解，二元关系是社会网络最简单或最基本的形式，也是分析各种关系的基础。

（4）三人组：由三名行动者组成的关系。许多重要的社会网络分析方法已经从成对个体变成了三人组，即由三个行动者组成的关系。三方关系具有复杂的社会关系属性，引起了人们的关注。

（5）子群：行动者之间任何形式关系的子集。在复杂的网络关系中，通常可以区分不同的子群。二人组是一对行动者及其关系，三人组是一组行动者及其关系。我们得出结论：我们可以将行动者的子群定义为任何子集的行动者及他们之间的所有联系。

（6）关系：成员之间所有联系的通用名称。这些联系是具体的，存在于成对的行动者之间。这些联系的总和构成了一种群体关系。根据关系的主体和范围，社会关系可以分为个人之间的关系、群体之间的关系、阶级之间的关系、国家之间的关系和其他关系；根据社会关系宏观领域的不同，社会关系可分为政治关系、经济关系、法律关系、宗教关系等；从社会关系的矛盾性出发，社会关系可以分为对抗性关系和非对抗性关系。

社会网络分析是分析社会网络的关系结构和属性的一套规则和方法，它也被称为结构分析，因为它主要分析由不同社会单位（个人、群体或社会）组成的社会关系的结构和属性。从这个意义上说，社会网络分析不仅是一套分析关系或结构的技术，也是一种理论方法——结构分析的思想。根据社会网络分析学者的说法，社会学的对象是社会结构，它被表达为行动者之间关系的模型。

4.1.2 社会网络的形式化表达

社会网络研究方法采用了严格的数学形式化定义，因此研究可以更好地利用数学和计算工具，并在此基础上开发出一些理论和技术手段。在社会关系的表示中，对社会网络的分析主要通过图形或矩阵来表示。因此，图论和矩阵代数已经成为社会网络分析的两个最重要的数学工具。

4.1.2.1 图形表达

图由节点的有穷集合 V 和边的集合 E 组成。若 v_1，v_2，…，v_n 为集合 V 里面的元素，e_1，e_2，…，e_m 为集合 E 里面的元素，则记作 $V=\{v_1,v_2,\cdots,v_n\}$，$E=\{e_1,e_2,\cdots,e_m\}$，此处 v_1，v_2，…，v_n 可以代表某一个行动者（Actor），而 e_1，e_2，…，e_m 可以代表行动者的关系纽带（Relational Tie）。

1. 有向图、无向图

全部由无向边构成的图称为无向图（Undirected Graph），全部由有向边构成的图称为有向图（Directed Graph）。有向，顾名思义，有方向。在如图 4.1 所示的无向图与有向图中，（a）为无向图，即图中每个节点均由没有方向的边连接；（b）为有向图，即在每个节点之间均由有向的边进行连接。

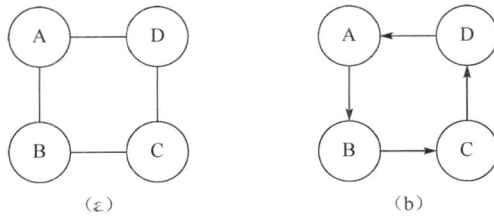

图 4.1　无向图与有向图

在社会网络分析中，每个图中的节点如 A、B、C、D 为某个行动者，而图中的边代表 A、B、C、D 四个行动者的关系纽带。无向图是从对称图中引申出来的，它仅代表重要关系的存在与否。

在有向图中，节点 A 与节点 B 之间的关系可能是不同的，在图 4.1（b）中，若箭头代表着节点 A、B、C、D 是否具有朋友关系，则代表着 A 与 B 有朋友关系，B 与 C 有朋友关系，C 与 D 有朋友关系，D 与 A 有朋友关系。图 4.2 所示为关系与关系纽带。

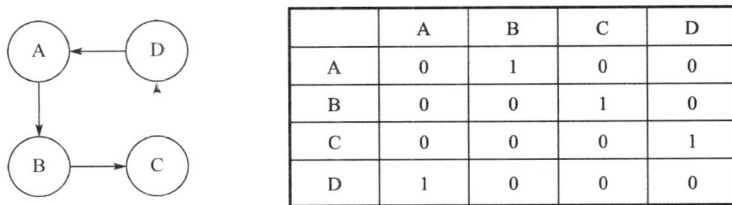

	A	B	C	D
A	0	1	0	0
B	0	0	1	0
C	0	0	0	1
D	1	0	0	0

图 4.2　关系与关系纽带

2. 二值图、符号图和多值图

根据行动者之间关系的紧密程度可以把图分为二值图、符号图、多值图。

例如：图中节点为行动者，边表示欠款关系。

（1）如果 A、B 之间仅有有欠款或没有欠款的关系，则根据此关系画出的图即二值图，假设有欠款表示为 1，无欠款表示为 0，则图 4.3 中的（a）图表示一个二值图，此图表示 A 与 B 之间有欠款关系（边指向的方向 B 为欠款人）；B 与 C、C 与 D 之间无欠款关系；D 与 A 之间有欠款关系。

（2）如果使用+代表欠款数目为很多，-代表欠款数目很少，0 代表欠款已经还清，则使用符号代表节点之间的关系的图为符号图，如图 4.3 中的（b）图为一个符号图，此图表示 A 与 B 之间欠款很多（边指向的方向 B 为欠款人）；B 与 C、C 与 D 之间无欠款关系；D 与 A 之间欠款很少。

（3）如果想详细说明 A、B 之间的欠款具体数目，则在节点之间的边中赋具体的权值，此处代表欠款具体数目的图为多值图，如图 4.3 中的（c）图为一个多值图，此图表示 A 与 B 之间的欠款为 10（边指向的方向 B 为欠款人）；B 与 C 无欠款关系；C 与 D 之间的欠款为 100；D 与 A 之间的欠款为 1 000。

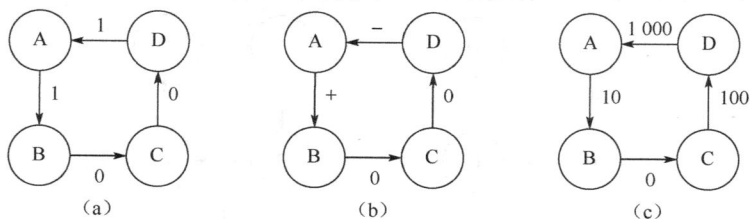

图 4.3　二值图、符号图和多值图

3. 完备图、非完备图

完备图和非完备图又称为连通图和非连通图。若 v_1，v_2，…，v_n 为集合 V 里面的元素，其中 v_1，v_2，…，v_n 为图中的节点，则路径为相邻顶点序偶所构成的序列，路径长度为路径上边的数目。如在图 4.3（a）中，<A，B>、<B，C>为一条路径，路径长度为 2；<B，C>、<C，D>、<D，A>也为一条路径，路径长度为 3。

若从 v_i 到 v_j 有路径，则 v_i 到 v_j 称为连通，如果一个图中任意两个节点之间都连通，则该图为完备图，否则为非完备图。图 4.4 所示为完备图和非完备图。其中，图（c）由图（a）与图（b）组成，图（c）为非完备图，图（a）、图（b）均为完备图。

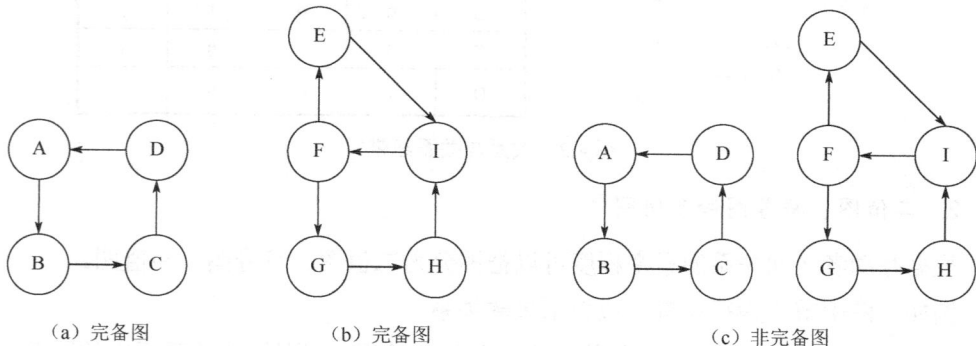

（a）完备图　　　　　　　　（b）完备图　　　　　　　　（c）非完备图

图 4.4　完备图和非完备图

4.1.2.2　矩阵表达

1. 邻接矩阵

邻接矩阵是表示顶点之间相邻关系的矩阵。设 $G=(V，E)$ 是具有 n 个顶点的图，顶点序号依次为 0，1，…，$n-1$，则 G 的邻接矩阵是具有以下定义的 n 阶方阵 A：

① $A[i][j]=1$ 表示顶点 i 与顶点 j 邻接，即 i 与 j 之间存在边或弧。

② $A[i][j]=0$ 表示顶点 i 与顶点 j 不邻接（$0 \leqslant i，j \leqslant n-1$）。

对于无向图来说：邻接矩阵是方阵；邻接矩阵是对称的；行和列都是相同的行动者，

顺序相同；矩阵中的元素一般是二值的。无向图及其邻接矩阵如图 4.5 所示，其中 A、B、C、D、E 为节点。由于是无向图，如果 A 与 B 有关系，则 B 与 A 一定也有关系，因此无向图的邻接矩阵均为对称方阵。

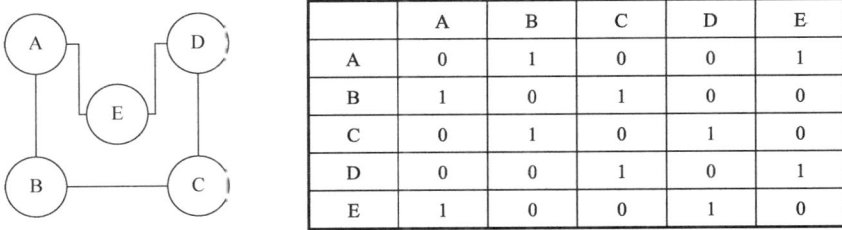

	A	B	C	D	E
A	0	1	0	0	1
B	1	0	1	0	0
C	0	1	0	1	0
D	0	0	1	0	1
E	1	0	0	1	0

图 4.5　无向图及其邻接矩阵

对于有向图来说：即使邻接矩阵是方阵，邻接矩阵一般也不是对称的；其中有向无权图的行和列都是相同的行动者，矩阵中的元素取决于有向图的边是否有权值。有向无权图及其邻接矩阵如图 4.6 所示，其中 A、B、C、D、E 为节点。如果 A 与 B 有关系，并不能说明 B 与 A 之间也有关系，所以有向无权图一般不是对称的；这里使月 1 代表节点间有关系，0 代表节点间没有关系。

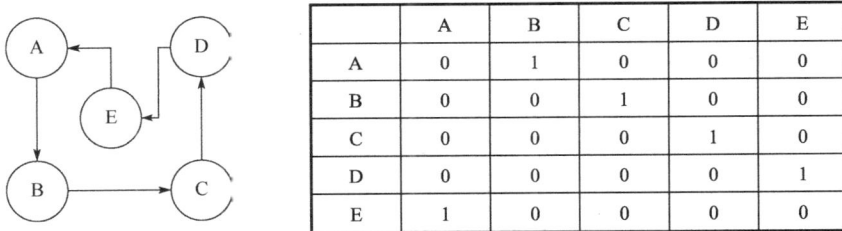

	A	B	C	D	E
A	0	1	0	0	0
B	0	0	1	0	0
C	0	0	0	1	0
D	0	0	0	0	1
E	1	0	0	0	0

图 4.6　有向无权图及其邻接矩阵

2. 发生矩阵

发生矩阵表示哪个点连接到哪条线上。以下面一个示例说明，若有 a、b、c、d、e 五个节点及边 A、B、C、D、E 的图，则此图的发生矩阵如图 4.7 所示。其中 1 表示节点有此边，0 代表节点无此边。

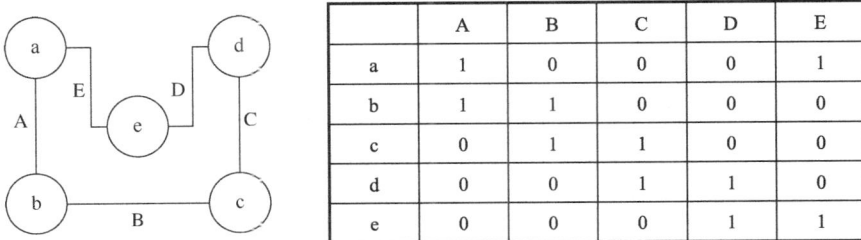

	A	B	C	D	E
a	1	0	0	0	1
b	1	1	0	0	0
c	0	1	1	0	0
d	0	0	1	1	0
e	0	0	0	1	1

图 4.7　发生矩阵

3. 隶属关系矩阵

以下面一个示例说明隶属关系矩阵。隶属关系矩阵如图 4.8 所示，此矩阵为欠款人与被欠款人的关系。其中 0、1、2、3、4 表示欠款人，A、B、C、D、E 表示被欠款人。0 表示无欠款，1 表示有欠款，如图 4.8 所示 0 欠款人对 A、B、C、D、E 被欠款人均有欠款。隶属关系矩阵用来表示 n 个行动者与 m 个事件的隶属关系。

	A	B	C	D	E
0	1	1	1	1	1
1	0	1	0	1	0
2	0	1	1	0	0
3	0	0	0	1	0
4	1	0	0	0	1

图 4.8　隶属关系矩阵

4. 有向关系矩阵、多值关系矩阵

有向关系矩阵、多值关系矩阵与有向无权值图和有向有权值图类似。其中有向无权值图在邻接矩阵中已经介绍了。多值关系矩阵即行动者的关系是根据有向边连接的，而且边上有赋予的权值。

多值关系矩阵如图 4.9 所示，0、1、2、3、4 表示欠款人，A、B、C、D、E 表示被欠款人。其中，权值代表着欠款的具体数目。

	A	B	C	D	E
0	1	10	100	1 000	1 000
1	0	200	0	1	0
2	0	300	3 000	0	0
3	0	0	0	3 000	0
4	100	0	0	0	100

图 4.9　多值关系矩阵

4.1.3　社会网络分析指标

研究人员可以首先分析社会关系中一些简单的静态特征，如网络大小、密度、分布程度、网络连通性、距离、网络直径等网络特性。此外，社交网络还可以揭示一些更复杂的特征，如网络节点的中心和力量，在社交网络上搜索小团体，找到网络节点的位置和社会地位，获取社交网络中的结构相似性和自同构性。在网络数据集合中，我们还可以提供有关行动者属性的信息。为了统一提及网络的重要概念，我们需要一些符号来表示行动者的属性、关系和特征。社会网络分析指标如表 4.1 所示。

表 4.1　社会网络分析指标

网 络 类 型	研 究 内 容	具 体 指 标
自我中心网络	网络特性及结构分析	网络规模（Size）
		网络密度（Density）
		网络构成（Composition）
		网络趋同性（Homophily）
		网络异质性（Heterogeneity）
整体网络	网络基本特性分析	点连接度（Vertex Connectivity）
		点间距离（Distance）
		网络直径（Diameter）
		密度（Density）
		可达性（Reachability）
	中心性分析	点度中心性（Vertex Centrality）
		中间中心性（Betweenness Centrality）
		接近中心性（Closeness Centrality）
		特征向量中心性（Eigenvector Centrality）
	凝聚子群分析	成分（Component）
		N-派系（N-Cliques）
		N-宗派（N-Clans）
		K-丛（K-Plexs）
		K-核（K-Cores）
		Lambda 集合（Lambda Set）
	位置角色分析（主要是对等性分析）	结构对等性（Structural Equivalence）
		自同构对等性（Automorphic Equivalence）
		正则对等性（Regular Equivalence）
	其他（如与复杂网络有关的分析等）	平均路径长度（Average Path Length）
		聚类系数（Clustering Coefficient）
		幂指数（Power Exponent）
		度分布（Degree Distribution）

根据网络的类型，其可以分为以自我为中心的网络和整体网络。

以自我为中心的网络从个体的角度定义了社会网络，以未确定的行为主体为研究中心，主要考虑行为主体的相关联系，以研究其人际网络关系对个体行为的影响，分析个体成员之间关系的同质性、异质性和结构洞等。

整体网络的目标是分析整个网络中角色关系的完整结构或团队中不同角色的关系结构。它通常关注密度、互惠性、关系传递性、子群结构、核心-边缘结构等。

目前，整体网络分析在研究中的应用越来越多，并且越来越强调观察整个网络的结构特征。一般来说，为了分析以自我为中心的网络，人们会从整体网络中提取一些关键个体。

这里主要介绍中心性分析和子群分析。

1. 中心性

中心性是社交媒体分析的关键点，社交媒体分析者首先讨论的话题之一是个人或组织在社交网络中拥有何种权力或核心地位。个体中心性衡量个体处于网络中心的程度，并反映网络中点的重要性。因此，网络中行动者/节点的数量与单个中心的数量一样。除了计算网络中个体的中心性，我们还可以计算整个网络的中心趋势（称为中心势）。与描述个体特征的个体中心性不同，网络中心性描述网络中每个点的差异程度，因此网络只有一个中心势。根据计算方法的不同，中心性可以分为点度中心性、中间中心性、接近中心性三类。

（1）点度中心性。在社交网络中，如果一个行动者与其他行动者有直接联系，那么这个行动者就处于中心位置，在网络中拥有更多的"权力"。在这一思想的指导下，网络中一个点的中心性可以通过连接到网络中该点的点的数量来衡量，即点度中心性。网络中心的潜力是指网络中所有点的集中趋势。它的计算思想是：首先在图形中找到中心性的最大值；其次计算与中心性不同的其他点，得到更多的"差异"；再次计算这些"差异"的总和；最后累加找到可能值最大之和除以每个"差异"的和。

（2）中间中心性。在一个网络中，如果一个行动者在许多其他两点之间的路径上，它可以被视为一个重要因素，因为它能够控制其他两个行动者之间的联系。根据这一思想，描述行动者个性中心性的指标是中间中心性，它可以用来评估行动者对资源的控制程度。行动者在网络中占有的位置越多，它就越能代表自己的高中心性，需要连接的行动者就越多。中间中心性也是网络整体结构分析的指标，指网络中中间中心性最高的节点与其他节点的中间中心性之间的差距。节点与其他节点之间的距离越大，网络中间中心的潜力就越大，说明网络节点可以分成几个小群体，但这些小群体过于依赖节点来传递关系，节点位于网络中极其重要的位置。

（3）接近中心性。点度中心性描述了局部中心性指数，衡量网络中行动者与其他人之间的关系。中间中心性衡量一个行动者"控制"其他行动者行为的能力。有时有必要研究网络行动者不受他人"控制"的能力，这就是所谓的接近中心性。

这三种计算方法的区别在于，中间中心性衡量的是行动者"控制"他人行为的能力。有时我们必须研究网络行动者不受他人"控制"的能力，即邻近的中心性。在计算接近中心性时，我们关注的是捷径，而不是直接的关系。如果一个点通过一条相对较短的路径连接到许多其他点，那么该点与中心有很高的接近度。对于一个社交网络，邻近性潜力越大，网络节点之间的差异就越大，反之则网络节点之间的差异越小。

2. 子群分析

当网络中的一些行动者之间的关系密切，以至于被组合成一个子群时，这个子群在社交网络分析中被称为凝聚子群。分析网络中此类子群的数量，以及子群成员与另一个子群成员之间的关系，称为浓缩子群分析。由于凝聚子群成员之间的密切关系，一些学者还生动地将凝聚子群分析称为"小群体分析"。根据不同的理论思想和计算方法，有不同类型的凝聚子群的定义和分析。

（1）派系。在无向网络图中，"派系"指的是包含至少三个点的最大完整子图。这个概念包含三层含义：一个派系至少包含三个点；根据完整的图表定义，派系中的任何两点之间都有直接联系；派系是"最大"的，这意味着在这个子图上添加任何点都将改变它们的"完备"性质。

（2）N-派系。对于全局图，如果其中一个子图满足两点之间的距离（即捷径的长度）最大不超过 N 的条件，就称之为 N-派系。

（3）N-宗派。所谓 N-宗派是指满足一定条件的 N-派系，即其中任何两点之间的捷径的距离都不超过 N，可见所有的 N-宗派都是 N-派系。

（4）K-丛。一个 K-丛就是满足一定条件的一个凝聚子群，即在这样一个子群中，每个点都至少与除了 K 个点的其他点直接相连。也就是说，当这个凝聚子群的规模为 N 时，其中每个点至少都与该凝聚子群中 $N\sim K$ 个点有直接联系，即每个点的度数都至少为 $N\sim K$。

4.1.4　方法论特征

社会网络分析作为社会结构研究的一种独特方法，B·韦尔曼总结出了其五个方面的方法论特征。

（1）社会网络分析是根据结构对行动的制约来解释人们的行为，而不是通过其内在因素（如对规范的社会化）进行解释，后者把行为者看作是以自愿的、有时是目的论的形式去追求所期望的目标。

（2）社会网络分析关注对不同单位之间的关系分析，而不是根据这些单位的内在属性（或本质）对其进行归类。

（3）社会网络分析集中考虑的问题是由多维因素构成的关系形式如何共同影响网络成员的行为，故它没有假定网络成员间只有二维关系。

（4）社会网络分析把结构看作是网络间的网络，这些网络可以归属于具体的群体，也可不属于具体群体。它没有假定有严格界限的群体一定是形成结构的阻碍。

（5）其分析方法直接涉及的是一定社会结构的关系性质，目的在于补充甚至是取代主流的统计方法，这类方法要求的是独立的分析单位。

因此，根据社会网络分析的思想，行动者的任何行动都不是孤立的，而是相互关联的。它们之间的关系是信息和资源传递的渠道，网络关系结构也决定了它们的行动机会和结果。这种结构分析的方法论意义在于，社会科学的研究对象应该是社会结构，而不是个体。通过对网络关系的研究，有助于将个体之间的关系，以及"微观"网络与大社会系统的"宏观"结构结合起来。因此，英国学者斯科特指出："社会网络分析为一种新的社会结构理论的出现奠定了基础。"

传统上对社会现象的研究存在着个人主义方法论与整体主义方法论的矛盾。前者强调个人行为及其意义，认为对社会的研究可以转化为对个人行为的研究。正如韦伯明确指出的那样，社会学的研究对象是独立的个人行为。而整体主义方法论则强调只有结构才是真实的，认为个体行为只是结构的衍生物。

虽然整体主义方法论重视对社会结构的研究，但两者在结构概念的运用上也存在很大差异。事实上，在社会学中，社会结构是在不同层次上使用的。它不仅可以用来解释微观社会互动模型，也可以用来解释宏观社会关系模型。换句话说，存在着从社会角色到整个社会的结构性关系。

通常，社会学家们是在如下几个层次上使用社会结构概念的。

（1）在社会角色的等级结构（微观结构）中，最基本的社会关系是角色关系。角色通常不是单一和孤立的，而是以角色集群的形式存在的。它反映了人们的社会地位或身份关系，如教师和学生。

（2）组织或群体层次的结构（中观结构）是指社会构成要素之间的关系，这种结构关系不是体现在个体活动之间的。如职业结构，它所反映的是人们在社会职业地位及拥有资源等方面的关系。

（3）社会制度层次的结构（宏观结构）是指社会作为一个整体的宏观结构，如阶级结构，它所体现的是社会中主要利益集团之间的关系，或者社会的制度特征。

因此，社会结构具有多重含义。然而，从新结构分析的角度来看，社会结构是社会存在的一般形式，而不是具体的内容。因此，许多结构分析社会学家主张社会学的研究对象应该是社会关系，而不是具体的社会个体。因为作为个体，人是多样多变的，只有关系是相对稳定的。因此，有人认为社会学首先研究的是社会形态，而不是这些形态的具体内容。网络分析研究这些关系形式，这与几何相似。例如，利用社会网络分析，我们可以研究人们社会交往的形式和特征，也可以分析不同群体或组织之间的关系结构。这有助于我们理解不同群体的关系属性及其对人们行为的影响。

4.2   社会网络分析与可视化

根据不同的研究群体,社会网络分析可以分为两种基本类型:一个是以自我为中心的网络分析,另一个是整体网络分析。以自我为中心的网络从个体的角度定义了社会网络,以特定的行为主体为研究中心,只考虑与行为主体相关的关系,从而研究其人际网络关系对个体行为的影响。整个网络的关注点是网络整体,即一个社会系统中角色关系的综合结构或群体中不同角色的关系结构。

在技术方法上,整体网络分析主要使用专门的社会网络分析软件来分析网络的中心性、子群、位置和角色,通常借助可视化技术对网络进行探索和分析。以自我为中心的网络分析主要利用 SPSS、R、Stata 等统计软件中的线性相关分析和协方差分析等模块来实现网络特性和结构分析,一般不涉及可视化网络分析。本书中的社会网络可视化技术主要指整体网络分析领域的可视化技术。

总之,社会网络可视化是社会网络可视化与分析相结合的产物。可视化技术可以使社会网络分析结果更直观、更具解释性。通过对社会网络分析指标的可视化转换,人们可以直接观察网络节点的整体结构、聚类和节点中心性。同时,社会网络分析指标可以为可视化结果提供更准确、更详细的统计数据,支持研究结论的推导和网络功能的挖掘。在从网络指数分析到可视化分析的发展过程中,社会网络可视化逐渐形成了自己的技术方法体系。根据这些方法的不同功能,它们可以大致分为静态表示方法和动态交互方法。

目前,社会网络可视化的静态表示主要采用社交图方法,也称为节点链接图。它是一个关系模型,由代表行动者的点和代表行动者之间连接的线组成。其中,节点设计直接决定了静态视图的可读性和可解释性,是实现社交网络静态视觉表现的关键环节。参考施奈德曼等人提出的网络节点设计方法的分类标准,本书主要总结了力引导布局、地图布局、环状布局、层次布局和时间布局共五类社交网络视觉表现的静态方法。

1. 力引导布局

力引导布局(Force-Directed Layout)是通过模拟机器平衡的原理,模拟钢环和连接弹簧,不断调整钢环的位置来实现机械平衡,从而实现布局。力引导布局方法由于能充分反映网络的整体结构和自同构性,已成为最常用的布局方法。目前,该布局中有许多改进算法,如 FR(Fruchterman Reingold)算法、KK (Kamada Kawai)算法等。其缺点是每个周期都要计算每对节点之间的力,算法复杂度高。

2. 地图布局

地图布局（Geographical Map Layout）是一种通俗易懂的网络节点布局方法，它以世界地图（大陆、国家、省或市）为背景，根据节点的地理坐标排列在背景地图上，然后根据节点之间的连接关系绘制网络的边缘。其优点是能直观显示节点的地理分布，能准确定位节点；缺点是节点位置非常固定，节点重叠和边界相交问题严重。

3. 环状布局

环状布局（Circular Layout）是指其中一个或一组节点位于圆的中心，其他节点依次围绕同心圆排列的布局方法。它的优点是方便用户识别网络中最大的节点，也能更规律地反映网络中节点的规模和密度。它的缺点是忽略了网络的拓扑结构，无法观察节点之间的密切关系和局部信息的结构特征。此外，环状布局方法可以扩展到径向布局或雷达布局，也称为自中心布局。在这种布局方法中，具有最高优先级的节点根据网络节点的顺序定位在网络中心，其他节点则根据相关度呈放射状排列。

4. 层次布局

层次布局（Substrate-Based Layout）是根据节点的排序特点将屏幕划分为多个区域，然后将节点布局在相应区域的方法。其优点是有效地利用了节点属性信息，增加了网络图中包含的信息量，帮助用户发现一些趋势和关系信息。其缺点是网络可视化的质量在很大程度上取决于分层属性的科学性，它不能反映网络本身的结构特征等。层次布局的一个特例是树型布局，它根据一定的模式对节点进行分层，并通过树型结构强调节点之间的层次关系。节点之间的距离通常用来表示节点相似性、网络延迟等权重信息。

5. 时间布局

时间布局（Time-Oriented Layout/Temporal Layout）是一种按时间顺序组织节点的方法，其优点是能够清晰地反映网络节点随时间的演化规律，但不足以表达网络结构除时间属性外的其他特征，容易造成节点重叠问题。

此外，还有几种通常不单独使用的布局方法，如相对空间布局、集群布局、随机布局和手动布局。其中，集群布局、随机布局和手动布局通常仅用作布局辅助方法，用于初始化、更新或改进节点连接图。科学的布局可以提高节点连接图的可读性，让用户快速掌握整体网络结构等信息。然而，要对局部区域（如子群）进行深入的视觉分析，通常需要使用社交网络分析工具的动态交互技术。

4.3　典型社会网络可视化工具

目前具有可视化效果的社会网络分析软件已有 50 多种，它们大多不仅具有社会网络分析的统计功能，还能为用户提供多种静态布局和动态交互的可视化功能。本书选取了其中 5 个进行介绍。

4.3.1　UCINET

UCINET（University of California at Irvine NETwork）是一款社交网络分析软件，由加州大学欧文分校的网络分析师开发。UCINET 可以处理和分析 1-模网络和 2-模网络，对网络假设进行检验，如 QAP 矩阵的相关和回归、分类数据和连续数据的自相关测试等。此外，UCINET 还集成了 NetDraw，可以对一维和二维数据进行统计和可视化分析，包括各种 Netdraw 布局算法，如力引导、环状、地图等布局算法。此外，UCINET 还集成了 3D 图形可视化和分析软件 MAGE。因此，UCINET 在可视化网络结构、探索用户交互等方面具有良好的效果。

UCINET 是社会网络全球分析的领先工具之一。与其他特定于社会网络的统计分析软件如内含实证网络分析仿真研究 SIENA（Simulation Investigation for Empirical Network Analysis）模块的 StOCNET 及 STRUCTURE 相比，UCINET 的优点在于其具有可视化功能且界面友好。

4.3.2　Pajek

Pajek 是卢布尔雅那大学研究团队专门设计和开发的网络分析与可视化软件，用于处理大型数据集。Pajek 不仅可以分析普通网络，还可以同时分析 2-模网络、多关系网络、临时网络等。Pajek 还提供基于过程的分析功能，包括结构平衡和聚集性、层次分解、构建和解释集群模型等。Pajek 可以提供二维和三维网络可视化功能，其布局主要包括环状布局和力引导布局。Pajek 的特点是能够分析超过 100 万个节点的超大网络，将大型网络划分为不同的子结构并分别可视化。

除了 Pajek，还有 MultiNet 和 NodeXL 等其他用于大型数据集的分析工具。然而大多数 Pajek 分析函数都不是统计函数。如果你想对社交网络进行详细的统计分析工作，你还需要与 StOCNET 等其他具有强大统计功能的软件配合。

4.3.3　NWB

NWB 是印第安纳大学、东北大学和密歇根大学的研究团队开发的用于多学科大规模网络分析、建模和可视化的工具包。NWB 可以分析 2-模网络和复杂网络、P2P 网络和临时网络。NWB 集成了力引导、环状、放射状、小世界网络布局和 DrL 大型网络布局等算法，已成为少数能够处理超过 100 万个节点的网络软件之一。由于 GUESS 工具包的集成，NWB 在布局和交互方面具有更好的灵活性，GUESS 使用的 Jython 前端图形解释语言也大大提高了 NWB 的易用性。

NWB 在科学计量学领域具有多个社交网络分析功能，与其他常用的 CiteSpace 软件相比，NWB 虽然不具备时区视图和区域视图分析功能，但它也增加了自动删除重复节点、作者与论文之间的 2-模关系分析、*K*-核提取等功能。

4.3.4　NodeXL

NodeXL 是由微软研究院的马克·史密斯团队和许多研究机构为网络可视化分析开发的 Excel 附加组件。NodeXL 不仅具有通用的分析功能，如计算中心性、PageRank 值、网络连通性、聚类系数等，还可以处理临时网络。在布局方面，NodeXL 主要采用力引导布局。NodeXL 的一个主要特点是强大的视觉交互能力，具有图像移动、变焦和动态查询等交互功能；另一个主要特点是它可以直接连接到互联网，用户可以通过插件或应用程序直接从推特、YouTube、电子邮件或网页导入数据。

目前，在针对临时网络且具有可视化探索、筛选和聚类功能的社交网络分析工具中，典型的是针对大型网络的 NodeXL 和针对中小型网络的 SocialAction。两者的设计都是比较人性化的，易于在用户交互算法和界面设计中使用。

4.3.5　Gephi

Gephi 是一款网络分析领域的数据可视化软件，由 SciencesPo、Linkfluence 等研究机构联合开发，其目标是成为"数据可视化领域的 Photoshop"。除了基本的中心性分析和凝聚子群分析，Gephi 还提供复杂的网络分析功能，如小世界网络分析、链接分析和网络动态分析功能。其布局模式主要是多层次布局和力引导布局。Gephi 采用多任务体系结构，并配备了快速 3D 渲染引擎和自适应 OpenGL 引擎，因此在网络探索中具有很强的交互性和高效性。

近年来，基于互联网的社会网络研究已成为社会网络分析领域的研究热点。由于 Gephi 可以通过外部网络爬虫实时访问互联网信息，而其又具有动态网络分析功能强、效率高、视觉效果好的优点，因此 Gephi 经常被用于互联网上人际关系研究、信息传输、知识共享等。

目前，大多数典型的社交媒体可视化软件都是免费和开源的，尤其是针对中大型数据集的。它们通常具有良好的兼容性、全面的非统计分析功能和强大的可视化效果。

4.4　社会网络分析与可视化应用案例

UCINET 的全部数据都用矩阵形式来存储、展示和描述，可处理 32 767 个点的网络数据。UCINET 本身的功能是比较强大的，不管是计算特征参数，还是做统计模型，人们都可以通过菜单上的功能输出相应的内容。UCINET 自身不带可视化的功能，但是它可以输出一系列格式化数据，并且可以跳转到对应的可视化工具（如 Netdraw、Pajek、Mage 等）去生成可视化的网络图。因此，UCINET 基本可以满足我们做社会网络分析的要求，也是目前较流行并且容易上手、适合新手的社交网络分析软件。UCINET 界面如图 4.10 所示。

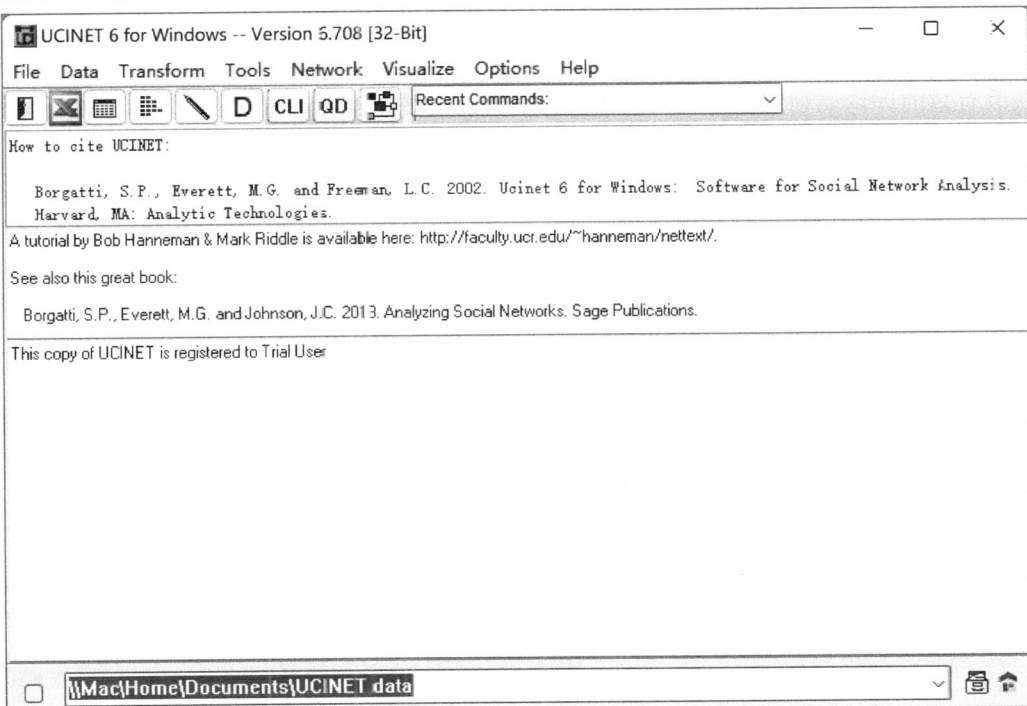

图 4.10　UCINET 界面

4.4.1　数据准备

UCINET 可以导入的数据类型一般分为三种：Excel 数据、初始数据（Raw）、数据语言（DL）。

（1）用 UCINET 打开的 Excel 文件最多只有 255 列，超出限制后则无法打开，所以用 UCINET 处理 Excel 文件也有一定局限性。若想导入处理好的 Excel 文件，则直接单击"Data"→"Import Excel"。

（2）初始数据（Raw）矩阵仅仅包含一些数字，不包含数据的行数、列数、标签、标题等信息，因而只能以矩阵的形式输入。虽然这种文件很方便，但并不推荐使用，一个原因是如果存在默认和异常情况，程序本身是并不知道的；另一个原因是数值没有标签，无法用来确定各个点的值。

（3）数据语言（DL）本质是一种纯文本文件（ASCII 码），典型的数据语言文件（DL File）包含一系列数据、描述数据的很多关键词和语句等，这些都是关于数据的基本信息。数据文件一定要用 DL 表明本文件是数据文件。在 UCINET 软件中，常见的数据输入方法是在一个文本文件中输入数据，输入数据之后，把数据保存为纯文本文件（Text File），然后单击"Data"→"Import Text file"→"DL"即可将文件转换成为 UCINET 本身的数据。

以哈尔滨工业大学开发的 SE-ABSA16_PHNS 数据集为例，我们利用对手机商品的评价中的词进行社会网络分析，通过提取评论中的词频，对一些无意义的词进行过滤，获取有效的评论词词频，并且两两计算词之间的余弦相似度，最终得到 40 对共现词数据用于案例分析。

4.4.2 生成网络

本书的案例为"高频词共现网络"，把处理好的数据导入 UCINET，生成数据语言文件，利用 NetDraw 可视化软件生成网络。词频共现网络如图 4.11 所示。

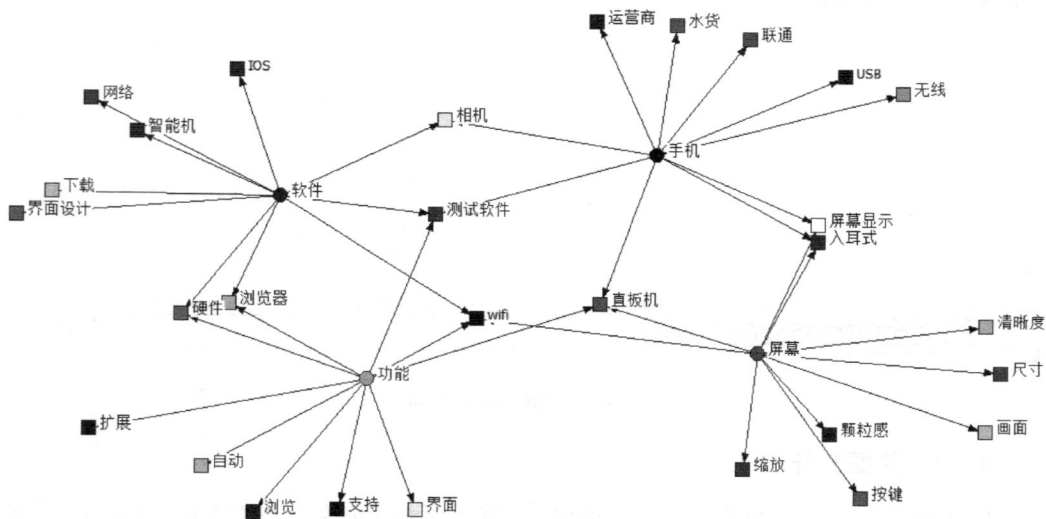

图 4.11 词频共现网络

为了发现手机行业电商评论中的顾客关心点，利用 UCINET 软件计算出每个词的点度中心性，高频词中心性排名如表 4.2 所示。

表 4.2　高频词中心性排名

高　频　词	Degree	NrmDegree
屏幕	5.244	0.261
软件	5.202	0.259
功能	5.090	0.254
手机	5.031	0.251
……	……	……

通过对表 4.2 的分析，我们可以得知顾客对于手机的屏幕、软件、功能及品牌较为看重。由此可以为手机厂商在日后手机生产、研发和树立品牌等方面提供重要信息，并且随着大数据技术的普及，商家可以实时获取顾客的评论，通过构建网络、分析网络，可以直观有效地调整经营战略。

社会是一个由各种各样的关系构成的巨大网络，视角呈现当然多种多样，文中的案例仅仅展示的是手机电商评论数据中两两高频词之间的余弦相似度所构成的网络。社会网络分析的意义在于，它可以对各种关系进行精确的量化分析，从而为某种中层理论的构建和实证命题的检验提供量化工具，甚至可以建立"宏观和微观"之间的桥梁。

习　　题

1．什么是社会网络分析？

2．列举社会网络分析的优点。

3．常见的社会网络分析软件有哪些？

4．列举你能想到的社会关系。

5．为什么要进行社会网络分析可视化？

6．社会网络分析的分析角度有哪些？

第5章 多维异构数据的分析与可视化

5.1 各种多维分析方法

维度是指人类在考察客观事物时的角度，分类、年龄、地域和时代等属性都可视为维度的存在。从不同的角度考虑，同样的数据也可以得出不同的结论。多维数据是最普遍的数据形态，更复杂的多维数据通常有数十个维度。总之，多维数据具备了多维度的数据集。多维数据可视化的最主要动机是有助于人类更迅速地吸收大量的视觉信号，从而发现数据中的各种模式。人眼通常能够辨别一维、二维和三维空间。在数据属性十分稀少的情形下，也能够应用一般的统计和可视化方法。但是，当多维数据被可视化时，尤其是当维度数量大于10时，再采用一般的统计和可视化方法有巨大的挑战，因为能够连接在二维和三维空间中的信息元素数量通常是有限的，而影响人类收集和理解信息的原因也众多，所以在可视化多维数据之前必须降低数据的维数。

数据降维算法将 M 维数据投影在 N 维上，这么做的优点是能够集中在数据有限的维度上识别信息和模型，从而提高人们对数据的认识，但缺点则是由于数据维度的减少往往会造成大量数据丢失，即便数据可以在较低维中被可视化，也不能够保证人们正确地认识原始的多维数据，就像压缩的高分辨率图像缺少了图像清晰度一样。所以，数据测量手段的要点与困难是，怎样使得由降维算法所形成的数据可以在多维空间中尽可能全面地解释为重要的信息与模型。目前，多维数据的降维方式主要分为多维尺度分析方法（MDS）、等距映射算法（ISOMAP）、局部线性嵌套块（LLE）、主成分分析（PCA）、非负矩阵分解（NMF）等。

另外，由于网络的快速发展，数据信息的访问量也在提高，分为数据库系统与互联网。在不同数据库中的数据信息存储系统和数据格式的不同和网络源的不同也可能造成数据信息的异质性。异构数据分析大致上应该分为三种：结构化数据、半结构化数据和非结构化数据。结构化数据是指在进行分类后可分解成若干个彼此联系的组成部分的信息，各部分之间都有明确的层级关联，一般是通过数据库实现的，需要达到必要的操作标准。其数据信息词段必须清晰、明确、典型，如数据库中的表结构。而半结构化数据则是指带有一定结构，但语义具有不确定性的信息。一个经典的实例是 HTML 页面，其中有些文本字段是很清楚的，而有些文本字段则是不清楚的。非结构化的数据通常是指容易混淆的数据，根据这些数据很难进行信息抽取，包括不规则且典型的文章、新闻报道等文本信息。

5.1.1　多维尺度分析法

5.1.1.1　多维尺度分析法简介

多维尺度分析法（MDS）是一种用于研究对象相似性或差异性的多元统计方法。它是将多维空间中的研究对象简化为低维空间进行定位、分析和归类，同时保留对象之间原有关系的数据分析方法。其核心是保持相近的数据点始终靠在一起，远离的数据点依旧远离。

使用 MDS 可以在低维（通常是二维或三维）空间中获得源对象集的比例，然后可以进行聚类或维度内含分析，以获得对象集之间的整体关系，并创建多维空间感知图来可视化多维数据。在低维可视化空间中，点之间的距离反映了两个点之间的相似性或差异性，从而得到了对象组之间的整体关系。

多维尺度分析是信息可视化、商业分析和统计学领域的一种常规降维方法。其基本原理是根据数据集的相似性或相异性，计算每个数据点在大小为 M 的空间（M 小于源数据集的维度）中的位置。关键的一步是如何定义数据点的距离函数。简而言之，确保降维后的数据点尽可能接近其在原始多维空间中的相似性，以减少降维导致的数据失真。

5.1.1.2　多维尺度分析法步骤

MDS 方法的计算过程主要分为以下三个步骤。

1. 数据点之间的距离计算

在 MDS 中，数值之间差异或相似的程度可以用空间距离来描述。最常用的计算方法是欧氏距离，也可以使用 Minkowski 算法。低维或多维空间中 a 和 b 两点之间的欧氏距离 d 可采用以下公式定义：

$$d(a,b) = \sqrt{\sum_{k=1}^{n}(a_k - b_k)^2}$$

式中，n 表示维度数目；a_k 和 b_k 表示 a 和 b 的第 k 个属性值。

对于输入数据，非度量 MDS 使用单调正解变换方法计算研究对象之间的实际距离，而计量 MDS 使用线性变换方法计算研究对象之间的实际距离。

2. 压力系数计算

比较研究对象之间的空间距离和研究对象之间的实际距离，并计算差异，作为衡量空间结构域的输入数据之间的拟合优度指数，即压力系数 Stress。

3. 输出结果评估

输出结果评估是 MDS 中的一个重要环节，可以通过查看输入数据（相似性矩阵）和输出结果（空间结构）之间的一致性判断 MDS 分析结果的优缺点。根据输入数据计算研究对象之间的距离与分析结果中空间内对应点之间的距离差值，即压力系数 Stress，这是衡量 MDS 分析结果优缺点的指标。计算压力系数的一般公式如下：

$$\text{Stress} = S = \sqrt{\frac{\sum_{ij}\left(\delta_{ij} - d_{ij}\right)^2}{\sum_{ij} d_{ij}^2}}$$

式中，δ_{ij} 表示研究对象 i 和 j 之间的相似性（从输入数据获得的实际距离）；d_{ij} 表示研究对象在 MDS 分析结果的空间结构中的距离。

从公式中可以看出，假设 δ_{ij} 和 d_{ij} 完全相同，则压力系数为零。压力系数越低，分析结果越好。通常，如果压力系数小于 0.1，则分析结果非常好。如果压力系数大于或等于 0.15，则分析结果不可接受。一般情况下，增加维数可以提高分析结果与实际数据之间的拟合程度，但空间维度越多，空间就越复杂，理解也就更难。因此，我们就需要在维度数目和压力系数之间进行取舍。

多维尺度分析方法是一种使用度较高、操作简便、使用范围广阔的数据分析方法。数据分析结果以直接的图像形式呈现，可读性很高。在大部分统计应用的软件中都有该功能模块，如 SPSS、SYSTAT 等。

5.1.1.3 多维尺度分析法应用

在 MDS 方式的实际使用过程中，数据信息集中值的高低应该可以反映两个被研究对象的相似之处或差异，而这些数值一般叫作近邻数据。数字越大说明相应的调研对象差异性也越大，但数字越小说明相应调研对象也更相似。例如，两座城间的距离，两个品牌的消费者心理测量。而另外两种产品之间的相似关系或差异程度也能够体现出两个产品在一起营销的可能性，因此也可以提出组合套餐，进行捆绑营销。

同时将 MDS 技术应用到中小企业，也就是使用 MDS 数据分析企业客户，通过对客户数量进行间距的统计，得出差异矩阵，并进行多维尺度分析，从而评估聚类的结果，才能初步将客户分类。

另外，由于目前金融机构产品同质化现象非常严重，已经无法适应消费者多元化的需要，因此人们可以使用 MDS 研究金融机构产品的差异性，使得金融机构能够制定差异化的产品策略，为不同的用户人群提供不同于其他企业或本公司其他商品的个人理财产品服务，以适应不同的消费者需要。在其中，MDS 所使用的数据集可能是根据消费者对某些产品不同程度的评价，利用低维空间表示多个研究产品间的关联程度，或使用平面距离来表达研究商品间的相似程度，最后再把研究结果制成能够感知这些产品间的关联程度的可视化图形。

主成分分析（PCA）方法同样也是将观察的数据集用较低的维度来描述，而 MDS 与 PCA 方法最大的不同点就是 MDS 方法主要是使用了研究样本之间的高度相似点，如两个城市间的平均距离。其目的就是使用这个信息去建立适当的低维空间，并促使在该低维空间中样品间的距离尽量靠近高维空间中样品间的相似关系。

MDS 根据样本是否可计量又分为：计量多维尺度法（Metric MDS）和非计量多维尺度法（Nonmetric MDS）。

（1）计量多维尺度法，将样品间的相似量作为实际输入，优点是准确，能够通过多种标准评价样品之间的差异性；缺陷是计算代价非常高昂，但同时人们往往对这些数据的获取困难度又相当大。

（2）非计量多维尺寸法旨在解决实际应用中样品数量无法统计的问题，该办法通过接收样品的顺序尺寸输入数据，并由此计算相似量。非计量的多维尺度法虽然简单便捷、思维直接、应用范围广泛，但其缺陷非常突出，既无法评价结论的准确性，并且其最终效率又并非很理想。

5.1.2　等距映射算法

5.1.2.1　等距映射算法简介

等距映射（Isometric Mapping，ISOMAP）算法是对多维尺度分析研究的扩展方法，其出发点和经典 MDS 方法相同，也就是寻找保持数据节点间距离的低维表示。区别在于空间距离的选择上有所不同。MDS 法通常使用两点间的欧氏距离，而等距映射法则通过测地距离来说明这两点之间的相距差异。但通常等距映射法则首先要求算出数据点间的测地距离，然后根据得到的距离矩阵通过典型 MDS 分析法得到数据节点在低维空间中的投影。

该计算法通过更有效描绘数据全局几何形状构造的测地距离，对古典 MDS 计算法实现了非线性延伸，因而可以更好地对已嵌入多维欧氏空间构造中的低维非线流形信息进行资料数据记录并实现数据信息可视化，因而引起了广泛重视。垂直和曲线都是一维流形，而平坦和球面都是两维流形，再以此类推到多维流形。从直觉来看流形就像是 M 维空间在 N 维空间中汇总后被扭曲的成果，$M<N$。MDS 的工程设计目的在

于使降维后的数据点，两两间的距离保持一致，即和在原来空间结构中所对应的两点间的距离要相近。但实际上 MDS 主要是根据欧洲空间结构用欧氏距离进行工程设计的。当数据分布在以上提到的流形上，欧氏距离就很显然地不再使用了，现在通常都会采用测地距离取代欧氏距离。

ISOMAP 在近年来成了非线性降维的一种主要方式，该方法实际上是对 MDS 的延伸，也就是寻求保持数据节点间距离的低维表示。计算结果的基本思路是，利用样品向量间的欧氏距离算出样品点间的测地距离，并在此之后利用典型的 MDS 算法来得到对应的低维投影。这么做的优点是，降低了样品点间欧氏距离与实际测地距离之间产生的偏差，在很大程度上保留了高维数据内在的非线性面板几何构造，并利用对低维数据的分析方法来得到对应的高维数据特征，以此实现了分析简单数据、获取数据有效特征和进行数据分析可视化的目的。

ISOMAP 算法中求解最短路程的方式为：假设两点相邻，那么这两点之间的距离即两点的连线距离；假设两点并不相邻，将这两点之间的距离设定为无穷大。

5.1.2.2 等距映射算法计算步骤

算法的假设前提：

（1）多维数据所在的低维流形与欧氏空间结构的单个子集之间是整体等距离的；

（2）与数据所在的流形等距离的欧氏空间的子集是一种凸集。

计算两个数据点之间测地距离的方案：

（1）如果两点离得很近，测地距离就用欧氏距离代替；

（2）如果这两点距离比较远，测地距离也可用最短路线来逼近。

算法的主要详细步骤如下：

（1）构建近邻图。

计算每个样本点 x_i 同其余样本点之间的欧氏距离。当 x_j 是 x_i 的最近的 k 个点中的一个时，认为它们是相邻的，即图 G 有边 x_jx_i（这种邻域称为 K-邻域）。设边 x_jx_i 的权值为 $d(x_i, x_j)$，对于 p=1，…，N 有：

$$d(x_i, x_j) = \sqrt{\left|x_{i1} - x_{j1}\right|^2 + \left|x_{i2} - x_{j2}\right|^2 + \cdots + \left|x_{ip} - x_{jp}\right|^2}$$

（2）计算任意两个样本向量之间的最短路径。

在图 G 中，设任意两个样本向量 x_i 与 x_j 之间的最短距离为 $d_G(x_i, x_j)$。如果 x_i 和 x_j 之间存在连线，$d_G(x_i, x_j)$ 的初始值设为 $d(x_i, x_j)$，否则令 $d_G(x_i, x_j)$ 为无穷大。接下来依次更新 $d_G(x_i, x_j)$ 的数值：

$$d_G(x_i, x_j) = \min_{1 \leq p \leq N}\left[d_G(i, j), d_G(i, p) + d_G(p, j)\right]$$

在经过多次迭代之后，样本向量间最短路径矩阵 $\boldsymbol{D}_{\mathrm{G}} = \left[d_{\mathrm{G}}^2 \left(\boldsymbol{x}_i, \boldsymbol{x}_j \right) \right]$ 便可收敛。

（3）使用经典 MDS 方法，将样本向量压缩到 d 维，并使得压缩之后样本向量之间的欧氏距离尽可能接近已求出的最短路径。

5.1.2.3　等距映射算法的应用特点

ISOMAP 算法的优势是能够检验不确定性的数据关系，其计算简便，只要求提供描述近邻点关联的某个参数，而且具备全域优化的特性。使用 ISOMAP 算法时应该考虑 ISOMAP 算法是非线性的，可以用来解决内在平滑的低维流形，但对于解决带有很大内在曲率的流形时则不适用。因此必须重视对近邻数的选取，方法可能是直接确定具体距离，或者也可能确定近邻点数量，一方面近邻数量必须适当大，才能减小在路程长短与测地距离之间的差异。另一方面如果近邻匹配点数量过大会出现"短路"现象，应该通过多次测试评估计算的质量，并进行权衡。如果构成的地图是非连通的，我们可通过两个方式解决，一是放宽对相邻点转正的范围，二是针对每个连通部分单独采用 ISOMAP 算法，并分别对不同的相关数据信息集部分做了降维。但一般而言，测地距离的运算要比欧氏距离更为烦琐，而且程序运算的时间也相对较高。

5.1.3　局部线性嵌入算法

1．局部线性嵌入算法简介

局部线性嵌入计算（Locally Linear Embedding，LLE）是一个面向非线性数据分析的降维方式，其分析结论可以保持数据仍与原来的结构相关。其基本思想是数据信息集由多个互相邻接的局部线性块拼接而成。高维数据的本征属性就可由这个局部线性范畴定义，该方式由于可以得到高维数据的基本特性，从而被广泛用于文本辨识、图像识别、数据可视化、分析聚类等应用领域。

2．局部线性嵌入算法计算步骤

局部线性嵌入法则认为，每一数据节点都可由其对近邻节点的线形加权结合而得到。算法共可归结为以下三步。

（1）找出每个样本点的 K 个近邻点。

（2）从各个样品的近邻点算出在该样品点的局部重建权值矩阵。

（3）根据各样品点的局部重建权值矩阵及其近邻点算出该样品点的输出值。

相关具体步骤如下。

1）计算或寻找数据点 X_i 近邻数据点

对于多维空间中的每个样本点 $X_i (i = 1, 2, \cdots, N)$，先估计它和另外 $N-1$ 个样品点间的距离，再按照距离远近，找出与 X_i 相距最近的 K 个近邻点。可以通过欧氏距离法来估算实际间距，如：

$$d_{ij} = \left\| X_i - X_j \right\|$$

2）计算重建权值 W_{ij}

权重 W_{ij} 代表了第 j 个数据分析点对重建第 i 个数据分析点所做出的最大贡献。要获取正确的连接权重，可以按照以下两种要求对成本函数执行最小项运算。一种要求是，所有数据分析点都可以使用其近邻数据点来构建，但其中如果某个数据分析点不包括所重建数据分析点的近邻数据点时，则 $W_{ij} = 0$；还有一种要求是，如果权值矩阵中各行的全部元素的求和等于 1，最优权值 W_{ij} 将透过运算其最小平方求得。公式的说明如下：

$$\min \varepsilon(\omega) = \sum_{i=1}^{N} \left\| x_i - \sum_{j=1}^{N} \omega_{ij} x_j \right\|^2$$
$$\text{s.t} \sum_{I=1}^{N} \omega_{ij} = 1$$

式中，$X_{ij}(j=1,2,\cdots,k)$ 为 X_i 的 K 近邻点；W_{ij} 是 X_i 与 X_{ij} 之间的权值。

在限制条件下，利用最小化重构方法得到的最优权值将遵循如下对称性特征，即对指定的数据点，当它自身和其相邻数据节点有选择、缩放、平移等运算时，将维持其原来特性恒定。基于这些对称性，重构权值就可以表现为每一近邻数据节点的集合属性，而并非依据指定的参考框架的属性。

3）计算低维向量 Y_i

使用权值矩阵 W_{ij} 计算低维的（d 维）嵌入 Y，由于目标是在低维空间中尽可能保留在高维空间结构中的局部线性构造消息，而权重 W_{ij} 则代表了局部信息，所以可以将权重值保留下来，最小化成如下函数：

$$\min \Phi(Y) = \sum_{i=1}^{N} \left\| Y_i - \sum_{j=1}^{N} \omega_{ij} Y_i \right\|^2 = \text{tr}\left(Y^{\text{T}} M Y\right)$$

式中，$\sum_{i=1}^{N} Y_i = 0;\ \frac{1}{N} \sum_{i=1}^{N} Y_i Y_i^{\text{T}} = I;\ M = (I-M)^{\text{T}}(I-M)$。

使得上述公式最小的解为由矩阵 M 的最小几个特征值及所相应的特性向量构成的矩阵。当 M 的特征值以从小到大排序时，第一个特征值接近于零，人们通常会舍去第一个特征值，而是取第 2 到第 $m+1$ 之间的特征值所对应的特征向量作为输出结果。

3．上述几类算法的比较

MDS、ISOMAP、LLE 三个方案都具有较好的计算效果，较少的自由参数，成本函数易于实现。它们主要的不同点在于，LLE 是一个局部方法，它寻求保持数据的局部集合特征，而 ISOMAP 方案则是一个全局方法，它力图保留整体统计的几何结构特征，将流形的近邻点直接反映到低维空间结构的近邻点。要将流形的远点直接反映到低维空间的远点，MDS 引入的是欧氏距离，并由此来定义了两个数据分析点间的关联，但这种方案的主要劣势就是很难找到流形的本质维数，而 ISOMAP 的重要优点就是引入测地距离来定义高维度数据中两个数据分析点间的关联，更便于找到流形的本质维数。另外，LLE 的一种优点就是不必进行局部优化，因为这种问题通常只出现在其他的几个方法中。

除了这些算法，还有许多其他的降维算法，包括 LPP、SOM 等，并且根据各种算法的缺点，为解决某些特定问题，大量研究者也对一些经典的算法进行了完善。

5.1.4　主成分分析法

1．主成分分析法简介

主成分分析法（Principal Components Analysis，PCA）作为一个降维技术方法，它能将大部分有关变量转换为一组很小的不相关变量，这部分无关变量作为主要成分。例如，利用 PCA 将二十个有关的环境变数转换为五个没有关系的成分变量，从而尽量保存原始数据集的信息内容。其基础思路便是用一个互相独立的综述技术指标来代表数据分析信息内容的计算特性。而且每一项综述技术指标都可以包括起始数据分析信息内容的几个基础特征属性。具体做法包括：用 $D1$（选择的第一线性组合）的方差系数来表达，即 Var（$D1$）越大，就说明 $D1$ 所含有的数据信息量就越多，也越能说明原来各个技术指标的主要信息。因而在每个线性组合中选择的 $D1$ 必须是方差最大的，即第一主成分。而若第一主成分还无法解释原来的各个技术指标的信息，

在考虑选择第二个综合指标 $D2$ 时，$D1$ 中已有的信息就不需要再出现在 $D2$ 中了，则要求 Cov 值 ($D1$, $D2$)=0，再以此类推得出了 $D3$、$D4$、$D5$ 等。

图 5.1 为主要成分分析模型，显示了可观测变量 (x_1、x_2、x_3、x_4、x_5) 的主要成分（PC_1、PC_2）。同时，主成分都是观察变量的线性组合。而构成线性函数结构的权重，都是通过最大化不同主成分对所解释的方差来达到的，并且还必须确定不同主成

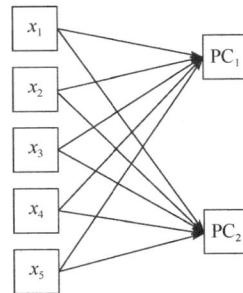

图 5.1　主成分分析模型

分之间并不关联，即互相垂直。PCA 的主要目标是用一个相对较少的不相关变量取代了大部分相关变量，并且尽可能保存初始变数的有关消息，采用这种方法推理得到的变数可以作为主要成分，即各种观测变量的线性组合。如第一主成分便是：

$$PC_1 = a_1X_1 + a_2X_2 + \cdots + a_kX_k$$

这是 k 个观测变量的加权组合，对最初变量集的方差解释性最大。而第二个主要成分就是最初变数的线性组成，对方差的解析能力排名第二位，并且和第一个主要成分正交。而后每一种主成分都是为了最大化实现它对方差的解释程度，并且和前面任何的主成分正交。在一般情况下，我们都会使用相对较少的主成分来尽可能地说明前面的所有变量集。

主成分分析也是比较常用的分析，它运用非常广泛，如人口统计、数学建模等。一般的数据分析软件也都内置了这个分析方法，比如 SPSS、R、MATLAB 等。主成分分析方式是目前使用得最为普遍的一种特征提取方式，同样作为一种统计学方法，在模型辨识、数码影像信息处理等领域中获得应用。有人研究使用主成分分析法获得人脸的主要特点，以进行对人脸图像的鉴别。PCA 的基本思路是通过抽取出空间内原始资料中的主要特点，减小数据冗余，让原始数据在某个低维的特征空间中得到处理，并且保存了原始资料的大部分特征信息，以克服数据空间维数过高的问题。

2. 主成分分析法的一般步骤

数据预处理是做主成分分析的第一步，当预处理结果为正确的格式后，由于计算的要求，需要在数据处理过程中没有缺失值。主成分分析法的一般步骤如下。

1）判断要选择的主成分数目

确定主要成分的数量，可依据下列原则：首先根据先验经验和理论知识确定主成分数量，然后依据要解释方差的积累值的阈值来确定所需的主成分数，最后再根据检验变量间 $K×K$ 的相关系数矩阵来确定保留的主成分数。一般我们都会采用基于特征值的方式，所有主成分均与相关系数矩阵的特征密切相关，第一个主成分与最大的特征值联系起来，而第二主成分则与第二大的特征值有关，以此类推。但一般我们都建议保留特征值大于 1 的主成分，因为特征值小于 1 的成分所解释的方差比蕴涵在单个变量中的方差更小。

2）选择主成分

根据计算结果可以选择合适的项作为主成分。

3）旋转主成分

旋转是一些使成分载荷矩阵变得更易于理解的数学研究方式，并且尽量地对成分去噪。有两个方式能够使选定的成分具有不相关性（正交旋转）或变得有关（斜交旋转）。

目前较为普遍的正交旋转是方差极大旋转，这种方式希望通过对载荷矩阵的列进行去噪，使各个成分都只能由一组有限的变量来说明。

4）计算主成分得分

由于 PCA 分析的最终目标是用一个较少的变量取代一个较多的相关变量，所以我们还必须得到所有观测结果在成分上的得分。

3. 主成分分析法计算算法

（1）原始指标数据的标准化采集 p 维随机向量 $X=(X_1,X_2,\cdots,X_P)^{\mathrm{T}}$，$n$ 个样品 $x_i=\left(x_{i1},x_{i2},\cdots,x_{ip}\right)^{\mathrm{T}}$，$i=1,2,\cdots,n$，$n>p$，构造样本阵，对样本阵元进行如下标准化变换：

$$Z_{ij}=\frac{x_{ij}-\overline{x_j}}{S_j}$$

式中，$i=1,2,\cdots,n$；$j=1,2,\cdots,p$；$x=\dfrac{\sum\limits_{i=1}^{n}x_{ij}}{n}$；$S_j^2=\dfrac{\sum\limits_{i=1}^{n}(x_{ij}-\overline{x_j})^2}{n-1}$，得标准化矩阵 Z。

（2）对标准化阵 Z 求相关系数矩阵：

$$R=\left(r_{ij}\right)_p xp=\frac{Z^{\mathrm{T}}Z}{n-1}$$

式中，$r_{ij}=\dfrac{\sum z_{kj}\cdot z_{kj}}{n-1}$；$i,j=1,2,\cdots,p$。

（3）解样本相关矩阵 R 的特征方程 $|R-\lambda I_p|=0$，得到 p 个特征根。对每个 λ_j，$j=1,2,\cdots,m$，解方程组 $Rb=\lambda_j b$ 得单位特征向量 b_j。

（4）将标准化后的指标变量转换为主成分：

$$U_{ij}=z_i^{\mathrm{T}}\boldsymbol{b}_j$$

式中，$j=1,2,\cdots,m$；U_1 称为第一主成分，U_2 称为第二主成分，$\cdots$，U_p 称为第 p 主成分。

对 m 个主成分进行加权求和，记得最终评价值，权数为每个主成分的方差贡献率。

5.2　异构数据处理与分析

研究人员对异构信息的概念有两个主要的认识。一个观点是，异构信息指向的是来自各种源的信息，信息源可能是传统的结构化关系数据库系统和面向对象数据车系统、半结构化 XML 文档及带有不同查询接口的网络信息源。人们明白根据不同的应用目的，合理地组织和使用异构信息是必要的。例如，如何整合和利用不同类型数据库中的数据是这些研究人员的主要任务。这种异质性体现在以下几个方面。

（1）在计算机系统硬件设备上的异构：数据库可运用于大规模机、中小型机、工作站、PC 及嵌入式操作系统中。

（2）操作系统的异构：目标市场比较流行的操作系统有 Unix、Windows、Linux 等。

（3）数据库系统本身也存在异构：不同的数据库管理系统有 Oracle、SQL Server、MySql 等，不同的数据库数据类型有关系型、网状型等。

有一个观点则认为异质信息是指信息的组织构造有所不同，如半结构化、结构化、非结构化。这一类学者的主要任务就是研究怎样结合各种结构的信息做研究分析。

异构信息是指在网络上以非结构化文本形态出现的信息和以结构化和定量形态出现的实时定量数据，除去完全不同的信息形态，它们在信息来源、可靠性及深入分析信息的难度方面也有所不同。目前，结构化数据的使用相较非结构化信息和半结构化信息的使用更为普遍和成熟。基于定量信息的时间序列分析方法已比较完善，并在金融业中广泛应用以辅助决策。非结构化信息是指以相对不稳定的形态所产生的信息内容，一般存在着不规则的结构和不同存储形态，如文字、电子邮件、网站、视频文件、由网友撰写的书评文章等。有很多文件格式，如 HTML、XML、RTF、MSOffice、PDF 等，它们对非结构化信息的影响却不容忽视。目前基于此的研发重点是基于快速访问的语义分析、情感分析、文献数据挖掘等。由于网络在行业的广泛应用，公司和个人能够收集和管理的信息量呈爆炸性上升，这些数据都是半结构化或非结构化的。为满足用户的需要，必须改进管理这些类型数据的方法。

根据以上的两个观点，本文提出处理异构信息的两个主要方法。

一种方法是把不同的数据源的异构信息整合集成在一起，进行数据共享与管理。目前由于数据来源格式复杂，因此使用该方法处理难度仍相当的大，而且过程也比较复杂。目前人们正在研究的关于异构信息整理的方法非常多，但基本方法主要可归为以下两种。

（1）仓储法。创建一个数据仓库，把所有参与整合各种数据信息源工作的数据信息副本都保存在信息仓中，以后所有的操作都可以直接通过数据仓库完成。其好处是将数据副本保存在数据库中，并且能够不断地和原数据源同时更新。由于用户在使用数据本时不必直接访问真正的数据源，所以访问速度快。但该方法缺点则较为突出，数据信息多保存了一次，或者数据量足够大的时候就会消耗大量的存储资源，所以同时更新较为麻烦，而且同步度也较差，无法准确反映出数据源中的信息状况。

（2）虚拟法。在这种形式下，数据依然存放于各自单独的数据源，首先由用户根据全局模式突出查找结果，由查询引擎对用户的全局信息进行查询、重写和分析；然后对各个数据源按照检索要求进行分别处理；最后用中间件把所有的搜索结果剔出去，集成后再反馈给用户。其实际就是使用了中间件来管理用户的操作，解析操作后发给相关数据源执行，然后再负责把不同的数据源处理结果整合，最后反馈给用户。这种方法的优点是，不用再保存大量的数据，并且数据更新及时，特别适合对实际数据有较高要求的行业。

另一个方法是将两种信息分别处理，即两种不同数据源或不同格式的数据组合在一起处理，并且往往以一方的结果去辅助另一方处理。因此结构化的数据与非结构化的数据就组成了异构信息，而且对于这两种信息的处理方法也都各有不同，结构化的数据分析方法比较完善。目前该方法在实际运用中非常普遍，包括了股票、金融、交易、推荐算法等。而对于非结构化数据的利用则仍处在研发和摸索状态，但是目前也已经产生了部分比较实际的例子，包括淘宝的用户点评内容分析。但是目前研究中往往还是以结构化数据分析结果为先，而非结构化数据分析结果为辅。将二者组合起来，目前已经有人研究如何运用结构化的股票数据和非结构化的新闻媒体报告信息，来发掘金融事件热点。

5.3　多维异构数据可视化

大数据集成、汇总与可视化是大数据分析领域的主要支撑力量。从传统商业智能，到如今的人工智能时代，大数据分析与可视化一直都是一种强大的研究工具；因为其可以高效提取真实的信息，并且使人清楚而容易地理解和解释结果，可视化技术被行业组织所普遍采用。但是，其在处理多维数据集时开始产生问题，因为我们的大数据分析工具和通信的媒介往往限于两个维度上。在本书中，我们将探讨一种可行的多维数据可视化策略。

伟大的数据可视化先驱者和统计家爱德华·塔夫特曾讲过，数据分析可视化研究应当在大数据分析的基石上，以更清晰、准确和有效的方法表达数据分析模式，并洞察数据信息。结构化数据一般包含以行和特征表示的统计观察值，或以列表示的统计特征属性，每列也可能被称为数据集合的某特殊层次，最常用的类型包括连续式数值数据和离散式分类数据。这样，任何数据可视化技术工具将基本上以散点图、直方图、箱线图等简洁易懂的表现形式说明一种或多种数据处理特征基本属性。而非结构化数据则涉及不同格式的办公档案、文字、照片、XML、HTML、报告、图形和声音等，这类数据的可视化难度就大大增加了，我们也将围绕这类数据进行多维异构数据的可视化。

对于二维或三维数据可以通过一个常规的数值可视化方式描述,把各属性的数值反映到不同的坐标轴,从而决定了数据点在坐标体系中的位置。这样的可视化方法一般被叫作散点图法。当维度达到三维后,可增加视觉编码方式来表现,比如色彩、尺寸、图形等。但为了多维异构数据的可视化,这个方式仍然具有局限性。

多维异构数据的可视化挑战:

(1)在多维异构数据分析方面,以统计与基本数据分析为主的可视化数据分析能力欠缺;

(2)数据分析复杂性较大,涉及大量非结构化数据及由多种数据源所收集、综合而成的异构数据,传统单纯的数据分析或可视化方式已无法支撑对这些复杂数据的分类。

(3)数据处理的大尺度,由于多维异构数据突破了对单机、外存模型或小型运算集群数据处理能力的限制,可处理的大数据尺度一般在 GB 级别,因此必须引入新思路来解决大尺度的调整。

(4)在数据收集与管理过程中必然会产生影响数据质量的问题,在这里尤其要注意的是数据的不确定性。

(5)由于数值的高速变化常以大量流式数据分析出现,因此对流现象数据分析的即时解析和可视化研究仍十分重要。

目前,由于人们身处大数据时代,大量、高维、非结构化的数据层出不穷,若把这些数据以可视化形态充分地呈现出来,对人们发现大数据分析中所隐藏的价值大有裨益。所以,可视化技术和大量、高维度、非结构化数据融合是可视化研究的一个主要发展方向。

5.4 多维异构数据分析与可视化应用案例

词云(Word Cloud)图是文本和数据可视化的代表之一。根据文章中单词的频率,词云图可以构建能够代表文章内容特征的图像,可以从直观的角度查看复杂而混乱的文本信息。词云图的概念最初由西北大学新闻学副教授兼新媒体主任戈登提出。词云图的优点是:首先与条形图、直方图和统计词频表等相比,词云图更具吸引力,视觉冲击力更强,在一定程度上满足了人们快速阅读的习惯;其次词云图本身是对文本内容的高度集中和简化处理,可以更直观地反映特定文本的内容,在一定程度上节省了读者时间,使读者可以在短时间内清楚文本数据的主要信息;再次作为一种分析工具,词云图可以应用于用户肖像、舆论分析和其他场景,也可以直接嵌入 PPT 报告、数据分析产品和显示屏中;最后制作单词云图的难度并不高,没有数据处理技术背景的人也可以制作有效的词云图。

（1）文本处理。中文处理需要分词，而且经过处理的文本往往有许多干扰词和停止词，这些词没有意义，需要消除。

（2）可视化映射。对文本进行处理后，会形成一些特征，如频率、共现次数等。这些特征可以通过适当的编码机制或空间排列映射到图像，最终呈现能够描述文本特征的图像。

（3）文本可视化。通过以上步骤，我们可以形成文本的可视化，并比较有代表性的单词和短句。其中，高频词和重要词将以更大的字体和明显的颜色显示在中心。反之，低频词将以更小的字体显示或被删除。

习　　题

1. 多维数据的降维方式有哪些？
2. 什么是多维尺度分析？
3. 异质信息的两个观点是什么？
4. 处理异构信息的方法主要有哪些？
5. 多维异构数据的可视化挑战有哪些？
6. 列举文本可视化的三个主要步骤。

参考文献

[1] 肖正宏，李俊杰，谢志明. 大数据技术与应用[M]. 北京：清华大学出版社，2020.

[2] 刘化君，吴海涛，毛其林，等. 大数据技术[M]. 北京：电子工业出版社，2019.

[3] 陈建平. 大数据技术和应用[M]. 北京：清华大学出版社，2020.

[4] 许鑫. 商业大数据分析[M]. 上海：华东师范大学出版社，2015.

[5] 马克·J. 施尼德詹斯. 商业数据分析：原理、方法与应用[M]. 北京：机械工业出版社，2018.

[6] 黄源，蒋文豪. 大数据可视化技术与应用[M]. 北京：清华大学出版社，2020.

[7] 蔚海燕，许鑫. 商业分析概论[M]. 上海：华东师范大学出版社，2015.

[8] 陈为，沈则潜. 数据可视化[M]. 北京：电子工业出版社，2013.

[9] 周苏，王文. 大数据可视化[M]. 北京：清华大学出版社，2016.

[10] 米歇尔·钱伯斯，托马斯·W 迪斯莫尔. 大数据分析方法：用分析驱动商业价值[M]. 北京：机械工业出版社，2016.

[11] 鄂海红，宋美娜，欧中洪. 大数据技术基础[M]. 北京：北京邮电大学出版社，2019.

[12] 杰伊·利博维茨. 商业分析：基于大数据实践与应用[M]. 上海：复旦大学出版社，2016.

[13] 王道平，陈华. 大数据导论[M]. 北京：北京大学出版社，2019.

[14] 吕云翔. 云计算与大数据技术[M]. 北京：清华大学出版社，2018.

[15] 福斯特·普罗沃斯特，汤姆·福西特. 商战数据挖掘：你需要了解的数据科学与分析思维[M]. 北京：人民邮电出版社，2019.

[16] 纳撒尼尔·林. 大数据商业分析：整合大数据与业务流程的高级商业分析指南[M]. 北京：人民邮电出版社，2016.